JN268410

英語のメンタルレキシコン

The English Mental Lexicon

語彙の獲得・処理・学習

門田修平 編著

池村大一郎
中西義子
野呂忠司
島本たい子
横川博一

松柏社

はしがき

　本書は、メンタルレキシコンについての概説書である。われわれが、話しかけられたときにその意味がわかるのも、また必要な単語を使って文を発することができるのも、頭の中にある(と考えられている)辞書、すなわちメンタルレキシコンのおかげである。また、本書は、母語ではなく第二言語、つまり外国語としての英語の辞書(メンタルレキシコン)について扱ったものである。母語の場合とは違って、学習途上にある日本人英語学習者が、一種の中間言語として、どのような英語の心的レキシコンを持っているのか、またそれはいかにして獲得・教育されるかについて扱ったものである。

　しかし、ざっと目次をご覧いただいておわかりのように、本書は必ずしも第二言語や外国語の語彙の処理や学習についてのみ解説したものではない。母語を対象にしたこれまでのさまざまな研究成果をできる限り取り込んだものになっている。これは、一方では、母語における研究の進展状況の方が、外国語よりもさらに進んでいるという理由もある。他方、当然のことながら、母語でも外国語でも、程度の差こそあれ、大脳における認知・記憶・処理の心的システムは原則同一のものを使用している(はずだ)という前提に立っている。外国語の場合は、異なる感覚器官、大脳の異なる処理部位、ひいては異なる認知・記憶システムを仮定しなければいけないとは決して考えられない。そうすると、母語の語彙処理や獲得に関する知見が、かなりの程度、外国語の語彙の習得や処理の実態を調べる際に役立つ情報を提供してくれる。また逆に、日本人英語学習者が外国語として学ぶ、英語の語彙の学習・処理過程について検討したものも、人の言語一般における語彙の獲得や処理のモデル構築に有益な情報を提供するものになると考える。

　本書は、外国語としての英語の教育や言語コミュニケーションの研究を

志す大学院生、英文科、心理学科などで言語に関連した卒論を書こうとする学部上級生、実際に小学校・中学校・高等学校などで英語の教育に携わっておられる現職の先生方で今後教室の内外でリサーチを計画してみたいとお考えの方を主たる読者に想定している。各章の末尾に、専門的なジャーナルに掲載された論文を読む以前の仲介的な書籍を「さらに研究する人のために」ということで紹介しているのも、また可能なリサーチトピックについて示唆しているのも、実際に研究をはじめることを念頭においているからである。さらに、これまで母語における語彙の処理・獲得の研究に従事されてきた方で、外国語としての英語の語彙習得について関心をお持ちの方にも興味ある内容を提供しているのではないかと思う。

　本書は、編著者(門田)の趣旨に賛同いただいた著者全員が、協議し作成した最終の出版企画をもとに、それぞれの分担箇所を執筆し、その上で執筆内容の検討会を重ね、さらに推敲、書き直し、全体の統一等を経てできあがったものである。読者諸氏のご批判をいただければ幸いである。

　最後に、各執筆者の先生には、編者の作成した執筆要領を遵守いただき、またさわやかなチームワークを発揮いただいたこと、改めてお礼を申し上げたい。また、松柏社の森社長には、企画の段階から出版まで色々とご配慮いただいた。ここに心からの感謝を表すものである。

2003年3月
門田修平

目　次

はしがき　*iii*

第1章　メンタルレキシコンとは何か　1

1. メンタルレキシコンとは？　2
2. 本書の概要　5

本章のまとめ　9
さらに研究する人のために　10

第2章　第一言語における語彙獲得とことばの処理プロセス　13

1. はじめに　14
2. 母語における語彙習得：ラベリング、パッケージング、ネットワーク化　14
3. 語の意味獲得をめぐって　17
4. 語彙仮説モデル　22

本章のまとめ　27
さらに研究する人のために　28

第3章　語彙知識とその測定　31

1. 単語を知っているということ　32
2. 語彙知識の広さ　35
   - 2.1. 語彙の広さの測定　35
   - 2.2. 語彙サイズテストの形式　39
   - 2.3. 日本人英語学習者を対象とした語彙習得に関する先行研究　42
3. 語彙知識の深さ　44
   - 3.1. 研究の背景　45
   - 3.2. 語彙知識の深さとはなにか：理論的枠組み　46
   - 3.3. 語彙知識の深さの測定　49

3.4. 語彙知識の深さに関する研究　53
　本章のまとめ　56
　さらに研究する人のために　57

第4章　メンタルレキシコンの語彙情報へのアクセスモデル　63

　1. 単語認知研究とは　64
　2. 単語認知の実験方法　65
　3. 単語認知実験で確認された効果　66
　4. 視覚呈示語のアクセスモデル　68
　　4.1. 捜査モデル　68
　　4.2. 照会モデル　70
　　4.3. ロゴジェンモデル　71
　　4.4. 相互活性化モデル　72
　　4.5. 逐次処理と並行処理　74
　　4.6. アクセスモデルの評価　74
　5. 音声呈示語のアクセスモデル　75
　　5.1. 音声による単語認知の特性　75
　　5.2. コホートモデル　76
　　5.3. コホートモデルの拡張　77
　　5.4. 第二言語の音韻知覚と語彙アクセス　78
　本章のまとめ　80
　さらに研究する人のために　81

第5章　語の音韻表象へのアクセス　83

　1. 文字で書かれた単語の発音　84
　2. 文字の種類と表記特性　84
　3. 音韻認識と書きことばの処理　85
　4. 発音の取り出しをめぐる問題　86
　　4.1. 規則語と不規則語　86
　　4.2. 音韻符号化の位置づけ　86
　5. 二重経路モデル　87
　6. 発音の一貫性と音読潜時　88
　7. 主要部文字列を単位とする音韻処理　89
　　7.1. 主要部文字列とは　89

7.2. 多層水準モデル　*90*
   7.3. 語の頻度と一貫性効果　*92*
   7.4. 発音の不規則性と一貫性効果　*93*
   7.5. 主要部文字列利用の2つのレベル　*93*
   7.6. 漢字処理と単語部分情報の利用　*94*
 8. 第二言語学習者の語彙知識と音韻処理　*95*
 本章のまとめ　*96*
 さらに研究する人のために　*97*

第6章　語の意味表象へのアクセス　*99*

 1. 形態・音韻・意味表象とアクセス　*100*
 2. 視覚呈示語の音韻表象への新たなアクセスモデル　*101*
 3. 視覚呈示語の意味表象へのアクセス：二重アクセスモデル　*103*
 4. 多層水準モデルと意味アクセス　*104*
 5. 視覚呈示された英単語の意味アクセスにおける音韻表象　*105*
   5.1. 意味カテゴリー判断における同音異義語の干渉：Van Orden (1987)　*105*
   5.2. 音声的プライミングが語の音読に与える影響：Lesch and Pollatsek (1993)　*107*
   5.3. 音声的プライミングが意味判断に与える影響：Lesch and Pollatsek (1998)　*108*
   5.4. 日本人英語学習者に対する研究：門田、1998a）　*109*
 6. 視覚呈示された日本語漢字単語の意味アクセスにおける音韻表象　*111*
   6.1. 構音抑制が漢字仮名混じり文および仮名表記文の理解に与える影響：門田 (1987)　*112*
   6.2. 漢字表記語の音韻処理の自動化についての研究：水野 (1997)　*113*
   6.3. 日本語漢字処理における音韻表象：齋藤ほか (1993, 1995)　*115*
   6.4. 形態的類似語・非類似語の意味アクセスにおける同音異義語の影響：Sakuma, Sasanuma, Tatsumi and Masaki (1998)　*117*
 本章のまとめ　*119*
 さらに研究する人のために　*121*

第7章　英語の語彙知識と言語運用　*123*

1. 語彙知識の累積的発達　*124*
    1.1. 部分的知識から正確な知識への累積的発達　*124*
    1.2. 語彙知識の広さと深さの発達　*126*
    1.3. 受容語彙と発表語彙の発達　*127*
2. 語彙知識と第二言語の理解　*133*
    2.1. リーディングと語彙知識の関係　*134*
    2.2. リスニングと語彙知識の関係　*138*
3. 語彙知識と第二言語の表出　*141*
    3.1. ライティングと語彙知識の関係　*141*
    3.2. スピーキングと語彙知識の関係　*144*

本章のまとめ　*147*
さらに研究する人のために　*148*

第8章　言語理解とメンタルレキシコン　*151*

1. 人間の言語情報処理　*152*
    1.1. 理解が難しい文　*152*
    1.2. メンタルレキシコンと紙の辞書　*153*
2. 文理解のプロセスと語彙情報　*153*
    2.1. 言語情報処理のメカニズム　*153*
    2.2. 統語解析における意味情報　*155*
    2.3. 統語解析における文脈情報　*159*
3. 第2言語における文理解とメンタルレキシコン　*160*
    3.1. 統語処理における意味情報　*160*
    3.2. 文理解ストラテジーの可変性　*161*
4. メンタルレキシコンの構造　*166*
    4.1. 言語情報処理の基本設計　*166*
    4.2. メンタルレキシコン　*167*

本章のまとめ　*169*
さらに研究する人のために　*169*

第9章　単語の処理と記憶：英単語リストの自由再生課題による検証　173

1. 記憶研究の展開　174
2. 記憶研究の方法　175
3. 記憶の情報処理モデル　176
   - 3.1. 二重貯蔵モデル　177
   - 3.2. 処理水準モデル　179
   - 3.3. ワーキングメモリモデル　180
4. 自由再生における系列位置効果　183
5. 日本人英語学習者に対する実験：英単語リストの自由再生における系列効果　187
   - 5.1. 研究の目的　187
   - 5.2. 研究方法　188
   - 5.3. 結果と考察　190

本章のまとめ　193
さらに研究する人のために　193

第10章　メンタルレキシコンの脳内機構　197

1. 脳のはたらきと言語　198
   - 1.1. 脳の構造と機能　198
   - 1.2. 脳と言語の研究方法　201
2. 失語症研究からみたメンタルレキシコンのありか　204
   - 2.1. 失語症の分類　204
   - 2.2. 失語症候群の概観　205
   - 2.3. 語義の障害とレキシコン　206
3. 脳内における言語処理からみたレキシコン　208
   - 3.1. 脳内における言語処理メカニズム　208
   - 3.2. 語彙へのアクセス　210
   - 3.3. 読み書きの神経機構モデル　211
4. 今後の展望　212

本章のまとめ　213
さらに研究する人のために　214

第11章　語彙ネットワークと第一・第二言語のメンタルレキシコン　217

1. メンタルレキシコン内の語彙知識の表象　218
    1.1. 意味特徴モデル (semantic feature model)　218
    1.2. 階層的ネットワークモデル (hierarchical network model)　220
    1.3. 活性化拡散モデル (spreading activation model)　222
2. 語彙連想課題とメンタルレキシコン　224
3. 第二言語における語彙習得：バイリンガルレキシコン　225
4. L1レキシコンとL2レキシコンの関係：自由語彙連想法による検討　232
    4.1. 研究の目的　232
    4.2. 研究方法　233
    4.3. 結果と考察　235
5. シンタグマティックな語彙ネットワークからパラディグマティックな語彙ネットワークへ：総合的考察　238

本章のまとめ　240

さらに研究する人のために　242

第12章　コロケーション、チャンク、語彙フレーズと外国語教育への応用　245

1. コロケーションとコーパス　246
    1.1. コロケーションの定義と分類　246
    1.2. コロケーションとコーパス研究　247
2. チャンク　250
    2.1. チャンキング　250
    2.2. 言語処理単位としてのチャンク　251
3. 連語項目 (multi-word item: MWI) の役割　252
4. 語彙フレーズ　255
5. 語彙を中心とした教授法　258

本章のまとめ　262

さらに研究する人のために　263

第13章　外国語の語彙学習と指導法　265

1. どのような語を何語教えたらよいか？　266
2. 付随的学習と意図的学習　269
3. 意図的語彙学習　270
   - 3.1. 自動的に意味を認知できる語を増やす　270
   - 3.2. 良く知っている語と新しい語を組み合わせる　271
   - 3.3. 単語に出会う機会を多くする　274
   - 3.4. 深い処理を促進する　276
   - 3.5. 語の意味をイメージ化・具体化する　280
   - 3.6. 様々な教授方法を使う　283
4. 付随的語彙学習　287
   - 4.1. リーディングと語彙習得　287
   - 4.2. リスニングと語彙習得　294
   - 4.3. ライティングと語彙習得　296
   - 4.4. スピーキングと語彙習得　297
5. 語彙学習方略　298

本章のまとめ　300
さらに研究する人のために　301

第14章　第二言語習得理論の構築に向けて　305

1. 学習理論にもとづく行動主義的アプローチ　306
2. 普遍文法にもとづく生得論的アプローチ　307
3. その他のアプローチ　311
4. 外国語習得の3段階仮説：全体的、分析的から自動的処理へ　314

本章のまとめ　321
さらに研究する人のために　322

引用文献
　欧文文献　324
　和文文献　347
　索　引　352

編著者紹介・共著者紹介　361

第1章

メンタルレキシコンとは何か

　人はその長期記憶中から必要な情報を検索し、心の中の作業場であるワーキングメモリ内で保持、加工することで、言語によるコミュニケーションが可能になる。この長期記憶中で特に、語の形態(綴り)・音韻・意味・統語などの情報が蓄えられている部分を、メンタルレキシコンと呼ぶ。本章においては、まず言語研究や外国語教育研究における語彙の扱いについて触れ、そして本書が対象とするメンタルレキシコンとはどのようなものか導入し、その上で第2章以降の概要を紹介する。

> ● キーワード ●
> メンタルレキシコン (mental lexicon)、ことばの習得 (language acquisition)、長期記憶 (long-term memory)、lexeme 情報 (lexeme information)、lemma 情報 (lemma information)

1. メンタルレキシコンとは？

　「語を知っていることは、人の言うことを理解し、また理解されるための鍵となる。子供は語彙をまず習得し、しかる後にことばの文法を学習する。ことばの学習の要点は、まず新しい語彙を学ぶことにあり、文法知識はことばの熟達にはあまり関係しない。」(Vermeer, 1992: 147) これは、一般に多くの人が、ことばの習得について抱く信念 (popular belief) であるが、これがこのままあてはまると考えるのは、あまりに事を単純化しすぎていると思われる。

　しかしことばの学習・教育を専門にあつかう応用言語学・言語教育学、またことばの仕組みを研究する理論言語学では、これとは逆にこれまで文法 (grammar)、とりわけ統語論 (syntax) の重要性がことさら強調されてきた。この場合の文法は、一般に想像するような、いわゆる文法書 (grammar book) を学習するようなものではない。むしろ、人の心(すなわち頭脳)の中にある、これまで聴いたことも発話したこともない文でも、理解したり生み出したりできるという、ことばの創造的使用を可能にしてくれる言語知識(能力)としての文法を重要視してきたのである。そして、ことばの獲得とは、イコール文法の習得であるかのごとく議論した。

　以上のような文法重視の見方に対し、実際の言語運用 (linguistic performance) においては、文法能力、すなわち言語能力 (linguistic competence) よりも、もっと総合的なコミュニケーション能力 (communicative competence) が重要であると考える研究者もいる。しかし、そのような研究者にしても、ことばの使用における語用論的能力 (pragmatic competence)、社会言語学的能力 (sociolinguistic competence)、方略的

能力(strategic competence)の重要性を説き、さらにことばを理解したり生成したりする際のスキーマ・スクリプト(schema or script)など各種背景知識(background information)を駆使したトップダウン処理(top-down processing)の役割には注目するものの、そのトップダウンが可能になる前提として不可欠な、語彙情報やその運用を中心とするボトムアップ処理(bottom-up processing)の重要性にはほとんど着目を払ってこなかった。

今日、既知語のサイズや語彙の使い方に関する知識という語彙知識の広さおよび深さ(breadth and depth of vocabulary knowledge)が(第3章参照)、文法操作能力がそれ以上に、実際のことばによるコミュニケーションや、母語および外国語の獲得・学習において、重要な役割を果たしているという認識が、急速に広まってきている。こういった趨勢の中で、個々の語彙情報や語と語が合わさった固まりとしての語彙チャンク(lexical chunk)などを中心に据え、新たな立場から人の言語運用や第一・第二の言語獲得を説明しなおそうとする試みがなされつつある(第12章、第14章参照)。

以上のようなメンタルレキシコン内に存在する語彙知識は、人の言語や非言語による情報処理過程を扱う認知心理学の枠組みでは、宣言的記憶(declarative memory)の一種としての意味記憶(semantic memory)として、長期記憶(long-term memory)内に蓄えられていると考えられている(第9章参照)。母語であれ、外国語であれ、ことばの運用という知的情報処理を円滑に行うには、長期記憶中のこのメンタルレキシコンをいわば「引いて」意味などの必要な語彙情報を活性化させて検索する必要がある。そうして、ワーキングメモリ(working memory：作動記憶、作業記憶と訳すこともあるが、本書では、ワーキングメモリという用語に統一)内に取り込み、そこで感覚記憶を経て既に聴覚的・視覚的に知覚し、保持された刺激情報と照合し、加工・処理する。そうすることで、言語の理解や運用が可能になってくる。なお、この認知・記憶システムの概要については、本書の第9章でさらに詳しく扱う。また、門田・野呂(2001)、門田(2002)もあわせて参照されたい。

メンタルレキシコン(mental lexicon：心的辞書、心内辞書と訳すこともあるが、本書ではメンタルレキシコンという仮名書きに統一)内の個々の語彙項目がどのような構造になっているかについて、Levelt(1989)は以下のようなモデルを提案した。すなわち、それぞれの語は、その枠組や器を示す lexeme と、語の実質的情報を担う lemma という2つの下位部門より構成されており、lexeme には、形式的に語の形態(正書法)情報、音韻情報が保有され、lemma には、語の意味・統語情報が保存されていると仮定している。語の知識が、メンタルレキシコン内の各々の語彙項目では、このように発音・形態と、意味・統語という具合に別々に記憶されているとする考えは、必ずしも Levelt 独自のものではない。一般的にある語の意味や使い方(意味・統語情報)を知っていても、その形(＝スペリングや正書法)を思い出せなかったり音韻的に似かよった語に混同してしまうといった現象があることは、これまでも各種の認知心理学実験等で確認されている。

　以上のような二層構造を持つ個々の語彙項目は、メンタルレキシコン内では、それぞれ語と語のネットワークという形で実現され、格納されていると考えられる。言い換えると、メンタルレキシコン内の個々の語の意味情報は、類義語、反意語、関連語など意味的な繋がりのネットワーク上に、音韻・形態(正書法)情報は、それぞれ音韻的・形態的に類似・関係する語を結ぶネットワーク上に配置されている。そして、たとえばリスニングなどの言語理解では、語の音韻ネットワーク(lexeme 情報)をもとに語彙処理が行われ、スピーキングなどの言語産出では、発話メッセージを伝えるための意味ネットワーク(lemma 情報)から適切な語を検索していると考えられる。このように、lexeme と lemma という2つの語彙の下位部門を仮定することで、言語理解と産出の両面をうまく説明できるという。なお、このようなメンタルレキシコンが、実際の言語産出(スピーキング)や言語理解(リスニング)の中でどのような位置を占めているかについては、第2章の語彙仮説モデルを参照されたい。

　本書では、外国語としての英語の学習・教育におけるこのような語彙の役割を、頭の中に保有された心の中の辞書(メンタルレキシコン)という観

図1.1　メンタルレキシコン内の語彙エントリーの構造(Levelt, 1989 および 1993にもとづいて筆者により作成)

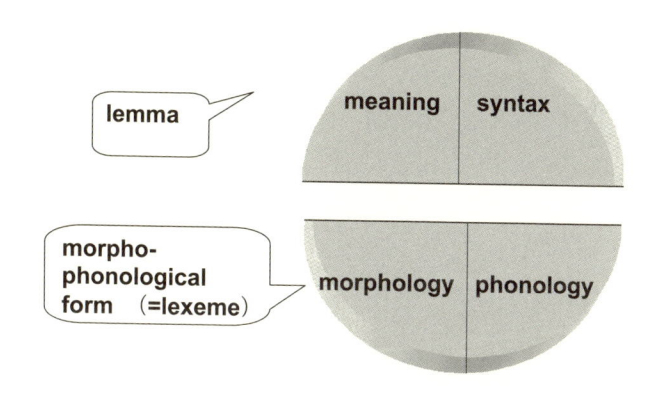

[図：円が4分割され、上半分に meaning / syntax、下半分に morphology / phonology。上半分は lemma、下半分は morpho-phonological form (=lexeme) と注記]

点からとらえ直し、それを中心的テーマに据えて、国内外の新たな研究成果やデータをふまえ、これまでの動向、研究の現状を紹介し、さらに今後の展望について解説する。

2. 本書の概要

　本書の構成は次の通りである。
　まず、「第2章：第一言語における語彙獲得とことばの処理プロセス」では、母語における語彙の獲得が、基本的にどのような段階を経て行われるか概観し、その中で特に最初のラベリング(ものに名前をつける)段階に着目し、それが生得的な制約にもとづいてなされるのかどうか検討する。さらに、語彙の獲得がほぼ完了した大人の場合、スピーキング、リスニングなどの言語運用において、レキシコンがいかに中心的役割を果たしているかを例証する目的で Levelt の語彙仮説モデルを概観する。
　次に、「第3章：語彙知識とその測定」では、単語を知っているということはどういうことかという観点から語彙知識の多面性について触れる。そして、①語彙知識の広さという観点から、語彙サイズ測定のために開発されたテストの特徴や問題点について述べ、②さらに、語彙知識の深さという観点から、その中身を解き明かす目的で、これまでの関連する先行研

究を紹介する。

「第4章：メンタルレキシコンの語彙情報へのアクセスモデル」では、まず語彙性判断課題、音読課題など単語認知実験で使われる代表的な実験方法について述べ、語彙アクセスを左右する各種要因（頻度効果、近傍語サイズ効果、意味プライミング効果など）を列挙する。次いで、捜査モデル、ロゴジェンモデル、相互活性化モデル、コホートモデルなどメンタルレキシコン内の語彙情報へのアクセスモデルについて、上記の諸要因がどのように取り込まれているか考慮しつつ各モデルを評価する。そして最後に、筆者自身による第二言語の音韻知覚研究において得られた結果との関連で各種モデルの問題点を考察する。

「第5章：語の音韻表象へのアクセス」では、視覚呈示された単語の発音はいかにして認知されるかというテーマを扱っている。まず、表音文字、表意文字の特性と音韻符号化との関係についてふれ、アルファベット文字で表記された語の発音の取りだし（音韻表象へのアクセス）をめぐり、直接的経路とGPC（書記素－音素対応）ルールを媒介する経路の2つを想定した二重経路モデルについて解説する。さらに、母音と語尾子音からなる主要部文字列（body）の発音の一貫性の程度により、単語の音読潜時が影響されるという先行研究から、文字と単語の中間レベルに相当する主要部文字列単位で音韻符号化するという考え方に着目し、妥当性を検討し、その今後を展望する。

「第6章：語の意味表象へのアクセス」では、第5章とは対照的に、視覚呈示された単語の意味表象へのアクセスについて扱う。形態・音韻・意味のそれぞれの表象へのアクセスの性質の違いに触れてから、意味アクセスにおける音韻処理（音韻表象）の関与について検討する。これまでに提案されている二重アクセスモデル、および多層水準モデルのうち、主に前者のモデルをふまえながら、視覚提示された英単語および日本語漢字の意味アクセスにおける音韻処理の関与について、これまでの主要な研究成果を概観する。

一般に、語彙サイズが大きくなるに従って、語彙知識の広さよりも深さの方が重要性が増すと言われるが、「第7章：英語の語彙知識と言語運用」

では、語彙の知識とは何かを踏まえた上で、英語の語彙習得を、①部分的な知識から正確な知識への発達、②語彙知識の深さの発達、③受容語彙から発表語彙への発達などの観点から議論する。さらに、語彙の知識とリーディング、リスニング、ライティング、スピーキングといった4技能との関係について考察する。

　「第8章：言語理解とメンタルレキシコン」では、人のこころの中の言語理解過程におけるレキシコンの役割について解説する。まず、文の理解や産出にかかわる分野の研究課題について触れ、ガーデンパス文などを用いた実験研究の結果を紹介しながら、文理解における語彙情報の関与について、統語、意味などの観点から考察する。最後に、これまでの議論を踏まえて、メンタルレキシコンの構造について考察し、第一・第二言語における文理解研究の動向、および今後の研究課題について紹介する。

　人の情報処理における記憶プロセスに焦点をあて、そのメカニズムについて考察した「第9章：単語の処理と記憶：英単語リストの自由再生課題による検証」では、まず、記憶のしくみについてこれまでの展開および研究法について概説し、次に情報処理モデルの観点から行われてきた、自由再生における系列位置効果に関する先行研究を紹介する。そして最後に、これまで母語で採用されてきた記憶研究の構造的枠組みが、第二言語にもあてはまるものかどうかということを、日本人英語学習者を被験者とした単語リストの自由再生研究にもとづいて考察する。

　「第10章：メンタルレキシコンの脳内機構」では、近年めざましい進歩を遂げた認知的神経科学によって少しずつ明らかにされてきた脳内におけるメンタルレキシコンの所在およびその働きについて探る。まず、大脳半球の基本的構造と機能について概観し、脳の機能局在について触れ、言語処理の脳内機構解明のためのPETやfMRIなどの技術を紹介する。次いで、失語症研究の成果を紹介し、脳内における言語処理のメカニズムを検討しつつ、PET研究の成果とあわせて、各種語彙プールとしてのメンタルレキシコンの在処について議論する。

　メンタルレキシコン内の各語彙項目（単語）は、意味を中心とする語彙ネットワークによって互いに結びつけられていると考えられる。「第11章：語

彙ネットワークと第一・第二言語のメンタルレキシコン」では、まずレキシコン内に保存された語彙情報のモデルとして、意味特徴モデル、階層的ネットワークモデル、活性化拡散モデルを取り上げ解説する。さらに、第二言語のレキシコンと母語のレキシコンとの関係に着目したモデルについて考察する。その上で、日本人英語学習者を対象とした語彙連想研究について報告し、その成果にもとづいて、母語のレキシコンと第二言語のレキシコンの関係について触れ、語彙ネットワークの発達段階について、シンタグマティック・パラディグマティック関係という観点から展望する。

近年第二言語習得研究においても連語項目(multi-word item)の有用性が指摘されるようになってきたが、「第12章：コロケーション、チャンク、語彙フレーズと外国語教育への応用」では、まず前半で、近年のコーパス研究の成果を紹介し、コロケーションとは何かについて解説するとともに、幼児にも大人にも心理的実在を持つと言われるチャンキングについて、これまでの研究成果にもとづき議論する。後半は英語の学習・教育という観点から連語項目をとらえ、語彙フレーズの理論的枠組み、および語彙を中心とした教授法として近年注目を浴びているレキシカルシラバスとレキシカルアプローチについて紹介する。

「第13章：外国語の語彙学習と指導法」では、指導要領の改訂毎に中・高等学校の教科書に使用される語彙数が減少するのに、語彙習得を促進する指導をあまり考えない教師も多いという現状の中で、①どのような語を何語程度教えるかについて提案し、②意図的学習と付随的学習の違いについて解説し、③意図的学習として、認知心理学の知見を踏まえた、既知語と未知語をペアにする方法、反復練習、キーワード法、単語カードの利用、接辞の知識の活用等について考察する。さらに、④付随的学習について、文脈や注釈の働きについての検討を含め、4技能を通していかに語彙習得が行われるか考察し、最後に、⑤利用可能な語彙学習方略や方略訓練の効果について言及する。

最終章の「第14章：第二言語習得理論の構築に向けて」では、本書のしめくくりとして、これまで多領域にわたって数多くの論議をよんできた行動主義的アプローチ、生得論的アプローチ、その他のアプローチという

第一言語の獲得理論についてまずそのエッセンスを紹介し、その上で語彙フレーズや語彙チャンクなどをもとにした枠組みが、外国語学習のどのような段階に位置づけられるか考察する。そのために、①全体的チャンク処理から、②分析的な規則にもとづく処理を経て、③習慣的自動化処理に至るという外国語学習の3段階学習モデル(仮説)についてその概要を解説する。

　最後に、現時点では、本書が対象とするメンタルレキシコンの概念もまだまだ発展途上であり、今後の研究に待つ部分は非常に大きい。このことはここではっきりと指摘しておく必要がある。また、そのようなレキシコンの心の中、すなわち脳内における実在性(reality)については、それがあくまでも理論上の構築物(artifact)であり、その存在を一切認めない研究者がいることも確かである。さらに、メンタルレキシコンという一種の心的モジュール(module)の存在を認めるとしても、脳内のどこに位置しているかについて、十分な手掛かりが得られているとはとても言えない状況にある(本書第10章参照)。しかしながら、そのような仮の理論的構築物であっても、あるいはまた一種の比喩(metaphor)であっても、その存在を仮定することでこれまで飛躍的に研究が発展してきたし、今後も大いに進展することが予想できる。本書でも、メンタルレキシコンの存在は必ずしも明確に実証はされてはいないものの、その存在を仮定しつつ研究することには大いに意義があるという考え方のもと、以下議論・考察を展開するものとしたい。

本章のまとめ

(1) ことばの仕組みを研究する理論言語学研究では、語彙はどちらかと言えば軽視され、文法(grammar)、とりわけ統語論(syntax)の重要性がことさら強調される傾向があった。
(2) また、ことばの学習・教育を専門にあつかう応用言語学・言語教育学でも、語用論的能力、社会言語学的能力、方略的能力や、各種背景知識

を駆使したトップダウン処理の役割には注目したが、その前提としての語彙情報の役割・重要性はほとんど着目されなかった。
(3) しかし今日では、実際のことばによるコミュニケーションや母語および外国語の獲得・学習において、語彙が重要な役割を果たしているという認識が、急速に広まりつつある。
(4) 母語であれ、外国語であれ、ことばの運用という知的情報処理を円滑に進める上で、長期記憶中の語彙知識の総体としてのメンタルレキシコンを引いて意味などの必要な語彙情報を検索することは不可欠である。
(5) メンタルレキシコン内の個々の語彙項目の構造について、Levelt (1989) では、枠組や器を示す lexeme と、語の実質的情報を担う lemma という2つより構成されると述べられている。
(6) 本書は、外国語としての英語のメンタルレキシコンに焦点をあて、学際的な観点から議論したものであるが、その概念もまだまだ発展途上であり、その存在に対し懐疑的な研究者もいる。また、その脳内の所在についても、まだ十分な手掛かりは得られていない。しかしながら、それでもその存在を仮定しつつ研究することには大いに意義があると思われる。

さらに研究する人のために

● 関連文献紹介 ●

① 望月昭彦(編著)、久保田章、磐崎弘貞、卯城祐司 2001『新学習指導要領にもとづく英語科教育法』東京：大修館書店

語彙指導が外国語(英語)教育の中でいかなる位置づけを得てきたかをみるには、英語教授法や英語教育学全般を扱った本が必要である。本書は、大学における英語科教育法の教科書という位置づけながら、最新の情報を網羅的に提供している良書である。

② 森　敏昭、井上　毅、松井孝雄 1995『グラフィック認知心理学』東京：サイエンス社

③ 行場次朗、箱田裕司 2000『知性と感性の心理』東京：福村出版

　本書のように語彙の処理・習得などメンタルレキシコンに関する研究を行っていく上で、人のこころ(認知)のシステムに関する全般的な知識は必須である。これまで上記以外にもさまざまな概説書が刊行されているが、わかりやすく全体を網羅した認知心理学への啓蒙書となるとこれら2冊が適当であろう。特に、②は見開きページごとにモデルや実験結果などが多数図解されており、初学者にも評判が高い。

――● 卒論・修論のための研究テーマ ●――

　本書の導入にあたる本章は、概論的にメンタルレキシコンの位置づけをしたものであり、そこから個別的な研究テーマを引き出すのは困難であり、また妥当でもない。ただ、Levelt の lemma 情報と lexeme 情報に関連して、日本人英語学習者(中級から上級)を対象に、語の意味・統語に関する知識と、スペリング(正書法)・発音に関する知識との間の相関がどの程度あるのかに関し、様々なテストを作成し、検討することも可能である。これは本格的な語彙知識の研究の一環として必要な研究である。

第2章

第一言語における語彙獲得とことばの処理プロセス

　本章ではまず、第一言語（母語）における語彙発達過程を概観し、それがラベリング、パッケージング、ネットワーク化の3段階より構成されていることを明らかにする。その中で、語の意味付与がいかにしてなされるかというラベリング段階に着目し、生得的な制約を設定して説明しようとする考え方と、そのような設定は必ずしも必要ないとする考え方について解説する。さらに、一定の語彙習得が完了した大人の場合、スピーキング、リスニングなど言語運用プロセスにおいて、lemma、lexeme の2層構造をもつメンタルレキシコンが中心的な役割を果たしているという、語彙仮説モデルについて概観する。

> ●キーワード●
> メンタルレキシコン(mental lexicon)、ラベリング(labelling)、パッケージング(packaging)、ネットワーク化(network building)、語彙獲得制約(constraints for lexical acquisition)、語彙獲得と動作(lexical acquisition and body movements)、語彙仮説モデル(lexical hypothesis model)

1. はじめに

　形態、音韻、意味、統語などの各種語彙情報を総合したメンタルレキシコンは、母語においてはいかに獲得されるのであろうか。とりわけ、未知の環境の中で新たな語に初めて接した幼児は、どのようにしてその語の意味を推測するのであろうか。また、語彙獲得が通常のレベルにまで達した成人の場合、メンタルレキシコンは、ことばによるコミュニケーションにおいて、いかなる役割を果たしているのであろうか。本章では、これまでの内外の心理言語学など関連研究の成果を踏まえ、以上のような問題にどのような説明が可能か検討することである。

2. 母語における語彙習得：ラベリング、パッケージング、ネットワーク化

　母語の獲得において、幼児の語彙獲得はいかにして達成されるのであろうか。一般には、次の3つの過程を経ると考えられている(Aitchison, 2003)。すなわち、(1)ラベリング(labeling)、(2)パッケージング(packaging)、(3)ネットワーク構築(network building)の3段階で、これらを経て、はじめて大人の持っている語彙ネットワークに近づいていくという。

図2.1 母語における語彙獲得の3段階（Aitchison, 2003にもとづく）

(1) ラベリング

　これは、事例にラベルを付与するネーミング（naming）の操作である。ほぼ、1歳～2歳の間に行われるが、決して自動的に達成される行為ではなく、親など養育者が指示したものを正確に、発せられた音連続に結びつける必要がある。Aichison自身、このラベリングの習得が、①状況に関連して機械的に発話を随伴させる、②随伴発話を行う状況を拡大する、③発話を特定の状況から切り離す、という3つのプロセスを経ると説明している。こうして物事に名前（＝ラベル）があることを見いだすと、何でもラベルをつけて言いたがる時期が到来する。これが語彙の爆発的増加（naming explosion）期である。ただ、ラベリングがいかにして可能になるかについては、生得的な制約を設定して説明しようとする議論がある（本章次節参照）。

(2) パッケージング

　パッケージングとは、ラベリングによって獲得した語（たとえば、"duck"）が、目前の事物（たとえば、手元にあるおもちゃのあひる）のみを指すのではなく、他の場面に現れるあひるのおもちゃや生きているあひる等にも確実に応用して使用でき、またその語をいるか（dolphin）やにわとり（chicken）

とは区別し、それらの名前を言う際には当てはめないようにする段階である。このパッケージング習得の中途では、しばしば、語を実際に指示するものよりも限定した意味に解釈して使用する過小適用（underextension）と、語の意味を本来よりも多方面の広い事柄にまで拡大適応してしまう過大適用（overextension）の２種類の誤まった使い方が発生する。過小適用については、"white"という色彩語を、たまたま特定の状況の下で遭遇したために、"blank"という意味でしか理解していなかった事例などがある。また、過大適用は、過小適用よりは出現頻度は少ないが、たとえば、"hat"で、"hairbrush"も含め、頭に関係する語すべてを含めた使い方をすることなどがあげられる。このような過大適用がなぜ生じるかについては、(a)語彙力不足のため、新しい事物に対し既に知っている語で代用してしまうのだという説、(b)語の一部の意味しか知らないため、やむなく過大使用をしてしまうという説、(c)語の意味を誤って類推し、その類推を適用してしまうという説などがある。

(3) ネットワーク化

　ネットワーク構築とは、"put"と"give"の違いなど、ある語と別の語との意味関係を理解し、語と語の適切な意味関係ネットワークを構築することである。語のネットワーキング化は、かなりゆっくりと進行する時間のかかる過程であるが、その際子どもは、１つの事物に複数のラベルを付与するのを避け、１事物＝１語の原則を守ろうとする。典型的な２才半児の反応、"If a pig is a pig, then it can't be an animal."というのが子供が語彙習得において強固に厳守しようとする方略のようである（次節参照）。
　また、語と語の語彙ネットワークの形成においては、コロケーション（連語）などの役割も重要である。たとえば、語の連想（word-association）実験（第11章参照）などから、大人の場合、"table"、"dark"、"send"、"deep"などの刺激語に対し、"chair"、"light"、"receive"、"shallow"など、反対語、同義語、関連語などの語を連想する傾向が強く、語彙ネットワークがパラディグマティックな関係にもとづいて形成されている。それに対し子供の場合は、同一の刺激語に対し、それぞれ"eat"、"night"、

"letter"、"hole"など、連語などコロケーションチャンクを形成するような語との結びつきが強く、シンタグマティックな関係にある語どうしのネットワークの方が先に構築されるということが、明らかにされている(Aitchison, 2003)。このように最初はコロケーショナルネットワークを形成し、その後、パラディグマティックなネットワークへ移行していく背景には、子供の語彙に統語範疇(品詞)の意識が芽生え、上位・下位語、同位語などの階層構造についての概念を習得するのにかなりの時間がかかることが指摘できる(第11章参照)。

3. 語の意味獲得をめぐって

　Quine(1960)は、語が指示する対象を確定する際の論理的な困難さを次のように提起した。ある言語学者が未開の地に言語調査のために行き、そこで現地人のことばを観察するとする。その時、現地人らしき男性が現れ、走っていくウサギを指さして、「ガヴァガーイ」という発話をした。その時その言語学者はいかにしてその発話の意味を確定できるだろうか。「ガヴァガーイ」が、目の前を走り抜けた「ウサギ」を指すのか、それとも他のものを指す可能性もあるのではないか。たとえば、ウサギの白っぽい「色」を指すのか、あるいは、「動物」一般を総称的に用いるのか、またはふわふわした「毛」、その時くわえていた「ニンジン」を指すのか、それともウサギではなく「走っている」という動作なのか、等々である。これらの中には、確かに検証可能な仮説もある。たとえば、「色」を指すのかどうかの検証には、ウサギ以外の同じ色の事物を指して、「ガヴァガーイ？」かどうか聞けば解るし、また「走っている」という動作を表すのであれば、他の同じようなスピードで移動している事物を指して確認できる。しかし、もし「ガヴァガーイ」の意味がウサギの体の一部を指すのなら、検証はほとんど不可能になってしまう。

　まさに今母語を習得しようとしている幼児も、実は上記の言語学者と同じ状況に置かれているのである。たとえば、母親が、ミルクの入ったコップを指さし、「コップ」と言ったとする。その際、その「コップ」という発

話が、その事物「全体」を指すのか、中に入っている「液体」を指すのか、液体がほぼ「満杯」まで入った状態を指すのか、コップの「取っ手」を指すのか、コップのなめらかな「材質」を指すのか、はっきりしない。また、この「コップ」はどの程度まで、適用範囲を拡大して解釈できるのかという問題もある。

　いったい子供は、どのようにして曖昧な状況から指示対象を正確に確定していくのであろうか。一つの方法は、考え得る可能な仮説を１つ１つすべてチェックすることである。ただ、仮説を検証するためには、どんな対象を選んで、確認したらいいかを考えるだけでもかなりややこしい。しかも、最終的に意味を確定するまでに、踏まなければいけない手順は膨大である。従って、実際に子供が、可能な仮説を１つ１つすべて検証しているとは考えられない。１つの単語の意味を同定するだけでも、莫大な時間とエネルギーを要することになり、必要な語彙数を数年で習得することは不可能になってしまう。そうではなく子供は曖昧な状況の中でも、かなり正確に語の意味を抽出するための手だて、言い換えれば考慮すべき仮説の範囲を決定的に狭めてしまうような制約を、生得的に持っており、それを語の意味推測の際に利用しているのではないかと仮定されるようになった。そのような制約としては、先に紹介したAichison(2003)の３段階に対応して、次の３種類が考えられた。

(1) 養育者が発した単語が指し示す対象を特定するためのラベリングに関する制約

(2) 最初にラベル付けした対象以外にどこまで、どのような基準で拡張できるのかというパッケージングに関する制約

(3) 既に知っている語から成る意味ネットワークに新たな語を組み込む際にどのように語彙項目どうしを整理していけばいいかに関する制約

　以上の(1)〜(3)の制約として、主に次の４つが順次提案された(Markman, 1989; 今井、1997; 小林、2001等参照)。

(1) 事物全体制約(whole object constraint)

(2) カテゴリー制約(taxonomic constraint)

(3) 形状バイアス(shape bias)
(4) 相互排他性(mutual exclusivity)

(1)の事物全体制約というのは、ある事物が指示され、それに対応する語が与えられると、その語は「その事物の全体を指す名称である」という原理である。これにより、事物の一部分の名称であるとか、色、材質などの属性であるといった可能性を排除できるという。

(2)のカテゴリー制約というのは、事物が指示され、語が与えられたら、その語は「その事物が属するカテゴリーの名称である」と推測する原理である。これにより、たまたま目撃した具体的事物だけに、指示された語を結びつけようとする可能性を排除でき、適切な一般化が可能になる。これに対し、子供が語の意味を一般化していく基準は、上記のカテゴリー制約では実際には困難で、実は「事物間の形状の類似性に基づいている」のだという主張が(3)の形状バイアスである。ここでは、形状の似たものが複数蓄積され、集合体が形成されると、そこからその集合に共通した属性が抽出され、最終的に語の表す概念が構築できるのだという。

(4)の相互排他性は、「一つの語には一つのカテゴリー名称のみが与えられる」という原理である。この相互排他性により、既にラベリングが済んで名称(語)を習得済の事物について、新たに名称(語)が与えられると、それは前に学んだ語の同義語とは考えず、色・材質など何か別の意味を表す語であると解釈できることになる。

確かに、以上のような制約を設けることで、子供の語の意味習得における迷い(＝可能性)がかなり軽減される(＝範囲が限定される)ことは想像に難くない。ただ、よく考えてみると、上記のような制約は、必ずしも常に適用できるものではない。事物全体制約に関しても、鍋などの「蓋」「取っ手」などの部分の名称の習得を阻害してしまう制約にもなる。相互排他性制約にもとづいて、既に習得済の語である「鍋」とは異なる事物を指すと推測しても、その後、いかに絞り込んだらよいかに関する手がかりは一切ない。これでは、いつどのような条件で制約を適用するのかに関する新たな制約が必要になってしまう。

このような問題点の指摘に対して、制約論を肯定する立場からは、時間

の経過とともに子供は「乗り越え(override)」が可能になると説明する。たとえば、事物全体制約の原理は、生後16～18ヶ月で使用できるようになるが、4歳になると文脈・場面といった他の情報も考慮に入れることができるようになると説明している。

　実際に子供が新しい語の意味を獲得する際には、上記のような制約論者がいうほど、意味推測のための手がかりを欠いているわけでもない。たとえば、事物全体制約、形状バイアスという2つの制約の存在に関して、小林(1997)の報告している実験は興味深い。大人の発する動作を、事物のラベリングに子供が使用することを明らかにしているからである。

　卵形のガラスでできた物体を使い、8人ずつ3群に分けられた2才児に対し、「これはムタです」と言いながら、まず無意味名称を教えた。その上で、「ムタで何をするか見ていてね」と言って、その物体を使った動作をしたというのである。動作の仕方には2種類あり、上記の卵形のガラスを使って、その卵形という形状に注目をひくような動作(ころがす)をするか、その材質に関係する動作(透かして見る)を行なった。その後のテスト場面では、同じ卵形の発泡スチロールの物体と、形はピラミッド形で異なるが材質は同じガラスでできた物体を提示して、「どっちがムタかな？」と尋ねた。

図2.2　2歳児の語の意味獲得における動作の影響に関する実験課題
(小林、1997にもとづく)

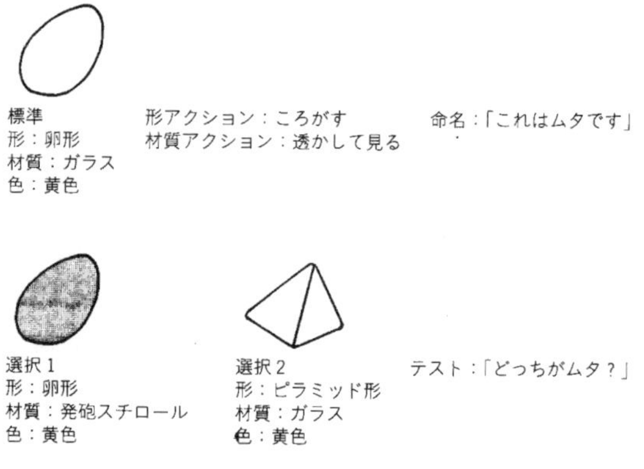

標準
形：卵形
材質：ガラス
色：黄色

形アクション：ころがす
材質アクション：透かして見る

命名：「これはムタです」

選択1
形：卵形
材質：発砲スチロール
色：黄色

選択2
形：ピラミッド形
材質：ガラス
色：黄色

テスト：「どっちがムタ？」

図2.3　2歳児の語の意味獲得における動作の影響に関する実験結果
（小林、1997にもとづく）

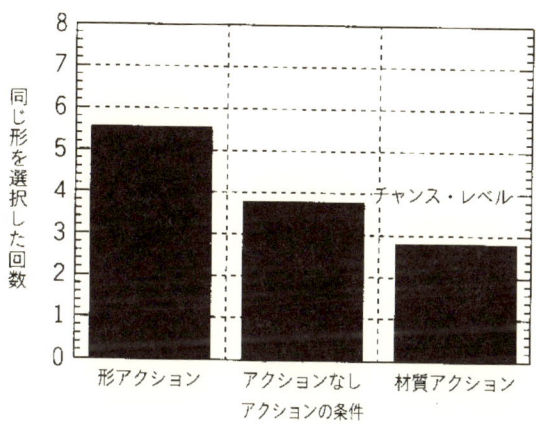

（グラフ：縦軸「同じ形を選択した回数」0〜8、横軸「アクションの条件」。形アクション：約5.5、アクションなし：約3.7、材質アクション：約2.6（チャンス・レベル））

　結果(図2.3参照)は、(1)形に注目させる動作を見た子供は、材質の違いは無視して同じ卵形の物体を選択し、(2)他方、材質に注目する動作を見た子供は、形状の違いはあっても同じ材質のガラスでできた物体の方を選んだというものであった。また、(3)動作を一切せずに単に指さして「これはムタです」と言った場合には、同じ形状か同じ材質かどちらを選択するかはまったくチャンスレベル(相半ば)であったという。

　さらに、正高(2001)によれば、同様の実験で、実際に物体を使った動作をしてみなくても、「ころがっているさま」「透かしているさま」のジェスチャーを手のひらと指で提示するだけで、小林(1997)と同様の結果が得られたという。子供が新しい語を習得する際に、必ずしも事物全体制約や形状バイアスが働くと仮定しなくても、実際には動作などの手がかりが養育者によって与えられることが多く、それらを利用しながら語の意味を推測しているのではないかとも考えられる。このように、生得的要因のみならず、養育者によるインプットの調整、子供自身による意図を推測する能力等複数の要因が語のラベリングには関係していると考えられる(秦野、2001)。

4. 語彙仮説モデル

　これまで母語における語彙発達について、そのエッセンスを概観したが、そのような語彙獲得の結果、構築された語彙情報の総体としてのメンタルレキシコンが、実際の言語運用においてはどのような位置を占めているのであろうか。この問いに対し、Levelt(1989, 1993)は、母語話者の音声言語の産出(speech production)および理解(listening comprehension)

図2.4　言語の理解と生成における語彙仮説モデル(Levelt、1993にもとづく)

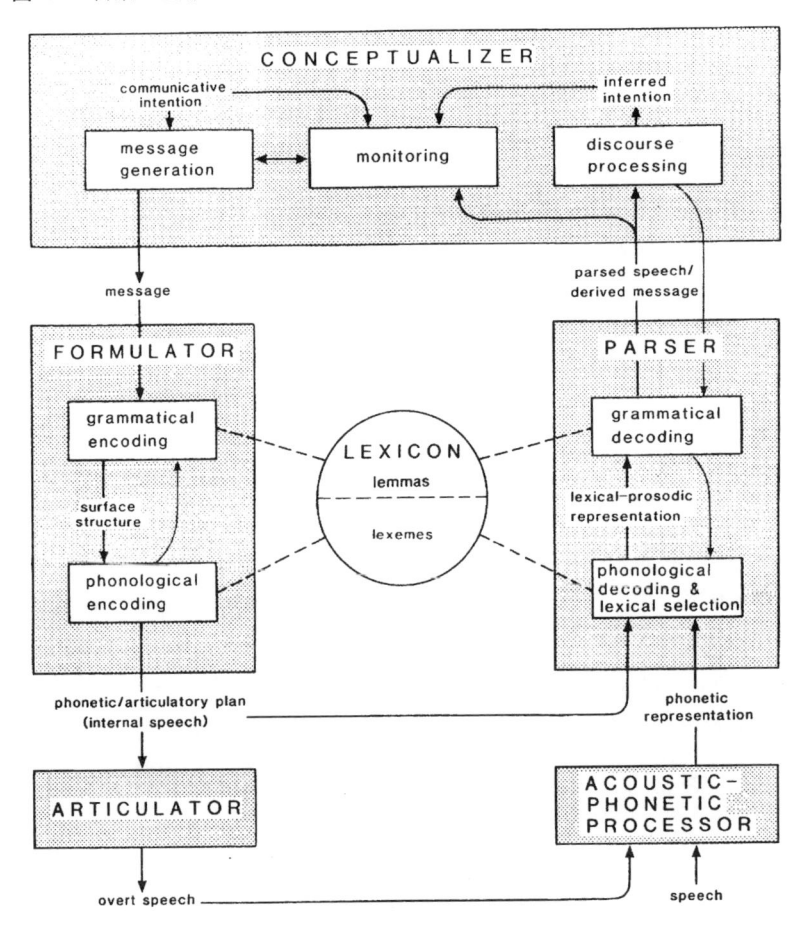

がどのようなプロセスより構成されており、メンタルレキシコンがその中でどのような位置を占めているかに関し、一つのモデル(語彙仮説モデル：lexicalist hypothesis model)を呈示している。

(1) スピーキングのプロセスとレキシコン

　スピーキングの第一段階は、発話すべき内容(メッセージ)をつくることである。これは Levelt のモデルでは、概念化装置(conceptualizer)で行われ、2種類のプランニングが仮定されている。1つは、発話の意図や内容の概要を決定するマクロプランニングで、発話意図がどのような表現形式で達成されるか見極める段階である(communicative intention)。たとえば、"It is cold in here." という叙述表現をとっていても、実際に意図するところはしばしば「要求」であったり「命令」であったりする(たとえば、"Close the window." など)。もう1つのメッセージ生成(message generation)は、命題(proposition)形式で内容をかなり詳細に記述するミクロレベルのプランニングである。

　概念化装置のアウトプットは、前言語的メッセージと呼ばれ、命題形式を保っていると仮定されている。次の形式化装置(formulator)では、この前言語的メッセージに対し、文法コード化(grammatical encoding)や音韻コード化(phonological encoding)の操作を施し、言語という記号(コード)に変換する。

　最初の文法コード化とは、前言語的メッセージから文法情報を満載した表面構造(surface structure)をつくり出す操作である。この表面構造は、概念的な意味表象ではなく、統語的表象で、句構造(主語、目的語、句主要部などの関係)が階層的に表示され、同時に終端レベルの個々の語彙項目が表示されている。Levelt は、この表面構造の形成にあたり、個々の語彙項目内に保持された統語情報を手掛かりとして、語彙レベルでの操作が行われると仮定している。これがいわゆる語彙論的立場(語彙仮説)である。すなわち、文の統語や意味の情報は語彙とは無関係に引き出されるのではなく、レキシコン内の lemma 部に保存されており、その中の統語・意味情報が活性化されて、文の表面構造が生成されるのだとする。この

lemma部に保持される統語情報には、名詞・動詞・形容詞・前置詞などの統語範疇と、主語、述語、直接目的語などの概念項(conceptual arguments)という2種類があると考えられる。

次の音韻コード化は、メンタルレキシコン内の語彙項目のlexeme部から音韻情報を検索することからスタートする。この音韻情報は、そのまま調音(articulation)するための運動指令(motor plans)ではなく、音韻的表象を形成するための情報である。この音韻コード化により、①文のイントネーションなど韻律構造(prosodic structure)が特定化され、②個々の分節音(segmental sounds)が挿入され、その後、③調音のための運動指令プランが形成される。この調音のためのプランは、調音装置(articulator)への入力であるが、実際の調音操作ためには、一時的に調音バッファ(aruticulatory buffer)に格納し、その後喉頭などの調音器官を利用することで、実際の音声アウトプットが形成される。

話し手は同時に聴き手でもある。聴覚フィードバック(auditory feedback)と呼ばれる、みずから発音したものを聞き、それが適切な発話かどうかチェックするプロセスがある。また、このフィードバックは、必ずしも最終的に発せられた音声でなくとも、調音バッファに保持された調音指令プラン段階でも、それに事前にアクセスして、妥当なものかどうか検討しているという。

(2) リスニングのプロセスとレキシコン

聴いて理解する過程の第一歩は、一種のフロントエンドプロセッサとも言える音響・音声処理装置(acoustic-phonetic processor)により、音声信号を音声表象(phonetic representation)に変換することである。この音声表象をもとに、文の解析(parsing)作業がスタートする。

文解析装置(parser)内の音韻化・語彙選択(phonological decoding and lexical selection)機構では、まずメンタルレキシコンから語彙項目内のlexeme部から音韻情報が検索され、利用される。そうしてはじめて、音声表象を、一定の単位に分節(segment)し、語という単位を抽出することが可能になる。前者の分節化では、音声信号に含まれる韻律情報が重要

な手がかりとなることが知られている。この分節化を施されたものが、チャンク(chunks)で、聴き取りのための知覚意味単位(perceptual sense unit)(河野，2001)を構成し、その後の意味・統語解析の素材となる。また、語彙選択(lexical selection)においては、活性化された複数の語候補から絞り込みを行い、最終的に特定の語彙項目をとり出すという語彙アクセスが行われる。この語彙アクセスを説明するモデルとして、Marslen-Wilsonにより提案されたコホートモデル(cohort model)などがある(第4章参照)。

　音韻化・語彙選択機構のアウトプットは、語彙が挿入された、語彙・韻律表象(lexical / prosodic representation)である。これは同時に、さらなる高次の文法的コード化(grammatical decoding)、すなわち統語解析のためのインプットとなる。統語解析に際しては、統語的な処理と意味的な処理は同時並行的にオンラインで進行するが、ある程度の独立性(これをモジュール性(modularity)という)は保ちつつ行われるという。

　文解析装置の結果生み出されるアウトプットは、文の概念表象である。これは、比較的表層レベルの意味表象で、ここから話し手の発話意図の最終的な解釈にむけて、概念化装置内の談話処理(discourse processing)機構が作動する。語と語の間の照応関係を手がかりに、指示内容(referent)を特定化するミクロ(micro)・ローカル(local)レベルでの談話処理、そしてさらに広範囲にわたるマクロ(macro)レベルでの談話処理を経て、最終的にテキスト全体の意味の理解がメンタルモデル(mental model)の表象という形で達成される。また必要に応じて、発話者の発話意図の推測(inferring intention)が行われる。

　以上詳述したLeveltのモデルにおける各々の処理装置は、それぞれが独立性・個別性を保ちつつ、一つ一つ継時的に適用されるのではなく、同時進行的に作動すると仮定されている。たとえば、発話と同時にその聴きとりがフィードバックとして働いていたり、他の人の話を理解しながらも同時にメッセージのプランニングが進行して、賛成・反対などの文を考えているような事例は日常的にも数多い。このように各々の処理装置がパラレルに活性化し、作動するのが可能になるのは、それぞれの操作が完全に

自動性を達成しているレベル(automatic level)になっていることが前提である(第14章参照)。それぞれの処理モジュール(module)の動作に一つ一つ注意(attention)を向けたり、認知資源(cognitive resource)を大幅に消費する必要がある場合は、パラレルな同時処理は実質上不可能になる。このことは、Just and Carpenter (1992)の指摘した、ワーキングメモリ内における処理(processing)と保持(storage)のトレートオフ(trade-off)に着目した処理容量理論(capacity theory)や、高野(2002)による外国語副作用(foreign language side effect)のモデルによっても既に指摘されている。

　また、リスニングなどの言語理解に関連して、2つ以上の意味を持つ多義語の処理にコンテキストがどのように影響するかも、これまで議論されてきたテーマである。①多義語の複数の意味が全て活性化され、その後、前後の文脈情報に基づいて、特定の意味に絞り込まれるという包括的アクセス説(exhaustive access)と、②文脈から事前に多義語の意味の絞り込みが行っており、読み手の頭の中では特定の意味だけが活性化されるという選択的アクセス説(selective access)の2つがこれまで提案されている。すなわち、文脈が、語彙アクセス前(pre-lexical)と、語彙アクセス後(post-lexical)のいずれのタイミングで機能するのかという問題である。Levelt (1993)は、この問題について、「人は"bank"のような多義語を見たとき、レキシコンから複数の意味が一時的に活性化され、その後コンテキスト情報により1つの意味に限定される」と述べ、包括的アクセス説の妥当性を支持している。

　以上のような2つの考え方に対し、筆者自身はもう一つ別の可能性も仮定できると考えている。すなわち、メンタルレキシコンからの語彙アクセス段階で、その語の各々の意味の使用頻度(frequency)や親密度(familiarity)などの情報、すなわち、多義語のどの意味に遭遇する確率が最も高いかに関する認識にもとづき、特定の一つの意味(例　上記のbankであれば、「銀行」という意味の方が一般的)をすでに活性化している可能性が強いのではないか。そうして、前後のコンテキストとの照合の後で、他の意味(例　「土手」)を採用する必要のあるときにはじめて、その意味が意識

されるのではないかと仮定したい。事実、Duffy, Morris and Rayner (1988)は、①2つの意味が同一の使用頻度を持つ多義語の場合(balanced homograph: 例　right)と、②使用頻度に明らかに違いがある2つの意味を持つ多義語(polarized homograph: 例　yarn)の場合を比較して、少なくとも②のタイプの多義語の場合は、複数の意味があることを読み手がまったく意識していないことを、視覚提示文を処理する際の眼球運動データから明らかにしている。同一の使用頻度の意味を複数もつ多義語は、実際には数多くは存在しないこと、ならびに多義語の複数の意味の間には個人にとって親密度に差があることが多いと考えられることから、コンテキスト情報を参照する前に、多義語の語彙アクセスは達成されているが、複数の意味ではなく特定の意味に限定されて活性化されるという仮説が支持できるのではないかと思われる。直接関係はないが、統語的多義文(syntactic ambiguity) (例　The hostess greeted the guest with a smile.)の処理実験で、音声的・韻律的な手掛かりがない視覚提示の場合でも、「お客さんににこやかに挨拶した」、「にこやかなお客に挨拶した」のうちどちらか一方の意味しか思いつかないのが通常であることからもこの考え方の妥当性が示唆されるのではないかと考えられる。日本人英語学習者を対象にした実験的検討が待たれる問題である。

本章のまとめ

(1) 第一言語における語彙獲得は、ラベリング、パッケージング、ネットワーク構築の3段階を経て行われる。
(2) 幼児が未知の環境の中でどのようにして新たな語の意味を推測するかに関しては、生得的に事物全体制約、カテゴリー制約、形状バイアス、相互排他性などのメタ的原理が備わっているという説明がある一方で、そのような制約以外にも養育者は、動作などの各種手掛かりを提供しており、それらを子供は利用しているのだという考え方もある。
(3) ことばによるコミュニケーションにおいて、意味・統語といった

lemma 情報をもとにリスニングなど言語理解が遂行され、音韻・形態など lexeme 情報に基づきスピーキングなどの言語生成が行われるという具合に、メンタルレキシコンが中心的な役割を果たすと考えられている(語彙仮説モデル)。

さらに研究する人のために

●── 関連文献紹介 ──●

① Aitchison, J. 2003. *Words in the mind: An introduction to the mental lexicon* (3rd ed.). London: Blackwell.

母語におけるメンタルレキシコン研究の概要を知るには格好の書物である。英文の文献であるが、文体が平易かつ明快で、読み物としても非常に面白い。

② 小林春美、佐々木正人 1997.『子どもたちの言語獲得』東京：大修館書店

特定の言語理論を背景としないで、第一言語獲得の主な側面について解説した良書。障害児の言語や手話の発達に関する章を含む。

③ 今井むつみ 2000.『心の生得性：言語・概念獲得に生得的制約は必要か』東京：共立出版

母語における言語および概念表象の発達を説明するのに、どこまで生得的な制約が必要かについて解説した好著。生得的概念肯定派と反対派の論考を等しく掲載している。日本認知科学会発行の雑誌特集をベースに単行本化したもの。

④ Levelt, W. J. M. 1989. *Speaking: From intention to articulation.* Cambridge, MA: MIT Press.

スピーキング過程の詳細な分析をもとに、人の言語運用の全体像を示唆した本格的研究書。やや難解であるが、成人の母語における言語運用プロセスを包括的に知るには必読書である。

───● 卒論・修論のための研究テーマ ●───

① ラベリングにおける事物全体制約の存在に関する研究：人工語を使った大人の日本人に対する研究

　未知の新たな言語（人工語）を使って、成人が指さし対象をいかに捉えるかという研究も意義があるのではないかと思われる。特に、小林（1997）のように、事物の形状、材質などのジェスチャーを含む場合と含まない場合で、未知の語が何を指示しているかの判定課題を与えることで、事物全体制約がどの程度存続しているか検証できる。

② 語彙力とスピーキング、リスニング能力との相関研究

　単純ではあるが、語彙サイズテストなどの語彙力テストとスピーキング能力（面接法、パブリックスピーキングなどで測定）、リスニング能力（TOEFL のリスニング問題等を利用）などの相関を出すのもよい。

③ 未知語の割合がスピーキング、リスニングに与える影響

　テキスト中の未知語の割合が、2％、5％、10％などと異なる英文を音読させその後再生させたり、シャードイングさせたりしたときの影響を調べるのも面白い。また、未知語の割合が変わると、英語のリスニングがどの程度影響を受けるか、発話速度やポーズの頻度などリスニングを左右すると言われる要因と未知語の割合とどちらの方が理解度に影響をするかなども興味あるテーマである。

④ リスニングにおけるチャンキングに関する研究

　文のチャンキングを日本人英語学習者がどのような単位で行うかを調べるために、彼らが実際に書かれた英文に対しどこに斜線を入れて黙読するか、またはどこにポーズを置いて音読するかの実態調査を行う。さらに、テキストの内容について、事前に関連・背景情報を呈示し、それがチャンキングの大きさ（サイズ）にどの程度影響するかを検証するのも面白い。

⑤ 視覚あるいは聴覚呈示した多義語の意味理解研究

　日本人英語学習者を対象に、第二言語処理の場合に、"bank" "run" などの多義語がいかに処理されるかも、これまでほとんど研究が行われておらず、研究テーマとしては興味深い。コンテキストによって

"run"などの意味解釈のための処理時間がどう影響されるかなど、興味あるテーマである。

第3章

語彙知識とその測定

　本章の前半はまず、「単語を知っているということはどういうことなのか」について語彙知識の多面性について論じ、語彙知識の枠組みを概説する。次に、学習者の語彙知識の広さを測定する場合の「語」の数え方、一般的な語彙リスト、日本人学習者向けの語彙サイズテスト等を紹介し、それぞれの語彙サイズテストの特徴や問題点について述べる。さらに関連した先行研究の紹介をする。後半は「ある単語を知っている」とはどういうことを意味するのかを解き明かすのが狙いである。まず「語彙知識の深さ」とはなにかについて、研究の背景および理論的枠組みを示す。そこでは語彙知識の質的な面を研究する方法として、発達段階的アプローチと構成要素的アプローチを紹介し、語彙能力をどのように捉えるかについて考察する。続いて、語彙知識の測定法について幾つか具体例を示したあと、語彙知識の深さに関する先行研究を概観する。

> ● キーワード ●
>
> 語彙知識の広さ (breadth of vocabulary knowledge)、語彙能力 (lexical competence)、語彙知識の広さの測定 (assessing breadth of vocabulary knowledge)、語彙リスト (words list)、語彙レベルテスト (Vocabulary Levels Test) 親近性 (familiarity)、閾値レベル (threshold level), 語彙知識の深さ (depth of vocabulary knowledge)、語彙知識の構成要素 (components of vocabulary knowledge)、語彙知識の深さの測定 (assessing depth of vocabulary knowledge)

1. 単語を知っているということ

　単語をどれだけ多く知っているかということが、学習者の英語力を測る1つのものさしであることには誰も異論がないであろう。それでは、「単語力とは何か？」といえば、一般的には「どれだけ多くの単語を知っているか」と定義づけられる。しかしながら「単語力とは何か」に関する認識は人によっていろいろ異なり、共通認識がなく議論の分かれるところである。ある学習者が単語を「知っている」というのは実際にその語の「何を」、「どの程度」知っているのだろうか？　語彙知識の構成概念は多面的で深く、このことが語彙習得や語彙測定を難しくしていると言える。

　そこで、学習者の語彙知識に関して、主に二つの観点から論じていくこととする。一つ目は量的な側面、語彙知識の「広さ」(breadth)、つまり、語彙サイズのことで、学習者がある単語の意味(中核的な意味)をどれだけ多く知っているか、習得単語の総量をさす。二つ目は質的な側面、語彙知識の「深さ」(depth)であり、ある単語について1つの意味を知っているだけでなく、その語をどれだけ深く知っているかである。

　Nation (2001) や Richards (1976) は語彙知識の深さを、ある単語の1つの意味以外に異なる意味、暗示的意味、連語、使用頻度、言語使用域、連想、接辞の知識、統語的特徴、などについての知識を持っていることと定義している。語彙知識の深さについて論じるには、「語を知っていると

はどういうことか」を考える必要がある(表3.1参照)。

Nation(2001)は、語彙知識の枠組み(What is involved in knowing a word)について、語彙指導と語彙学習の目標に視点を置きつつ、Nation (1990)において提唱した語彙知識の枠組み(knowing a word)を改訂し、その再編成を行った。こうして、Nation(2001)では「語を知っている」という状態を項目知識(item knowledge)と体系知識(system knowledge)の二つの異なった知識の総合としての語彙知識(lexical knowledge)として捉えている。すなわち、(1)形式的知識(form)として、話し言葉(spoken)、書き言葉(written)、語形成要素(word parts)を区別し、(2)語彙的知識(meaning)として、形式と意味(form and meaning)、語が表す概念と指示物(concept and referents)、連想(association)、(3)語の使用知識(use)として、文法的機能(grammatical functions)、コロケーション(collocations)、語の社会状況的使用・頻度など(constraints on use)を区別するなど、3種類の基礎構成軸を設定している。さらに、それらの各項目を受容面(Receptive: R)と表出面(Productive: P)という両面に分け、計18の構成要素から成る語彙の知識体系について提案している。

表3.1 語彙知識の枠組み:What is involved in knowing a word
(Nation, 2001にもとづく)

(1) 形式的知識	
(a) 話し言葉	
受容面:	表出面:
その語の発音はどのように聞こえるか?	その語はどう発音されるか?
(b) 書き言葉	
受容面:	表出面:
その語はどんな形をしているか?	その語はどのように書き綴られているか?
(c) 語形成要素	
受容面:	表出面:
その語はどのような構成要素に識別されるか?	その語のどの構成要素が意味表象に必要か?

(2) 語彙的知識

(a) 形式と意味

受容面：	表出面：
その語形はどんな意味を表現しているか？	その語の意味を表すのにどんな語形が使われているか？

(b) 語が表す概念と指示物

受容面：	表出面：
その語にはどんな概念が含まれているか？	その語の概念が表わすのはどんな指示物か？

(c) 連想

受容面：	表出面：
その語からどんな連想語が浮かぶか？	その語の代わりに他のどんな語の使用が可能か？

(3) 語の使用知識

(a) 文法的機能

受容面：	表出面：
その語はどんな文型で出現するか？	その語はどの文型で使われるか？

(b) コロケーション

受容面：	表出面：
その語はどんな語と共に連語として生じるか？	その語と共にどんな語を連語として使わないといけないか？

(c) 語の使い方についての制約（使用域、頻度など）

受容面：	表出面：
どのような状況下でその語に出合うか？	どのような状況下でその語を使うか？

さらにNationは、「語のどの側面をテストするのか」という視点に立脚し、表3.1の「語彙の知識体系（What is involved in knowing a ward）」の受容面（Receptive: R）と表出面（Productive: P）のそれぞれにつき、テストの対象項目としてそれぞれの項目を、18の要素として適応させた「語彙の知識テスト要素（Aspects of word knowledge for testing）」を体系化した。

こうして、テスト作成者は、多様な語彙のテスト測面からどの知識項目

をテストするかを決定し、その目的に合致したテストを作成できることになった。

2. 語彙知識の広さ

　学習者の語彙知識は英語力の根幹であり、英語の4技能の運用能力を十分に発揮するための基本的能力である。また、どの程度の語彙知識があるのかを知ることは教師にとって大切なことであり、それは授業で使用する教材の選択や、指導方法にも大いに関係がある。語彙知識は前述したようにいろいろな側面があり、それらの諸側面をすべて満たしたテストを作成するのはほぼ不可能である。したがって、一般的には量的な側面から見た学習者の語彙の広さ(語彙総量)を測る方法が多く用いられる。

2.1. 語彙の広さの測定
　語彙の広さを測るテストを作成するにはまず、語彙リストを選定することになる。
　これまでもすでにいろいろの語彙サイズテストが開発・利用されてきた。このような語彙サイズテストは通常、語彙リストを利用してある一定の基準(たとえば、Goulden, Nation and Read, 1990; Nation, 1993a を参照)で、テスト用語彙を抽出し、開発される。どの語をテスト項目として抽出するかについては、①被験者の習得語彙数を考慮した語彙リストを選定する、②「語」の数え方の基準を設定する、③どの語に対しても先入観のない語を選出する、④抽出した単語数が、語彙の総量を推量するのに十分な数である、などを熟考し、サンプルとして抽出された単語の信頼性を検討することが必要である。
　(2)「語」を何で数えるのか
　語彙数を数量的に測定する場合の「語をいかに数えるのか」の判断基準として次の4つの考え方がある(Nation, 2001)。
　　①　延べ語数方式(tokens)：出現する単語の数を全て数える。同じ語が何回出現してもそのたび毎に数える方法。

② 異語方式(types): 初めての単語の出現は数えるが2度目以降からは同じ語が出現しても数えない方法。
③ 見出し語方式(lemmas): この算定では基本形(head-word)、屈折語(inflected word)、短縮形(reduced word)は1語と数える。つまり、名詞の複数、動詞の3人称単数、現在形・過去形・現在分詞(-ing)、形容詞の比較級・最上級、名詞の所有格は1つの語して数える(Bauer and Nation, 1993)。
④ ワードファミリー方式(word families): この算定方式は屈折形(inflected word)だけでなく、派生形(derived form)も全て含めて基本形(head-word)として1語に数える。

NationのVLTにおける「語」の定義はワードファミリー方式であり、原形(base form)に屈折形や派生形を含めて1語としている。接辞(affixes)である -able, -ly, -ful, -ation, non-, un-, in- などの付加された語を含めて1つの語とする数え方が用いられている。派生形を別の語とする見出し語方式に換算するとワードファミリー方式の約1.6～2倍になる(Nation, 1993b)。

上記のようにサンプリングや「語」の算出方法を考慮しながら、語彙リストを選定する段階に入っていくことになるが、代表的な語彙リストとしては次のようなものがある。

表3.2　代表的な語彙リスト

番号	著者／編者	名称	発行所	発行年号	語数	備考
1	Michael West	General Service List of English Words (GSLEW)	Longman	1953	高頻度 2,000語	外国語としての英語学習用として開発 word-family 方式
2	Thorndike & Lorge	Teacher's Word Book of 30,000 Words	Teacher's College Colombia, NY	1944	頻度別 30,000語	見出し語方式

番号	著者/編者	名称	発行所	発行年号	語数	備考
3	Francis & Kucera	Computational Analysis of Present-Day American English	Brown University Press	1967	5,000語	見出し語方式
4	Roland Hindmarsh	Cambridge English Lexicon(CEL)	Cambridge University Press	1980	約4,500語	指導者用(中級レベル以上の学習者を対象)としてGSLEWをもとに多数の辞書を参考に開発 見出し語方式
5	Geoffrey Leech, Paul Rayson & Andrew Wilson	Word Frequencies in Written and Spoken English	Longman	2001	100,000,000語	SpokenとWrittenに区別(頻度タグ付き)、品詞別による頻度などをBritish National Corpusに基づき開発された語彙リスト

表3.3 アカデミック語彙リスト

番号	著者/編者	名称	発行所	発行年号	語数	備考
1	Xue & Nation	University Word List (UWL)	Newbury House Publishers	1984	基本語836語と派生形1400語	word family方式
2	Coxhead	New Academic Word List	TESOL (TESOL Quarterly 34)	2000	570語(頻度タグ付き) 10の補助リスト付き 3,500,000語	word family方式
3	Masuko, M 他	English Vocabulary for Academic Purposes	Liber Press	1997	7,692語	大学生用教科書(自然科学および社会科学)を基礎データとして開発

表3.4 EFL学習者用語彙リスト

番号	著者/編者	名称	発行所	発行年号	語数	備考
1	JACET教材開発委員会	JACET基本語4000	大学英語教育学会(JACET)	1993	頻度別5段階 3952語	見出し語方式を採用という記述がある。
2	全国英語教育研究団体連合会	全英連新高校基本英語単語活用集	研究社	1988	5000語	見出し語方式、高頻度語、広い使用範囲の語、高校生必修基本語を選出
3	北海道大学言語文化学部	北海道大学英語語彙表	北海道大学	1999	7454語	見出し語方式頻度別に5段階を区別 北大生の英語学習用として開発

表3.5 代表的英語コーパス

番号	著者/編者	名称	発行所	発行年号	語数	備考
1	Francis & Kucera	Brown Corpus	ICAME	1982	100万語	American English、15のジャンルと各2000語のテキスト500を集めた世界最初のコーパス
2	Oxford, Longman他共同プロジェクト	British National Corpus (BNC)	Oxford University Computing Service	1994	1億語	現代のspokenとwritten (Brithsh English)別基礎となる辞書
3	Cobuild Project	Bank of English (COBUILD編纂の母体)	Harper Collins	1995	3億数千万語	主にBritish Englishであるが、American Englishも含む現在世界最大のコーパス
4	University College London	International Corpus of English (ICE)	Dept. of English, University of Massachusetts at Boston	1990-94	各変種100万語ずつ	英語の多変種コーパス、英語を母語または第二言語とする18の国、地域の各100万語ずつのspokenとwrittenを収集

2.2. 語彙サイズテストの形式

　語彙の広さを測定する場合には、テストの単語数や被験者数が多いほどテストの信頼性・妥当性が高いのはもちろんであるが、実際には時間的、経済的な制約などから測定形式が限定されてくるので、調査の目標に適したテストを選ぶことが重要である。
　ここでは一般的に広く使用されている語彙サイズテストについて紹介する。

（1）第二言語学習者用語彙サイズテスト
　Nation(2001)や Schmitt(2000)の A Vocabulary Levels Test(VLTと略す)が代表的なもので、Nation(1990)の VLT を基に改訂されたものである。VLT の開発の基礎として使用された語彙リストは2,000語レベルでは General Service List(West, 1953)、大学語彙レベルでは University Word List(Xue and Nation, 1984)、その他のレベルでは Teacher's Word Book of 30,000(Thorndike and Lorge, 1944)である。VLT のそれぞれの語彙レベルにおいては、60語が抽出され、各々6語から成る10セクションの語彙問題より構成されている。各セクションの問題は左側に6単語が呈示され、右側に3つの同義語や、意味定義が呈示され、左側語群より選び結びつける形式の問題である(付録3.1参照)。
　これまで当初開発された Nation(1990)の VLT については以下のような問題点が指摘されてきた。

① 語彙レベルが2000語以上であり、ある程度上級学習者のためのものである。
② 日本人英語学習者用に開発されたテストではなく、英語圏での使用を前提として開発されたため、日本人学習者用のテストとしては不適当である。
③ 意味定義に使われている表現の方が、テスト項目になっている語より難しい表現が入っている場合がある。
④ 日本で既に定着している外来語をテスト項目に使用してしまっているものが目立つ。
⑤ 語数の算定にワードファミリー方式を使用しているが、日本の学習

者には屈折語や派生語に関する知識が乏しくワードファミリー方式による算定は適当でない。
⑥　語彙の広さを測定するテストとしてはテストに使用する各レベルにおける項目単語の抽出率が非常に低い。各レベル18語をテストするだけであり、このように少ないサンプル数から大きい語彙サイズを推量するのは妥当性に欠ける。
⑦　各セクションの選択肢から解答を選ぶ方式のため、語の意味を正確に知らなくても解答できる。
⑧　使用した基礎となる語彙リストが、West(1953)、Xue and Nation(1984)、Thorndike and Lorge(1944)と比較的古く、現在使われている語の使用頻度とは異なる。

以上のような諸問題点がこれまで指摘されていたが、これらの問題点をふまえて今回のNation(2001)のVLTテストの改訂は実施された。Nation(2001)には初級、中級学習者向けに1000語レベルが開発され、1000語レベルは上級者向けの意味定義の問題とは異なり、文の内容を判断するTrue(T)/or Not True(N)問題形式が採用された(付録3.2参照)。VLTは現行の語彙サイズテストとしては既にある程度の妥当性が検証されていて実用に供せられるものである。また、語彙テストの開発・改訂の雛(ひな)形として使用されている。

（2）Yes/No形式テスト

語彙サイズを測定する、別形式のテストとしては、Yes/No形式テストがあり、Meara and Buxton(1987); Meara(1992)が主なものとして挙げられる。この形式は学習者に正しい語の中に非単語(nonword)を挿入した混入単語リストを与え、単語ひとつひとつについて知っているか、否かを問うテストである。コンピューターによりYes/Noで解答する方法に開発されたYes/No形式テスト(頻度別に非単語を混入)としては、Meara & Jones(1990)によるThe Eurocentres Vocabulary Size Test(EVST)がある。

このテストの利点としては次のような点が挙げられる。
①　多くの被験者、大量の単語を調査の対象にできる。

② 測定結果が比較的容易に速く入手できる。
これらの利点により、この形式テストはクラス分け(placement)のためなどによく使用されている。
しかしながら、同時に以下のような問題点も指摘されている。
① 学習者が自己診断で、Yes(知っている)と判断してもその語のどのような側面を知っているのか不明である。
② 非単語混入のために、非単語に対して「単語を知っている」と被験者が自分自身の単語知識を誤って評価する危険性をはらんでいる。
③ Yes/No形式により、実際に存在する単語と非単語を「知っている」か「否」かを答えるため、実単語を知っていると答えた数と非単語を知っていると答えた数から被験者の語数レベルを推定するが、仮に非単語を知っていると答えた数の方が多くなると語彙サイズは測定できなくなってしまう(テスト結果の採点法に関してはMeara and Jones, 1990参照)。

(3) 日本人英語学習者のための語彙サイズテスト

NationのVLT(1990)のいろいろな問題点の検討結果をふまえ、日本人英語学習者用に開発された、語彙サイズを測定するテストとしては次のようなものがある。

① 単語力診断テスト(Aizawa、1998)

VLT(1990)の問題点につき検討した結果、(a)外来語によるテスト項目を削減する、(b)日本語により意味定義を呈示する、(c)word family方式ではなく派生形を1語とす見出し語方式の語数算定方式を採用する、(d)語彙リストには北海道大学英語語彙表を使用する、などの改良を加え、初級、中級、上級学習者用の5段階の単語力診断テストを日本人英語学習者として開発した。

② 語彙サイズ測定テスト(望月、1998b)

北海道大学英語語彙表を使用。語彙の頻度別に7000語の語彙を1000語毎の語彙表に整理し、1000語レベルから7000語レベルまで各レベル30項目を無作為に抽出し、さらに錯乱肢となる60語も各レベルから無作為に抽出している。与えられた日本語の2つの訳語・定

義に相当する同じ品詞の英語2語を錯乱肢4語を含めた6語の選択肢から選ぶ問題である。各レベル毎に得点を計算し、全体の受容語彙数を推量する(付録3.3参照)。

以上のように語彙サイズを測定するテストはかなり改訂・開発がなされ、比較的簡単に実施できるようになったが、日本人英語学習者のためのテストとしては、信頼性・妥当性の検証などさらなる研究が望まれる。

2.3. 日本人英語学習者を対象とした語彙習得に関する先行研究

日本人英語学習者を対象とした語彙習得研究としては、つぎのようなものがある。

Yamauchi(1995)は未知語の類推力と読解力との関係を調査した。その結果から、語彙力と未知語の類推力との間には高い相関があることが明らかになった。また、語彙力2,000語レベルを境として、2000語未満と2,000語レベルとの学習者の間に大きな隔たりが存在し、読解において未知語の類推が可能であるためには最低でも2,000語程度の語彙力が必要であると述べている。

Ishihara, Okada & Matsui(1999)は、日本人学生の受容語彙(receptive vocabulary)と発表語彙(productive vocabulary)の語彙量を研究し、その結果受容語彙量は2,000語～3,000語と調査結果から推定している。また、受容語彙量と発表語彙量は大いに相関関係があるとも結論づけている。

Barrow, Nakanishi, Ishino(1999)は、大学入学直後の学生に語彙サイズ調査(Vocabulary Familiarity Survey)を実施した。調査目的は学生の語彙サイズを把握し、学生の語彙力に適応した教材の選定、指導法の実施に役立て、さらに未知語リストを作成し語彙力の増大をはかることであった。調査方法は、被験者1,283名に対して、単語ひとつひとつの意味を知っているか否かをYes/No形式(マークシート使用)で答えさせるものであった。呈示単語は『JACET基本語4000』の頻度レベル2、3、4の合計2,320語および非単語(non-word)(Nagy, Herman and Anderson, 1985を参照)715語であった。調査の結果、テスト単語数合計2,320語に対して、1,601語(約70%)を知っていると答えていた。さらに、上記テスト

語の中から実在単語240語を厳選し、母語(日本語)で意味を書くという語彙サイズを測る課題を被験者279名に対して実施した。その結果、約55％の単語について日本語で意味が書けるということが判った。以上の結果から大学入学時の平均的知覚語彙サイズは約2,300～2,600語、和訳可能な語彙サイズは約1,900～2,300語と推量した。この調査が今までの他の調査と比べて大きく異なる点は、被験者の数の多さ(様々な大学に在籍する1,283名)と扱う語の膨大さ(2,300語)である。被験者数とテストをする語が多いということは、テストの信頼性・妥当性がそれだけ高かったと考えられる。

　島本(1998)は日本人大学生51名を被験者に実験を行った結果、語彙サイズとTOEFL読解テスト、およびTOEFL総合点の間に高い相関が認められることから、語彙サイズが読解力の強い要因であり、語彙サイズを測ることで読解力、英語力を予測することができると結論づけた。また、被験者の語彙サイズを3,000語レベルを境に上位群と下位群に分け、それぞれの相関関係を見た結果、上位群(3,000語以上)では語彙サイズとTOEFL読解($r=.66$, $p<.01$)やTOEFL総合点($r=.72$, $p<.01$)との間に高い相関が見られた。以上の結果から「TOEFLを基準とした読解力と総合的英語力という点からは3,000語(word family)がturning pointになる可能性が高い」と主張している。

　Noro(2002)は、語彙知識が英語読解に及ぼす影響について、語彙の広さと深さの観点から、大学生90名を対象に調査した。SLEPおよびTOEFLの読解問題を使用して、読解力を測定した。語彙の広さはNation(1990)のVLTの各レベルから語を選出し、深さはRead(2000)の開発したThe Depth-of-Vocabulary-Knowledge Test(DVK)を使用した。さらに、野呂氏自身が単語の接辞に関する知識を高める目的で開発した形態知識テスト(morphological knowledge Test: MK)を使用した。その結果、全体的にみると語彙知識の広さと深さとの間には強い相関があったが、また、語彙知識の広さの方が深さよりも読解との相関が高いという結果も出た。その他、単語の接辞に関する知識は語彙知識の広さと密接な関係があることが示された。

日本人英語学習者以外で語彙サイズを測定した先行研究としては、Laufer(1992)がイスラエル人のESL学生を被験者として、読解力と語彙レベルの関係を調査した研究がある。その結果、被験者の語彙力が3,000語レベルを境にして読解力に差が見られ、読解力における語彙の閾値(threshold)が3,000語レベルにあると結論づけている。また、Hirsh and Nation(1992)は、若年英語母語話者が未知語の負担を感じないで、読書を楽しみとして読む場合、どれくらいの語彙サイズが必要であるかをGeneral Service List(West, 1953)を用いて調査した。それによると、高頻度語2,000語では不十分で、5,000語(ワードファミリーにて計算)程度は必要であるという調査結果を出している。

　前述のように、第二言語における語彙の広さとは、学習者が教科書などにより学習してすでに知っている語彙総量のことである。では、学習指導要領ではどの位の単語数を学習することになっているのであろうか。

　中学校・高等学校で生徒が学習する単語数は、現行(平成11年)の学習指導要領で中学生の間に900語程度、高校卒業までに2,200語程度の単語を学習することになっている。これらの数字は検定教科書のみで学習した場合のものであり、これ以外でも学習される語彙はあると考えられるが、学習される単語は多くあっても、また、文脈の中で単語を学習する効果については、読んでいるテキストに未知語が何回出てきたらその単語の意味が学習されるかということに関して、Saragi, Nation and Meister(1978)では10回、Nation(1990)では6.7回の繰り返しが必要という見解がある(相澤、1997)。このように、母語とターゲット言語との距離が大きく異なる、日本人英語学習者の語彙習得の難しさは、単語の習得定着率の低さに大いに反映していると思われる。

3. 語彙知識の深さ

　先述したように、ある単語を知っているということは、ただ単にその単語の一つの意味を知っているというだけでは不十分である。Read(1993, 1997, 2000)は、L2語彙知識を大きく量と質の点から語彙知識の広さ

(breadth) と深さ (depth) に分け分析している。この「広さ」と「深さ」ということばの由来は Anderson and Freebody (1981) にあると説明されている (Read, 2000) が、Read によれば、語彙知識の広さとは、学習者の知っている (中核的な意味を1つ知っている) 語彙の総量 (語彙サイズ) を表すのに対し、語彙知識の深さとは、ある単語をどれくらいよく知っているかという知識の質を表す。この節では語彙知識の深さに関して、研究の背景、理論的枠組み、測定法、先行研究などについて述べる。

3.1. 研究の背景

　語彙知識を広さと深さという量と質の両面から捉えることは、L2語彙の発達を研究する上で大切な視点を与えてくれる。従来のL2語彙習得研究は語彙知識の広さ、すなわち学習者の語彙量 (語彙サイズ) を測る研究に重点が置かれていたと言えよう。もちろん学習者の語彙サイズを測ることは、習得状況を簡単に調べるには便利な方法であり、たとえばそれをクラス分けや指導の基準にできるなど教育的な立場からも意義がある。しかし、語彙サイズテストにはサンプリングの問題点、短時間で必要な数の単語をテストしなければならないという制約からくるテストフォーマットの問題点などがある (本章2.2参照)。そうした中で最大の問題点は、ほとんどの語彙サイズテストでは高頻度の語の一つの意味しかテストしていないという点である。高頻度の語は一般的に一つ以上の幾つかの意味や使い方があるはずである。これでは学習者の語彙知識のうち意味に関する知識の、それもほんの一部を調べただけに過ぎず、意味以外でもたとえば、つづり、発音、語形式、連語などその語をどのくらいよく知っているのか、知識の質の部分はほとんど分からない。また、その語を聞いて理解できるのか、実際にその語をコミュニケーションの場で使用できるのかなど受容と表出の区別もなされていない。さらに、語彙知識の広さの研究では語彙発達過程で、個々の単語がどのように習得されていくのかを継時的に見ることは難しいという短所も上げられる (Schmitt, 1998: 282)。

　以上のようにL2語彙習得研究において語彙知識を広さだけではなく、深さの点から研究する意義は明らかであり、研究の必要性は近年ますます

高くなってきていると言える。

3.2. 語彙知識の深さとはなにか：理論的枠組み

前節で語彙知識の深さとは、ある単語を「どれくらい深く知っているか」を表すと定義したが、実際何を意味しているのかは漠然としてつかみにくい。ここでは語彙知識の深さをどのように捉えたらよいか、その理論的枠組みについて考察する。

語彙知識の深さを捉える方法としては発達段階的アプローチ(developmental approach)と構成要素的アプローチ(dimensional approach)がある(Read, 1997)。発達段階的アプローチは、語の習得過程における語彙知識のレベルを段階的に表そうという方法であり、L1習得研究ではDale(1965)、Nagy, Herman and Anderson(1985)などによってすでに用いられてきた。ただ、一般的な方法としてはインタビューを用いるため時間がかかり能率が悪いので、簡単なペーパーテストで段階的レベルを表せるような方法が求められていた。Paribakht and Wesche(1993)はオタワ大学のEFLの学生のための英語プログラムにおける付随的語彙習得を調べる目的で、学習者が単語の知識について5段階で自己報告する方法、すなわち語彙知識測定法(Vocabulary Knowledge Scale: VKS)を開発した(3.3. 参照)。その後 Joe(1995, 1998)のようにレベルを6段階に増やすなどの改良が加えられたものもあるが、一般的によく使われている方法である。VKSについては3.3. 語彙知識の深さの測定のところで詳しく述べる。

構成要素的アプローチとは、語彙知識をその構成要素に分け習得過程を分析しようとする方法である。L1語彙習得研究ではCronbach(1942)の枠組みがよく引用されるが、Cronbachは語の理解に関わる行動として次の5つを挙げている。

1. 一般化(generalization)：その語を定義できる
2. 応用(application)：適切に使用できる
3. 意味の深さ(breadth of meaning)：その語の異なる意味を想起できる
4. 意味の正確さ(precision of meaning)：状況に応じ正確に応用できる

5. 使用(availability): その語を生産的に使用できる

この枠組みでは、確かに語彙知識のある側面は捉えているとは言えるだろうが、全ての側面を包括的に捉えているとはけっして言い難い。たとえば意味に関しても、1の「その語を定義できる」とはどういうことなのか、3の「異なる意味を想起できる」とどのように異なるのかなど分かりにくい点が多い。また受容と表出の区別もはっきりしない。L2語彙習得ではRichards(1976)、Palmberg(1986)、Laufer(1997)、Nation(1990, 2001)が語彙知識の構成要素を枠組みとして具体的に示している。ここではNation(1990, 2001)を中心に考察する。

Nation(2001)(表3.1参照)の枠組みは、Nation(1990)の改訂版とも言えるものだが、その構成要素の区分の再構築化と細分化という点で大きく異なる。したがって、構成要素の数の点から言っても、Nation(1990)では形(発音、つづり)、位置(文法上の型、連語)、機能(使用頻度、適切さ)、意味(概念、連想)のように、形、位置、機能、意味、という4本柱の下に8つの要素があり、さらにそれぞれが受容と表出に分かれるので、合計16の構成要素から成っていた。これに対し、Nation(2001)では構成要素を形、意味、使用の3本柱のもとに組み換えて合計18になっている。再構築の理由は、語彙知識をどのように捉えるかという概念の変化が反映していると考えられる。すなわち、2001年版では語彙学習の立場から語彙知識の各構成要素を項目知識(item knowledge)と体系知識(system knowledge)の2つの異なった知識として捉えていることである。Nation自身が応用面をかなり意識していることがうかがえる。この項目知識と体系知識の区分が応用面でどのように生きてくるかは表3.6を見れば明らかになる。表3.6は異なった知識と適する学習方法が示されている。明示的学習(explicit learning)とは、規則を見つけるための意識的学習を意味し、非明示的学習(implicit learning)とは、刺激に対し注意を向けることは大切だが、意識的である必要はない。たとえば、語形は明示的な学習も可能だが、基本的には非明示的知識(implicit knowledge)であり非明示的学習が適している(Nation, 2001: 34)。

表3.6 語彙知識と効果的な学習法（Nation, 2001: 34にもとづく）

	知識の種類	学習の種類	活動
形		気付きによる非明示的学習	反復読みなどにより繰り返し出会うこと
意味		強い明示的学習	イメージを使用、詳述、意図的推理などによる深い処理
使用	文法、コロケーション	非明示的学習	反復
	使用上の制約	明示的学習	明示的指導とフィードバック

　さらに主な改訂箇所をみていくと、意味に関しては、概念と指示物(concept and referents)、連想(associations)に加え、形式と意味(form and meaning)という新しい項目が入っている。これは学習者がただ単に単語の形だけ、あるいは意味だけを知っていてもそれらを結び付けることができなければその単語を知っていることにはならないということを表している。形と意味の結びつきの強さにより、その語を聞いたり見たりした時にどれくらい速く意味を引き出すことができるか、あるいは意味を伝えたい時にどれくらい速く形を引き出すことができるかが決まる。日本人学習者の場合、書かれたつづり(written form)を見ればその単語の意味はすぐ理解できるが、発音(spoken form)を聞いてもその単語だと認識できず、意味が分からないというケースが多いという点からも、形と意味の結びつきを項目に加えることは意義があると言える。また、Nation(2001: 34)は、上述の意味の3つの各構成要素(形と意味、概念と指示物、連想)はそれぞれAitchison(2003)のラベリング、パッケージング、ネットワーク構築に対応するのではないかと述べている(第2章参照)。

　Nation(2001)における語彙知識に関する理論的枠組みの変化を理解する上で、Henriksen(1999)の考え方と比較してみると興味深い点が見えてくる。Henriksenは語彙能力(lexical competence)を、①部分的知識から正確な知識(partial to precise knowledge)、②語彙知識の深さ(depth of knowledge)、③受容能力から表出能力(receptive to productive use ability)の3つの要素に分けた枠組みを構築しようとしている。その前提にあるのはNation(2001)と同様に、語彙の発達は複雑な意味分

化(semantization)のプロセスであり、その過程を項目学習(item learning)と体系構築(system changing)の両方の観点から捉える必要があるとする考え方である。特に、体系構築の観点が重要であり、今までの語彙テストは主に項目学習の点だけで語彙知識を測定してきたと言える。Henriksen も Aitchison(2003)を引用して、①の部分的知識から正確な知識の発達がラベリングとパッケージングに相当し、いわゆる項目学習を意味し、②の語彙知識の深さはネットワーク構築にあたり、体系構築を表していると説明している。Nation の枠組みとの大きな相違点は、Nation は受容と表出の区別を語彙知識の構成要素として扱っているのに対し、Henriksen は別扱いしている点である。すなわち、語彙知識の深さは語彙能力の知識の側面だけを表すのに限定的に用い、語の運用能力(control)や適切な単語にアクセスできる能力(accessibility)に関わる問題は受容・表出のところに含めている。

　一方 Meara(1996)はメンタルレキシコンをネットワークシステムと考える。語彙知識を項目知識と体系知識に区別してとらえることの重要性を強調している点では Nation や Henriksen と共通しているが、語彙能力をすべて構成要素で表すのはほぼ不可能であるとして、サイズ(size)と組織化(organization)の2つの特徴を用いて表そうとした。ここでいう組織化とは語彙の組織化(lexical organization)を意味し、L2学習者の連想ネットワークを調べることで測れるとしている。学習者の語彙サイズが小さい場合は、語彙サイズが重要な尺度となり、語彙サイズを測ることで語彙能力を予測できるが、学習者の習得語彙が増えれば、語彙サイズより、語彙の組織化がより重要になると考える。ここで言う「語彙サイズが小さい」とは、Meara によれば5,000～6,000語(約3,000ワードファミリー)くらいまでと考えられる。上述の研究に見られるように、語彙知識を理論的に分析してその枠組みを構築することは、語彙発達の過程を研究する上で語彙のどの側面を問題にしているのか明確になるという点で重要である。

3.3. 語彙知識の深さの測定

　第二言語習得研究において語彙知識の深さの研究が盛んに行われるよう

になったのは1990年代に入ってからで、確立した測定法はまだほとんどなく、現在も模索状態と言えるが、その中でここでは語彙知識の深さの測定方法としてよく使われているテストを2つ紹介し、その他の具体的な方法については次節の先行研究例を通して概観する。

まずはじめに、3.2.で述べた語彙知識測定法(Vocabulary Knowledge Scale: VKS)について詳しくみてみよう。実際に使われるテストと評価法はそれぞれ図3.1と図3.2になる。

図3.1に示されるように、実際のテストは学習者がある単語の知識について5段階で自己申告するアンケート形式になっている。カテゴリーⅠは全く見たことがない、Ⅱは見たことはあるが意味が分からない、この2つのカテゴリーは学習者の正直な判断による。Ⅲ以上は判断の根拠が求められる。ⅢとⅣは類義語か訳、Ⅴでは受容から表出に移行し、その単語を使って文を作ることが求められている。評価(図3.2)はカテゴリーⅠとⅡはそのままそれぞれ1、2点と採点されるが、ⅢとⅣでは類義語か訳が正しく与えられれば3点、そうでなければ2点となる。Ⅴではその単語が文中で文法的にも正しく、また意味的にも適切に使われていれば5点だが文法的に非文であれば4点となる。

VKSはある程度の数の単語を調べられるのでインタビュー形式よりも簡単で効率的ということと、語彙習得の累積的見地(incremental notion)が反映されているという点では良いが、次のような問題点がある。

1. 実際に習得過程が5段階かどうかは不明で、その境界の設定にも問題がある。
2. 語の多岐にわたる意味がテストされていない。
3. 語の知識の多様性が反映されていない。

また3.2.で述べたHenriksenの枠組みで捉えてみると、カテゴリーⅠからⅣまでが主に〔①部分的知識から正確な知識〕の側面に相当し、カテゴリーⅤが〔②語彙知識の深さ〕と〔③受容能力から表出能力〕の両方の側面を調べていることになり、たった1つの要素でこれらすべての側面を測ることは不可能と言える。

図3.1 VKSにおける判定基準 (Paribakht and Wesche, 1997にもとづく)

```
Self-report
categories
 I   I don't remember having seen this word before.
 II  I have seen this word before, but I don't know what it means.
 III I have seen this word before, and I think it means _____.
     (synonym or translation)
 IV  I know this word. It means _____. (synonym or translation)
 V   I can use this word in a sentence: _____. (Write a sentence)
     (If you do this section, please also do Section IV.)
```

図3.2 VKSの評価 (Paribakht and Wesche, 1997にもとづく)

Self-report categories	Possible scores	Meaning of scores
I	1	The word is not familiar at all.
II	2	The word is familiar but its meaning is not known.
III	3	A correct synonym or translation is given.
IV	4	The word is used with semantic appropriateness in a sentence.
V	5	The word is used with semantic appropriateness and grammatical accuracy in a sentence.

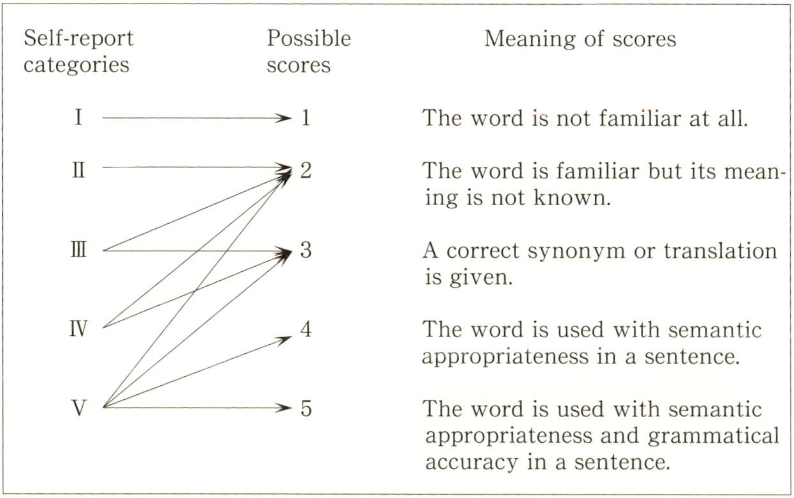

　Read (1993) は学習者の語彙の連想ネットワークを調べることで語彙能力が測れるという考え方から、連想に基づくテストとして語連想テスト (Word Associates Test: WAT) を開発した。改良をくり返し、現在使われているテストは、40の形容詞を目標語に限定し、そのパラディグマティックな知識 (paradigmatic knowledge) とシンタグマティックな知識 (syntagmatic knowledge) を測定するものである。パラディグマティッ

クな知識とは意味に関する知識で、類義語や上位語・下位語など意味の一部を理解できるかどうかを表しており、一方シンタグマティックな知識とはコロケーションに関する知識をさしている。このテストは図3.3に示されている形式で、1つの目標語(形容詞)につき4つの形容詞が左側の四角の中に、また4つの名詞が右側の四角に与えられ、目標語の類義語あるいは意味の一部を表す語となるものを左から1～3語(dense は crowded と thick; convenient は easy, near, suitable)、コロケーションの関係にあるものを右側から1～3語(dense は forest, smoke; convenient は time)を選ばせるものである。選択する語は左右合わせて4語と決まっているが、各ボックス内での語数を限定しないのは、推測による正答の可能性を排除するための手段である。

　WATのテストとしての妥当性は検証済みであり、高頻度の内容語の知識の深さを測るには経済的な方法だと言える。しかし、テスト自体、形式、内容ともに難しく、上級レベルの学習者にしか適さないという点、またRead自身も認めるように、個々の語に関して、語彙知識の他の構成要素についてはどれくらいよく知っているかの指標は分からない。また、推測の可能性を完全に排除することができないなどの問題点が残る。Vives Boix(1995)の開発したAssociation Vocabulary Testでは推測による解答の問題点がいくらか解消されている。それはカタロニア語の3語のうち他の2語と連想関係にないものを選ばせるテスト形式で、テスト受験中に声を出して解答に至る過程を述べさせる、think aloud の手法も同時に用いられている。

　以上のテスト方法以外にもたとえば、Nation(2001)の語彙知識の構成

図3.3　ReadのWord Associates Test の例 (Read, 1996にもとづく)

dense

crowded	hot	noisy	thick	forest	handle	smoke	weather

convenient

easy	fresh	near	suitable	experience	sound	time	vegetable

要素の枠組み（表3.1）を基にして各項目をテストする方法が考えられる。テスト形式の具体例を示すと表3.7のようになる。テスト作成の際に注意しなければいけないことは、語彙知識のどの側面をテストしているのかを明確にし、そのテストが果たして妥当な方法なのか検証することが大切である。また受容能力と表出能力のどちらを測定しているのかも常にはっきり区別しておく必要がある。そうしないと同じ項目をテストしてもテスト方法により異なる結果が得られるケースがある。さらに次の節では、実際どのように語彙知識の質的側面を測り、語彙習得研究に役立てるのか先行研究例を通して考察してみよう。

表3.7 語彙知識の構成要素に基づくテスト項目例
(Nation, 2001: 355 にもとづく)

項目	受容	表出
発音	語や文のディクテーション、単語を聞き、正しい訳を選ぶ	音読する キューを与え発音する
つづり	つづりを見て言う	語や文のディクテーション
語の構造	語を部分にわける（接辞など）	（例）「家の塗装をする人をなんというか」などと質問し、単語を引き出す
形と意味	日本語訳を言う	英訳する
概念と指示物	（例）"It was a hard frost" の下線部を訳す	日本語訳を与え適語を選ぶ
連想	連想語を選ぶ	連想語のリストに語を加える
文法上の機能	文が正しいかどうか判断する	その語を使い文を書く
コロケーション	文が正しいかどうか判断する	コロケーションを言う
語の使用	（例）イギリス英語を選ぶ	（例）語の口語体（文語体）を言う

3.4. 語彙知識の深さに関する研究

前述の Read の語連想テスト（WAT）を使った語彙習得の研究では Qian(1999)、Noro(2002)、Nurweni and Read(1999) などがある。

QianとNoroの研究はともに語彙サイズ、語彙知識の深さ、読解力の関係を調べたものであり、各々に高い相関が認められたと同時に、さらに語彙知識の深さは読解力を予測するのに重要な役割を果たしていることを証明している(第7章参照)。Nurweni and Read(1999)はインドネシアの大学生を対象に語彙サイズを測るのに独自に作成した訳のテストを用い、WAT(Read, 1993の改訂版)との相関を調べた研究で、結果は、ここでもやはり両テストの間に高い相関($r=.62$, $n=324$)がみられた。一方WATを使わず、語彙知識の構成要素の幾つかを取り上げ、独自のテスト方法で語彙知識の深さを測定しようと試みた研究がある。Schmitt(1997、1998、1999、2002)の研究はその中でも先駆的役割を果たしていると言えるだろう。たとえば、Schmitt and Meara(1997)では95名の日本人中高生を被験者として20の動詞について連想と接辞の知識を、受容と表出の両面から1年にわたって調査した。その結果、1年後の連想、接辞の知識はともに習得率はよくなかったが、これらの語彙知識の構成要素の間には高い相関がみられ、さらに、語彙サイズ(NationのVLT使用)との相関も高かった。またSchmitt(1998)は、被験者を3人の成人学習者に絞り、1年にわたり11語の習得過程を4つの構成要素(つづり、連想、文法、意味)に分け詳しく研究したものである(第7章参照)。Schmitt(1999)では語彙知識の深さの観点(ここでは意味、連想、コロケーション、品詞の知識)からTOEFLの語彙テスト項目の妥当性を被験者へのインタビューを用いて検証した。その結果、TOEFLテストの語彙項目は上述の語彙知識のうちどれも適切に反映しているとは言えないことが立証された。さらにSchmitt(2002)では106名の大学院生と大学生を被験者に16の目標語について名詞、動詞、形容詞、副詞の派生語が産出できるかどうかについて調べた。その結果、これらの派生語をすべて知っている者も、またどれもまったく知らない者もなく、すべての被験者が、2、3の派生語を産出できるといった部分的な知識を有していた。とくに形容詞、副詞は、名詞、動詞に比べて産出が難しいことが明らかとなった。

　Shimamoto(2000)は134名の日本人大学生を被験者にして50の目標語(名詞20、形容詞15、動詞15)を北海道大学語彙リスト(園田、1996

から選定し、受容語彙知識の構成要素のうち、発音、つづり、パラディグマティックな知識(類義語や意味の一部)、シンタグマティックな知識(コロケーション)について調査した。結果は、被験者全体としてはSchmitt and Meara (1997)と同様に各構成要素間、さらに語彙サイズ(NationのVLT使用)との間に、ともに高い相関がみられた。さらに、被験者を語彙サイズにより大(3,700語)、中(3,200語)、小(2,600語)の3つのグループに分けて見てみると、図3.4で示すように各グループとも語彙サイズが増えるにしたがい、4つの要素がほぼ同じ割合で伸びていることが分かる。すなわち、語彙サイズによりある特定の構成要素の伸びが著しいということはなく、どの要素も累積的に発達していることが分かった。

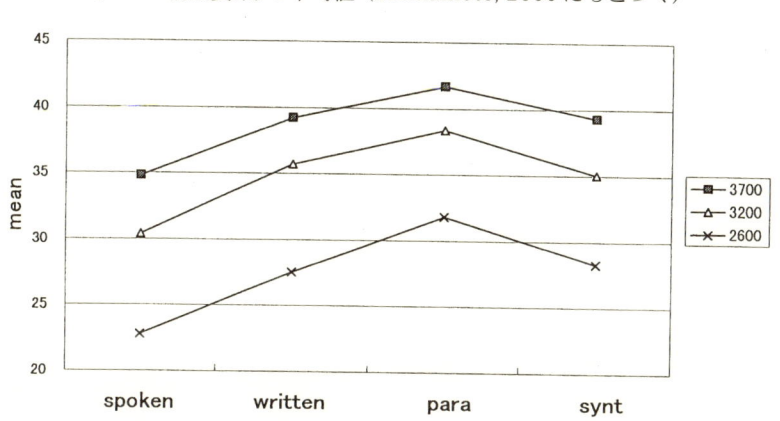

図3.4 語彙サイズの異なる3つのグループの語彙知識
(4つの構成要素)の平均値 (Shimamoto, 2000にもとづく)

さらに語彙知識の構成要素的アプローチとしては、Mochizuki(2002)[大学1年生(82名)を被験者に語彙サイズ、パラディグマティックな知識、コロケーションの知識の伸びを1年にわたり調査]、望月(1998a)[接辞の知識]、Mochizuki and Aizawa(2000)[接辞の習得順序]、高橋他(1999)[意味、音声、つづり字]などがある。また本書第7章のところでも4技能と結びつけて語彙知識の測定法が論じられているので参照されたい。
この分野の研究では語彙知識のどの側面を問題にしているのかを明確に

することと、測定法によって大きく結果が異なることもあり得るので、測定法の妥当性を検証することが重要である。以上語彙知識の深さに関する研究を概観してきたが、この分野の研究はまだ始まったばかりで歴史は浅い。語彙知識の深さを各構成要素、あるいは発達段階のレベルに分けるなど、多面的かつ継時的に研究することがL2語彙習得のメカニズムを探る上で不可欠であり、またこれからのL2語彙研究の一つの方向性を示すことになるだろう。

本章のまとめ

(1) 語彙知識の概念は多面的であり、何をもって語彙能力があるとか、乏しいとかが言えるのか非常に難しい側面をもっている。そこで、語を「知っている」とはどういうことなのか、「語」のもつ諸側面に関する理解が深まることを期待しつつ、Nation(2001)による語彙知識の枠組み(表3.1)を紹介した。
(2) 語彙知識の広さを測定する場合には、サンプリングの方法、「語」の数え方、語彙リストの選定、適切なテスト形式などを考慮し、語彙サイズ調査を実施することが重要である。語彙の広さに関する先行研究などを紹介し、語彙研究を課題とする人が参考となるように実際的な観点より記述した。
(3) 語彙知識の深さを探る方法としては発達段階的アプローチと構成要素的アプローチがある。前者は習得過程における語彙知識のレベルを段階的に表そうとする方法であり、Paribakht and Wesche(1993)の語彙知識測定法(Vocabulary Knowledge Scale)がよく知られている。後者は語彙知識を構成要素に分け分析しようとする方法であり、Nation(1990、2001)の枠組みがよく用いられる。
(4) 語彙能力(lexical competence)を項目知識と体系知識に区別して捉えることが重要であるとする点ではNation, Henriksen, Mearaとも大枠では共通しているが、その構成要素の扱いに関しては各自異なる。た

とえば、Nation と Henriksen では「受容」と「表出」の扱いについて大きく異なり、Meara は幾つもの構成要素に分けることは不可能だとし、語彙能力を語彙サイズと語彙の組織化(organization)の2つの要素で捉えようとした。
(5) 語彙知識の深さに関する測定法には語彙知識測定法(Vocabulary Knowledge Scale)や語連想テスト(Word Associates Test)などがある。
(6) 語彙知識の深さに関する先行研究では構成要素的アプローチを用いた研究が主で、たとえば意味、つづり、接辞、コロケーション、連想などの語彙知識の構成要素の習得状況を調べたものが多い。

さらに研究する人のために

──● 関連文献紹介 ●──

① Nation, I. S. P. 2001. *Learning Vocabulary in Another Language.* Cambridge: Cambridge University Press.

Nation(1990)を全面的に書き換え、語彙研究に関して多面的に捉え、膨大な資料をこの一冊に編纂している。理論についても詳しく、アカデミック語彙リスト・VLT が付録にある。語彙研究には何をおいてもまずこの一冊は必読。

② Schmitt, N. 2000. *Vocabulary in Language Teaching.* Cambridge: Cambridge University Press.

本書は特に語彙指導、語彙学習という立場で語彙を多面的に分析している良著である。理論面と応用面での解説がバランスよく構成されており、その情報量の点からも必読書と言える。

③ Read, J. 2000. *Assessing Vocabulary.* Cambridge: Cambridge University Press.

本書は語彙の測定に関して理論的かつ実践的に解説しているので実験を組み立てる際に非常に参考になる。

④ Schmitt, N. and M. McCarthy(eds.) 1997. *Vocabulary: Description, Acquisition and Pedagogy.* Cambridge: Cambridge University Press

本書は語彙習得に関する様々な側面を理論、応用の両面からその分野における専門の研究者が書き下ろした論文が集められている。特に 1.1 Vocabulary size, text coverage and word lists, 1.5 Receptive vs. productive aspects of vocabulary, 3.4 Vocabulary testing は語彙知識の研究に参考になる。

⑤ 投野由紀夫(編著)1997.『英語語彙習得論－ボキャブラリー学習を科学する』東京：河源社

英語語彙研究について実証的先行研究とともに幅広く概観されている。語彙習得の研究を志している研究者には、リサーチ・デザイン集が良いヒントを与えてくれる有益な書である。

───● 卒論・修論のための可能な研究テーマ ●───

① 語彙サイズテストの妥当性に関する研究

Nation の語彙レベルテストを使って語彙サイズを測った結果と、Nurweni and Read(1999)のように L1 で意味の訳を書かせる方法を使った場合、どちらがより妥当性が高いか比較する。

② 語彙知識サイズと入学試験問題との関連

Nation(2001)には、初心者学習者用の、1000語レベルの語彙テストが新たに開発されたので、一般的な中学生、高校生、大学生の語彙サイズを段階的に測定し、可能であれば入学試験の成績との関連を考察する。

③ 語彙サイズとリスニング力の相関関係調査

単語を見て意味を理解することはできても、聴いて語の意味を理解することは日本人英語学習者には難しい。そこで、リスニング能力と語彙サイズの相関関係を調査する。

④ 受容語彙と発表語彙に関する研究

目標語を幾つか語彙リストから選定し、その語の受容知識(例：つ

づりをみて意味が分かる)を測定し、発表知識(例：その単語を使い文が書ける)とどのような関係にあるか検討する。

⑤ 語彙サイズと語彙知識の深さに関する研究(例1)

学習者を語彙サイズの異なる幾つかのグループ(例：2,000語、3,000語、5,000語レベル)に分け、目標語に対する語彙知識の構成要素(Nation, 2001参照)のうち幾つか(例：接辞の知識、意味とつづり、連語の知識など)を取り上げテストすることで、グループ間で語彙知識の深さ、すなわち各構成要素の習得状況にどのような類似点や相違点があるかを調べる。

⑥ 語彙サイズと語彙知識の深さに関する研究(例2：継時的研究)

①と同じような方法で語彙知識の構成要素の習得過程を継時的(例：1年にわたり)に調査する。その場合、被験者を異なる語彙グループから1～2人に絞ってインタビュー形式の調査法を用いることも可能である。

⑦ 語の意味に関する知識の質的調査

学習者の単語の意味に関する知識の質的調査を行う。たとえば、多義語の意味をどのくらい知っているのか。また反意語、上位語・下位語などの知識についてなど多面的に調べる。さらに頻度の高い語と低い語では意味の知識に質的な違いがあるのか、あるとすればどんな違いがあるのかなども調べてみるとおもしろい。

付録3.1　　語彙レベルテスト：2,000語レベル：Test Bより抜粋
　　　　　　　(Nation, 2001にもとづく)

This is a vocabulary test. You must choose the right word to go with each meaning. Write the number of that word next to its meaning. Here is an example.

1 business
2 clock　　　　　　　　　_____ part of a house
3 horse　　　　　　　　　_____ animal with four legs
4 pencil　　　　　　　　　_____ something used for writing
5 shoe
6 wall

　1 arrange
　2 develop　　　　　　　　_____ grow
　3 lean　　　　　　　　　　_____ put in order
　4 owe　　　　　　　　　　_____ like more than something else
　5 prefer
　6 seize

付録3.2　語彙レベルテスト：1,000語レベルより抜粋
　　　　　　（Nation, 2001 にもとづく）

A description of the making of these two tests can be found in Nation (1993a).

VOCABULARY TEST: 1,000 WORD LEVEL TEST A

Write T if a sentence is true. Write N if it is not true. Write X if you do not understand the sentence. The first one has been answered for you.

We cut time into minutes, hours and days.　　　　　　　　　　T

This one is little.　　　　　　　　　　　　　　　　　　　　____

You can find these everywhere.　　　　　　　　　　　　　　____

Some children call their mother Mama.　　　　　　　　　　　____

Show me the way to do it means 'show me how to do it'.　　____

This country is part of the world.　　　　　　　　　　　　　____

This can keep people away from your house.　　　　　　　　____

When something falls, it goes up.　　　　　　　　　　　　　____

Most children go to school at night.　　　　　　　　　　　　____

It is easy for children to remain still.　　　　　　　　　　　　____

付録3.3　語彙サイズ測定テスト：3,000語レベルより抜粋
（望月、1998にもとづく）

日本語の意味を表す英語を(1)～(6)の中から選び、その番号を解答欄に書き入れなさい。

---

　　　1. 巻き毛　　　　　　　　2. 肉、肉体
(1) beach　　　(2) curl　　　(3) economy　　(4) flesh　　(5) glory　　(6) worker

---

　　　3. 警察　　　　　　　　　4. 重さの単位
(1) baggage　　(2) circuit　　(3) fool　　　(4) poet　　(5) police　　(6) ton

---

　　　5. 旅行者　　　　　　　　6. 運動
(1) access　　(2) bounce　　(3) campaign　(4) sunshine　(5) tourist　(6) wound

---

　　　7. 豆　　　　　　　　　　8. 天火（調理器具）
(1) bean　　　(2) fisherman　(3) ceiling　(4) margin　(5) oven　　(6) ray

---

　　　9. 船　　　　　　　　　　10. かすみ、もや
(1) barn　　　(2) existence　(3) heap　　(4) manufacturer　(5) mist　(6) vessel

第4章

メンタルレキシコンの語彙情報へのアクセスモデル

　本章では、単語認知とはどのような研究分野であるのかを明らかにしてから、語彙性判断課題、音読課題など単語認知実験で使われる代表的な実験方法について述べ、頻度効果、近傍語サイズ効果、意味プライミング効果など、実験研究によって確認された効果について概説する。それらの知見に基づいて、メンタルレキシコンの語彙情報へのアクセスモデルが提案されているが、そのうちまず視覚呈示語を対象とした捜査モデル、ロゴジェンモデル、相互活性化モデルなどについて概説し、実験における諸効果がどのように説明されるかを考慮しつつ各モデルを評価する。次に、音声呈示語のアクセスモデルであるコホートモデルについて述べ、それがどのように拡張されてきたかについてふれながら、音声による単語認知の特性について考える。最後に、第二言語の音韻知覚との関連でモデルの問題点を考察する。

> ● キーワード ●
> 語彙性判断課題(lexical decision task)、音読課題(naming task)、ロゴジェンモデル(logogen model)、相互活性化モデル(interactive activation model)、コホートモデル(cohort model)、逐次処理(serial processing)、並行処理(parallel processing)

1. 単語認知研究とは

入力された音声や文字を処理してことばを理解する言語情報処理の過程には、次のようなレベルが存在するといわれている。

図4.1 言語情報処理モデル(Greene, 1986にもとづく)

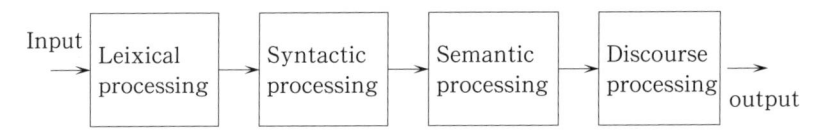

Input → Leixical processing → Syntactic processing → Semantic processing → Discourse processing → output

本章、および5章、6章であつかうのは、言語情報処理の中の語彙処理(lexical processing)過程において、メンタルレキシコンの情報がどのように利用されるかを研究する単語認知という分野である。

より具体的にいうと、単語認知とは、呈示された視覚あるいは聴覚パタンを手がかりとして、長期記憶であるメンタルレキシコンに蓄積されている語彙情報、具体的には、形態、音韻、意味などの情報がどのようにして検索され、ワーキングメモリに呼び出されて利用されるかを解明しようとする研究分野である。そのことにより、人間の言語情報処理の特徴を明らかにしようとしている。言いかえると、人間がどのようにして言語を理解し産出するかを探求する最も基礎的な研究であると言える。

ここでまず、単語認知研究に使われる基本用語について若干の解説を加える。実験に参加し、呈示される単語について処理判断を求められる者、すなわち実験協力者を被験者と呼び、被験者に視覚的あるいは聴覚的に呈

示される単語、すなわち実験材料を刺激と呼ぶ。

刺激には、実際に実在する単語だけでなく、実在しない単語、すなわち非単語 (nonword) が用いられることがある。非単語は、全く無意味な文字の組み合わせを持つものと、正書法 (orthography: ことばを正しく綴る規則) に基づいて実在する単語から作られるものがあり、後者を前者と区別して特に擬似単語 (pseudo-word) と呼ぶ。例えば、非単語 glack は black の擬似単語である。

実際に存在しない非単語を実験に用いることには、次のような意味がある。現実の単語認知では、間違って綴られた単語を見つけだし、それを訂正することができることから、人間には、実際に存在しない単語を呈示された場合の処理システムが備わっていると考えられる。それを実在単語の処理と比較することは、単語認知過程のより精緻な解明に役立つ。また次節で述べるように、非単語は錯乱肢 (distractor) としても使われる。

2. 単語認知の実験方法

単語認知実験で最もよく用いられる指標は、刺激語が同定されるまでにかかる反応時間である。反応時間の測定は、複数の条件を設定しその間での差すなわち認知の容易性を見ることにより、処理の特性を明らかにすることを目的とする。刺激語を同定する判断の正しさ (正解率、誤答率) が用いられることもある。

反応時間測定のための実験課題として最もよく用いられるのが、語彙性判断課題 (lexical decision task) である。この課題は、視覚呈示された単語が、実際に存在する単語であるか非単語であるかを判断させる。具体的には、刺激語が呈示されてから、Yes/No の反応キーが被験者によって押されるまでの時間を 1/1000 秒 (ms) 単位で測定する。この課題の刺激語には、実在単語の反応時間だけをデータとして測定したい場合も、非単語が錯乱肢として含まれる必要がある。この反応時間 (語彙性判断時間) は、メンタルレキシコンの語彙表象にアクセスする時間であると考えられている。

語彙性判断課題の他に、音読課題 (読み上げ課題; naming task) もよく

用いられる。この課題は、視覚呈示した単語をできるだけ早く発音させ、単語が呈示されてからその最初の音が発音されるまでの時間を測定する。この時間を音読潜時 (naming latency) と呼び、綴り字から発音を取り出すのにかかる時間であると考えられている。

　これらの反応時間測定のための課題は、単独で用いられることもあるが、さらに他の課題との組み合わせによって単語認知実験が行われることもある。その代表的なものがプライミング課題 (priming task) である。プライミング課題とは、二つの語を連続呈示して、先行呈示される単語 (プライム語) が後続呈示される語 (ターゲット語) の認知にどのように影響するかを調べるものである。この課題における反応時間の測定は、後続呈示されたターゲット語に対して語彙性判断課題を実行させることによってなされる。プライミング課題は、プライム語のもつどの情報の影響を調べるかにより、形態プライミング課題と意味プライミング課題などに分かれる。

　プライミング課題のバリエーションとして、音声によりプライム語を呈示する様相間プライミング課題 (cross modal priming task) がある。これは音声によりプライム語を呈示し、視覚呈示されたターゲット語に対する語彙性判断時間を測定するものである。

　なお、音読課題を用いた実験とその結果については第5章で詳しく述べる。

3. 単語認知実験で確認された効果

　前節で説明したような実験手法を用いて、さまざまな条件の下での単語認知を比較した結果として、主として語彙性判断の容易性の差を生み出す次のような効果が確認されている。

（1）頻度効果 (frequency effect)
　一般に、使用頻度が高い単語は、使用頻度が低い単語より認知されやすい。例えば以下のような単語対を比較すると、高頻度語に対する語彙性判断時間は、低頻度語に対するそれよりも短い。

頻度	高頻度語	低頻度語
反応時間	house　＜　rouse	
	said　＜　raid	

　実際の実験材料の選定にあたっては、各種資料によって出現頻度を調査した頻度表が用いられる。このことはメンタルレキシコンの語彙情報がどのように取り出されるかを考える上でたいへん重要である。語の頻度は文字通りメンタルレキシコンへのアクセスの頻度を意味し、メンタルレキシコンがそのような頻度に重みづけられていることは合理的だからである。

（2）非単語の正書法準拠効果（nonword legality effect）

　正書法に準拠した非単語（例 *flink）に対する語彙性判断時間は、正書法に準拠していないランダムな文字列（例 *lfkni）に対するそれよりも長い。さらに、正書法に準拠した非単語のうち、実在する単語に類似するものは、そうでないものよりも認知されやすい。これを特に、単語類似性効果（word similarity effect）と呼ぶ。

（3）近傍語サイズ効果（neighborhood size effect）

　英単語を構成する1文字を、同一文字位置において別の文字に置き換えた際に作り出される単語が何語存在するかは N で表され、近傍語サイズと呼ばれる。例えば、単語 sand の近傍語は、band, send, said, sank などであり、$N=6$ となる。Coltheart は、1文字違いの実在単語を多く持つ非単語に対する語彙性判断時間は、そうでない非単語に対するそれよりも長いことを発見し、これを近傍語サイズ効果と呼んだ（Coltheart, et al., 1977）。例えば、非単語*nace を構成する1文字を入れ替えて作られる類似単語としては、race, lace, pace, mace があるが、非単語*ralp には類似単語として ramp, rasp しか存在しない。したがって、*ralp の語彙性判断時間が非単語*nace のそれよりも短いことは、非単語*ralp の近傍語サイズが、非単語*nace のそれよりも短いことによって説明される。

　一方、実際に存在する単語については、近傍語サイズがどのような影響を与えるかについてはまだ見解がわかれている。つまり、近傍語サイズが何ら影響をおよぼさないという研究、近傍語サイズが大きな単語の認知は

より速く正確になるという促進効果を認める研究(Andrew, 1989; Sears, et al., 1995)や、逆に抑制効果を認める研究(Grainger, 1990)が混在している。

(4) 意味プライミング効果(semantic priming effect)

ある単語の認知は、その単語に対して意味的に関連した単語が先行呈示されると容易になることが知られている。例えば先行刺激 doctor に続いて呈示される nurse (関連語) に対する反応は、先行刺激 nation に続いて呈示される nurse (非関連語) に対する反応よりも、促進される。この効果は、関連語間の意味ネットワーク(第11章参照)が活性化されることにより起こると考えられている。

4. 視覚呈示語のアクセスモデル

前節で解説した単語認知実験で得られたさまざまな知見を説明するため、メンタルレキシコンの機構とそのアクセスに関して、いくつかのモデルが提案されている。本節では、視覚呈示語のアクセスを主たる対象とした4つのモデルを概観し、それらが実験結果をどのように説明するかを考える。

4.1. 捜査モデル

捜査モデル(search model: 探索モデルとも呼ぶ)では、メンタルレキシコンは、マスターファイルとアクセスファイルの二重構造を持つ。語彙情報自体はマスターファイルに蓄えられているが、それらの情報へのアクセスは、その名の通りアクセスファイルを介してのみ可能となる。アクセスファイルは、視覚用、聴覚用、産出用の3種類があり、それぞれにおいて、形態の似通った単語エントリーのサブセット(ビンと呼ばれる)に分かれている。ビンの中の単語エントリーは頻度順に並んでいる。刺激語にもっとも適切なビンが選ばれ、これが検索されるべき候補単語群と見なされ検索が行われる。感覚刺激との照合の結果、合致率がある基準を超える候補が見つかるとそこで検索が打ち切られ、その候補が指示するマスターファイルのエントリーにアクセスが行われた時点で単語が認知されたことになる。

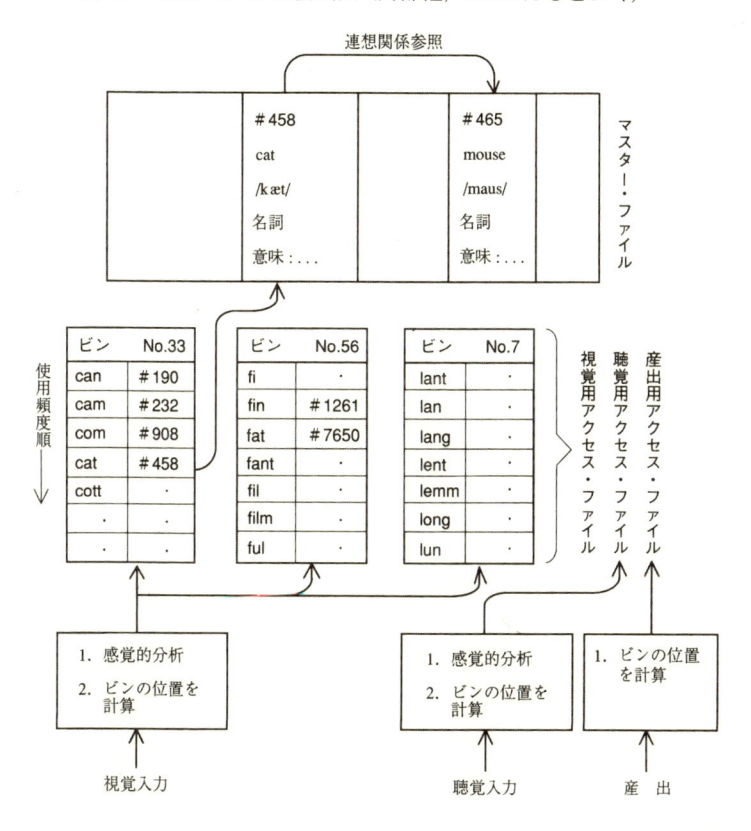

図4.2 捜査モデルの模式図（阿部他，1994にもとづく）

連想関係参照

| | #458
cat
/kæt/
名詞
意味：… | | #465
mouse
/maus/
名詞
意味：… | マスター・ファイル |

ビン No.33		ビン No.56		ビン No.7	
can	#190	fi	・	lant	・
cam	#232	fin	#1261	lan	・
com	#908	fat	#7650	lang	・
cat	#458	fant	・	lent	・
cott	・	fil	・	lemm	・
・	・	film	・	long	・
・	・	ful	・	lun	・

使用頻度順↓

視覚用アクセス・ファイル　聴覚用アクセス・ファイル　産出用アクセス・ファイル

| 1. 感覚的分析
2. ビンの位置を計算 | 1. 感覚的分析
2. ビンの位置を計算 | 1. ビンの位置を計算 |

視覚入力　　　　　聴覚入力　　　　　産　出

　このモデルにおける単語検索は、アクセスファイルによって媒介され、そこには綴り字情報と音韻情報のみしか記載されていないため、文脈から得られる統語的意味的情報は検索には利用されない。
　このモデルでは、単語の検索は継時的かつ悉皆的に行われ、該当単語が検索された時点で、その検索は「中途打ち切り型」となる。これに対して非単語の検索においては該当単語が検索されないために悉皆検索が実施されることになる。これによって単語と非単語に対して生じる処理時間の差が説明できるとされている。しかしながら、このモデルでは、擬似単語（正書法に準拠した非単語）の処理が通常の非単語より困難であることが説明できない。

4.2. 照会モデル

　照会モデル(verification model)では、単語検出器における感覚的特徴の分析によって複数の対立候補が選択され、それらの候補語は感覚記憶の当該刺激(WORD)と比較照合され、照合が得られた単語のみが最終的に出力されると考えられている。したがって、照会モデルでは、候補語を作り出す過程においては単語の出現頻度の影響を受けないが、作り出された候補語が持つ頻度情報が照合の順序をもたらし、これによって頻度効果が生じるとしている。つまりこのモデルは、捜査モデルと同様に、頻度効果を、レキシコン内の単語を一語ごとに順次入力刺激と照合していく処理を想定することによって説明している。このように語彙項目つまり単語一語ごとの頻度情報を仮定すると、語の頻度効果は説明されるが、他方、語としての出現頻度の差が存在しないはずの非単語と擬似単語間に生じる認知に要する時間の違いは説明されない。

図4.3　照会モデルの模式図（齋藤、1997にもとづく）

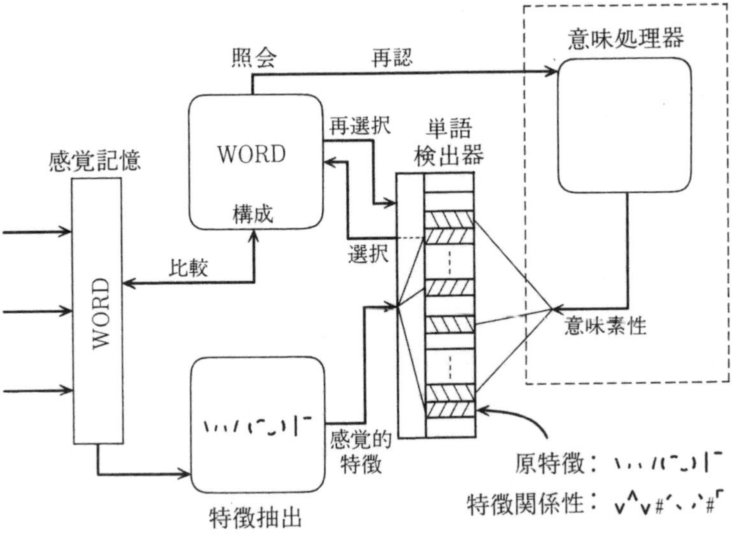

4.3. ロゴジェンモデル

　捜査モデルが直列的検索・照合方式を採用しているに対し、ロゴジェンモデルは目や耳から入った刺激がメンタルレキシコンの語彙情報を「活性化」することによって単語認知が起こると考える。

　ロゴジェンモデル(logogen model)では、メンタルレキシコンの語彙項目に対応するロゴジェン(logogen＝logo＋gen; Morton, 1969, 1982 による造語)を仮定し、それらが入力刺激の特徴を収集して「活性化」する。この活性化の度合いは入力刺激と各ロゴジェンが表す単語の類似性によって決まる。例えば、heat のロゴジェンは、入力刺激が h-e-a-t のとき最大に活性化する。刺激が h-e-a-l のときも活性化するがその活性化レベルは h-e-a-t のときよりも低い。活性化レベルが閾値(threshold)を超えるとロゴジェンは発火し、単語が認知される。

　ロゴジェンは認知システムからも入力を受ける。具体的には、当該単語の周りにある単語との文法・意味関係をはじめとする文脈情報が、ロゴジェンの活性化に影響を与えるということである。入力刺激によるロゴジェンの活性化がいわばボトムアップ型の処理特性を備えているのに対して、認知システムによる活性化は、より高次の情報を用いるトップダウン型の処理特性を持っていると言える。

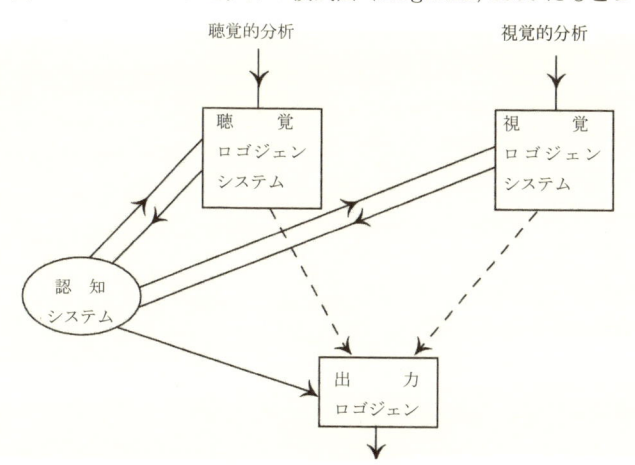

図4.4　ロゴジェンモデルの模式図（Singleton, 1999 にもとづく）

4.4. 相互活性化モデル

相互活性化モデル(interactive activation model)は、ロゴジェンモデルの活性化という概念をさらに発展させたものであるが、入力された刺激が神経細胞を次々と伝わっていく現象にヒントを得た情報処理のモデル化であるコネクショニズムという考え方を基礎とする。すなわち、感覚入力に始まり、より高次へと情報の活性伝播(spreading activation)が行われることにより処理が進められるのだとする。

より具体的には、相互活性化モデルでは、ロゴジェンに類似したユニット群を視覚特徴ユニット、文字ユニット、単語ユニットとして提案している。すなわち、／-のような視覚特徴が文字を形成し、文字が単語を形成する。さらに上位レベルとして統語ユニット、意味ユニットを仮定している。各ユニット間での下位レベルから上位レベルへと活性伝播と同時に、上位レベルから下位レベルへのフィードバックを想定している(McClelland & Rumelhart, 1981)。

このモデルが基礎としているコネクショニズムでは、各ユニット間の活性化はノードの活性化として表される。例えば、いくつかの視覚特徴(F)が集まって文字(L)となり、文字が集まって単語(W)となる。次の図は、単語 top を例にとって、各レベル間の活性伝播の様子を示したものである。

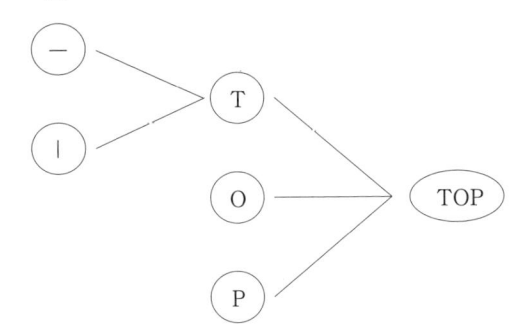

図4.5 コネクショニズムにおける活性伝播

このように低次のノードから高次のノードへと活性伝播が行われる。人間の言語情報処理は、低次から高次へのノードの活性伝播による情報の集積過程として説明される。

図4.6 相互活性化モデルの模式図（Taft, 1991にもとづく）

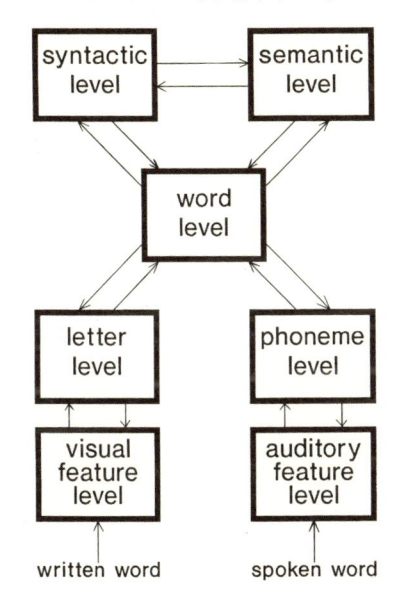

図4.7 具体的な単語例を用いた相互活性化モデルの模式図
（McClelland and Rumelhart, 1981にもとづく）

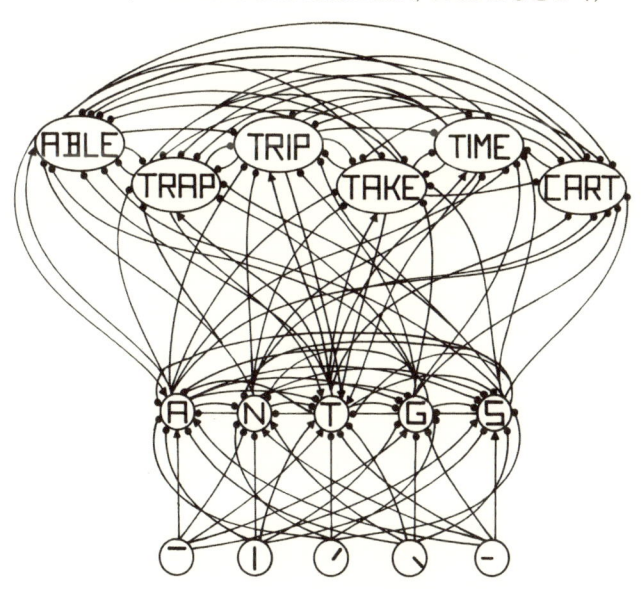

このモデルのもう一つの特徴は、ロゴジェンモデルと異なり、各ユニット間での促進効果と抑制効果の両方を想定していることである。抑制効果については、例えば、図4.5の文字レベルでT, O, Pが活性化されるとその活性化は促進効果として単語レベル(ユニット)に伝えられるが、一方でT, O, P以外の文字を含む単語は抑制されると考えられる。

4.5. 逐次処理と並行処理

捜査モデルと照会モデルは、入力刺激からより高次の処理に向けての、継続的、一方向的な逐次処理(serial processing)を仮定している。つまり、入力データをもとに順次進んでいくボトムアップ処理(データ駆動型処理)のみをモデルに仮定している。それに対して、ロゴジェンモデルと相互活性化モデルは、ボトムアップ処理に加えて、より高次から低次へのフィードバック(トップダウン処理)が並行して進行する並行処理(parallel processing)を仮定している。この逐次処理と並行処理の対比は、前節で解説した単語認知モデルを評価する際にも重要なポイントとなる。

4.6. アクセスモデルの評価

ここでは、先に紹介したアクセスモデルが、単語認知実験で確認された効果をどのように説明するかを見ることにより、モデルの評価を考える。頻度効果は、逐次処理モデルでは、頻度順に並んだ語彙項目を悉皆的に検索するシステムにより説明される。低頻度語ほど検索が完了するのに時間がかかる訳である。相互活性化モデルなどの並行処理モデルでは、各ユニット間の結合強度の差によって頻度効果を説明する。すなわち、高頻度語ほど、処理される回数が多いため、結合強度が高まり、活性化しやすくなる。

一方、逐次処理モデルは実存する単語データベースに強く依存するため、現実に存在しない非単語・擬似単語の照合ができない。よって先に述べた正書法準拠効果の説明に支障をきたす。これに対して、並行処理モデル(活性化モデル)では、単語であることを判断する活性化水準が絶対的に固定しているのではなく、ユニット間での活性化の差が、判断のための閾値を相対的に変動させ、そうすることで実存しない非単語・擬似単語間の差

異を説明することが可能になる。

　近傍語サイズ効果については、先に説明したように、促進効果を認める研究と抑制効果を認める研究があるが、活性化モデルは、その両方の効果を説明できる。すなわち、促進効果は、図4.7に示される、単語ユニットから文字ユニットへの活性化のフィードバック（──▶で表される）システムによって説明され、抑制効果は、単語ユニット間の、競合による、相互抑制性（──●で表される）システムにより説明される。これに対して、逐次処理モデルでは、近傍語の増加は誤った単語へアクセスする確率が増えることになり、促進効果を説明することができない。

　以上述べた、正書法準拠効果と近傍語サイズ促進効果を逐次処理モデルが説明できない問題は、結局、単語検索のつど、メンタルレキシコン全体を捜査の対象としないためには、どのような機構がそなわっていなければならないかという問題に帰着する。したがって、逐次処理モデルは、その欠陥を補うために、何らかの形で活性化の概念を受け入れる必要がある。

5. 音声呈示語のアクセスモデル

　本節では、音声呈示語の処理のみを念頭においたアクセスモデルを紹介し、音声による単語認知が文字による単語認知と比べてどのような特徴を持つかを考察する。

　さらに、日本人英語学習者の音声による単語認知がコホートモデルによってどのように説明されるかについても考察し、その問題点を先に解説した他のモデルとの関連で述べる。

5.1. 音声による単語認知の特性

　まず、音声による単語認知の特性を文字によるそれと比較して考える。文字による単語認知の場合は、刺激（文字列）がある程度まとまってあるいは単語全体として入力されることが可能である。われわれの日常の読みを考えても、単語を視覚的にとらえるとき、一文字一文字ではなく、音節単位、単語単位などでとらえることが可能であることがわかる。このような

入力をもとにする処理は、ある程度並列的(parallel)となる。

　それに対して、音声による単語認知の場合は、音声が時間の経過にともなって順次入力される。このような入力に基づく処理は、ある程度直列的(serial)なものとならざるを得ない。紹介するコホートモデルは、入力された音声が逐次的に処理されることを前提としている、

5.2. コホートモデル

　前節で述べた音声の逐次的処理特性から、音声呈示語の処理は、単語を最後まで聞かないうちに進むことが可能であると考えられる。実際、Marslen-Wilsonらは、シャドウィングなどの実験から、単語を最後まで聞き終わらない間に同定できることを発見した(Marslen-Wilson, 1975)。このような処理特性をとらえたのがコホートモデル(cohort model)である。

　コホートモデルでは、単語の最初の音(音素)が入力されるとすぐに、メンタルレキシコン内のその音で始まるすべての単語が候補として活性化される。この候補群を(intial) cohortと呼ぶ。cohortとは古代ローマ軍の隊列をさすことばで、多数の語彙候補が同時に活性化する様を表している。

　音が順次入力されるにつれて、cohortのうち、入力された音の列に合致しないものは次々と消えていき、最後に一つの単語だけが残った時点で単語が認知される。例えばelephantという単語は、initial cohortは/e/で始まるすべての単語であるが、/elif/までの音が入力された時点で語彙候補は一つに絞られてしまう(recognition point)。/elif/で始まる英単語は他に存在しないからである。

　このモデルでは、音声入力と並行して、文脈情報も、コホートから不適切なメンバー(語彙候補)を除外するに使われる。したがって、入力刺激との不一致を待たずに、文脈に合わないメンバーがコホートから消えていくこともあり得る。

　このように、音声入力と文脈情報の両方が単語の同定に使われるが、ロゴジェンモデルと異なり、語彙候補の活性化自体は入力刺激の分析のみによって行われ、文脈情報は関与しない。活性化された語彙候補の絞り込み

図4.8　コホートモデル（阿部他、1994にもとづき池村が加筆）

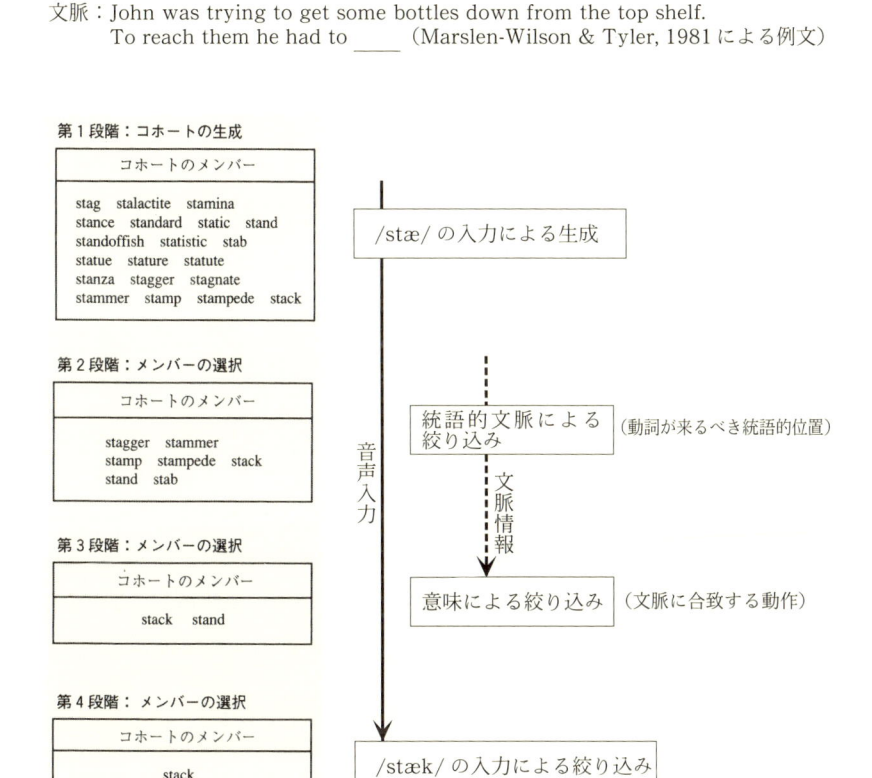

文脈：John was trying to get some bottles down from the top shelf.
　　　To reach them he had to＿＿＿（Marslen-Wilson & Tyler, 1981による例文）

第1段階：コホートの生成

コホートのメンバー

stag　stalactite　stamina
stance　standard　static　stand
standoffish　statistic　stab
statue　stature　statute
stanza　stagger　stagnate
stammer　stamp　stampede　stack

/stæ/の入力による生成

第2段階：メンバーの選択

コホートのメンバー

stagger　stammer
stamp　stampede　stack
stand　stab

統語的文脈による絞り込み　（動詞が来るべき統語的位置）

第3段階：メンバーの選択

コホートのメンバー

stack　stand

意味による絞り込み　（文脈に合致する動作）

第4段階：メンバーの選択

コホートのメンバー

stack

/stæk/の入力による絞り込み

音声入力

文脈情報

のみに文脈情報が使われるのである。図4.8は、具体的な文脈を例にとって、initial cohort が、後続の感覚入力と文脈情報によって絞り込まれていく様子を示したものである。

5.3. コホートモデルの拡張

　Aichison(1994)は、コホートモデルが initial cohort に重点をおきすぎるため、最初の音が正しく知覚されないとそこで誤ったコホートが形成されてしまうという欠陥を指摘している。例えば gate という単語の最初の音素を/k/と聞き違えた場合は、/k/で始まるコホートが形成さてしまう。

最近のコホートモデルは、入力された音声に完全に一致する候補のみをコホートに残していくのではなく、音声と音韻表象との類似性が活性化レベルを決めるという前提をとり、知覚された音声と音韻表象とが完全に一致せずその結果活性化レベルが低い単語でも、候補としてコホートに残ることになるとしている (Connine, 1994)。このような仕組みにより、単語中の特定の音素の知覚に失敗しても、本来認知されるべき語彙候補がコホートメンバーから除外されてしまうことがなくなるのである。

5.4. 第二言語の音韻知覚と語彙アクセス

ここでは、日本人英語学習者の音声による単語認知について、音韻知覚と文脈効果との関連で調べた研究を紹介する。

Ikemura(2001)、Ikemura(2002a)は、大学生を被験者として音声による単語認知とスペリングによる単語認知を、11のターゲット語を使って比較した。その結果、前者は平均で 2.9／11(26％)、後者は 8.7／11(79％) という正解率であり、日本人学習者の音声による単語認知が予想以上に困難であることが示された。具体的なターゲット語の認知結果を見ると、表 4.1 のような聞き誤りが見られた。(　) 内の数字は、被験者 20 人中の人数を表す。

表 4.1　ターゲット語の聞き誤り

ターゲット語	聞き誤り　（被験者数）
1. model	mother(5)，murder(4)，ma-ton(2)
2. stamp	stand(5)
3. cotton	cartain(7)，kâ-tcn(2)，curtain(3)
4. theory	ferry(2)，fi-ri(2)，fe-ri(1), filly(1)，felly(1)，fearly(1)，silly(si-ri)(2)
5. parallel	pearound(1)，pearler(1)
6. authority	society(2)，assority(1)
7. kid	killed(1)
8. fact	fat(6)
9. batter	butter(10)
10. world	wood(1)，wornd(1)
11. raw	law(4)，low(1)，lard(1)，lot(1)

これらの誤りの分析から、(1)日本人にとって認知困難な音が含まれていること(例 /ɑ/, /θ/)、(2)単語の音節についてのイメージが、日本語、特にカタカナ語に影響されていること(例 model: モデル)が、学習者のメンタルレキシコン内の音韻表象と実際の音とのズレ(mismatch)を起こし、単語認知の困難性の原因になっていることが示された。

一方、音声による単語認知は、文脈情報を与えることによって飛躍的に向上する。例えば、mop という単語の音声による聞き取りは、Please wash the mop before you put it away.という文の中(co-text)に入れ、さらに、「掃除が終わって後片づけの指示を受けています。」など、その文が言われた状況(context of situation)を与えると、30%から85％へと大幅に向上する。状況を日本語で与えたのは、他の単語の認知困難から文による文脈が実質的に機能しないのを補うためである。

Ikemura はさらに、文脈情報が使えない場合と使える場合とで、ターゲット語の認知がどのように変化するかを調べた。例えば、ターゲット語 full の認知では、正解がほとんどない一方で、for, four, fall など数種類の誤答が見られる。他方、文脈が使える場合は、誤答の多くが正解となる(表4.2参照)。

表4.2 ターゲット語 "full" の認知結果

	文脈情報×	文脈情報○	被験者数
	for	full	3
	fall	full	2
	four	full	1
	for	for	8
	fault	fault	2
	φ	for	2
	φ	φ	2
正答数	0	6	

文による文脈：I'm full. But thank you anyway.
発話の状況：料理を薦められて、丁寧に断っています。

このことから、文脈情報が使えない場合には、音韻表象のと実際の音との大なズレから、正しい語彙候補である full が十分に活性化すらしてい

ないことを指摘した(Ikemura, 2002a)。入力刺激により活性化されなければコホートメンバーとなることはできず、結果的に full は認知されない。したがって、入力刺激のみが語彙候補を活性化するというコホートモデルは、5.3で述べたような活性化レベルを考慮した修正を加えたとしても、日本人英語学習者の単語認知を説明できない。この問題を解決するには、語彙候補の活性化に文脈情報が大きくかかわるという相互活性化モデルの要素を何らかの形で取り入れる必要がある。

以上のように、日本人学習者(第二言語学習者)認知を説明するには、音声の逐次処理を前提としながらも、入力が語彙候補を活性化する段階で、文脈情報がさらに重要な役割を果たせるように、コホートモデルのさらなるの修正が必要である。

本章のまとめ

(1) 単語認知とは、入力刺激をもとにしたメンタルレキシコンへのアクセスにおいて、形態・音韻・意味情報などがどのように使われるかを研究する分野である。
(2) 単語認知実験の結果、頻度効果、近傍語サイズ効果などの効果が確認され、それをもとにメンタルレキシコンのモデル化が図られ、いくつかのモデルが提案されている。
(3) それらのモデルのうち、捜査モデルなどの逐次処理モデルは、非単語の認知が正書法に準拠しているか否かに影響される効果を説明できず、刺激入力から文字、単語への活性化の概念を取り入れる必要がある。
(4) 音声認知の逐次的処理特徴を捉えたモデルにコホートモデルがあり、時間経過による単語候補の絞り込みを、感覚入力の分析と文脈効果の両面から説明する。
(5) 日本人英語学習者の音声による単語認知は、入力刺激の分析に問題があるため、正しい候補を絞り込むには文脈の働く余地をさらに広げたモデル化が必要である。

さらに研究する人のために

─────● 関連文献紹介 ●─────

① 門田修平・野呂忠司（編著）2001『英語リーディングの認知メカニズム』東京：くろしお出版

英語の読みの心理言語学的な研究について、たいへん幅広くあつかった意欲的な書である。語彙アクセスの研究がその中でどのように位置づけられるのかを知るのにも役立つ。心理言語実験の方法についても具体的に説明している。

② 阿部純一・桃内佳雄・金子康朗・李光五 1994『人間の言語情報処理』東京：サイエンス社

単語認知から文章理解まで幅広く扱っており、心理言語学について全般的に知るのに役立つ。単語認知の章では、モデルについての説明に多くのページを割き、詳しく説明している。。

③ Singleton, D. 1999. *Exploring the second language mental lexicon.* Cambridge: Cambridge University Press.

英語で書かれているが、単語認知モデルや第二言語の語彙処理について知るのに絶好の入門書である。

─────● 卒論・修論のための研究テーマ ●─────

① 日本人学習者の視覚的単語認知における諸効果

頻度効果・近傍語サイズ効果など、英語母語話者を被験者として確認されている効果が、日本人学習者に見られるかどうかを調べる。英語母語話者と類似した効果の有無は、被験者の熟達度に大きく左右されることが予測されるので、語彙サイズなどの要因を取り入れ、どのレベルから効果が現れるかを検討する必要がある。

② ①と関連して、日本人学習者の場合、単語認知の効果は、学習の結果であり、各被験者の単語に対する熟知度や親近性に影響されると考えられる。したがって、刺激語を選ぶ際には各単語に対する平均

的な熟知度や親近性を知る必要があり、そのようなリスト作成のための評定研究などの調査をすることは大きな意味があろう。

② 音声単語認知における文脈効果の研究

5.4で取り上げた日本人英語学習者の音声単語認知について、語彙候補の活性化における文脈効果をより厳密に特定するには、ターゲット語が呈示された時点での語彙候補の活性化の中身を調べる必要がある。様相間プライミング課題などを用いて、ターゲット語の音声呈示直後に語彙候補の関連語を視覚呈示し、文脈情報の有無による反応の違いを見る実験がその例としてあげられる。

第5章

語の音韻表象への
アクセス

　本章では、視覚呈示された単語の発音がどのようにして取り出されるかという問題をあつかう。まず、表意・表音文字の表記特性や、表記特性と音韻認識との関係にふれたあと、アルファベットで表記された語における発音の取り出しをめぐる問題を論じる。音韻表象へのアクセスについては、語全体からアクセスする直接的語彙ルートとGPC（書記素－音素対応）ルールを媒介する間接的GPCルートを認める二重経路モデルが提案されてきた。しかし、母音と語尾子音からなる主要部文字列(body)を共有する2単語の音読潜時が主要部文字列が持つ発音の一貫性に影響されること（一貫性効果）が指摘され、単語と文字の中間に位置する主要部文字列単位の音韻処理が想定されるようになった。この一貫性効果については、語の頻度・発音の不規則性などの観点からさまざまな研究がなされ、第二言語における影響についても検討が加えられている。

> ● キーワード ●
>
> 音韻認識(phonological awareness)、二重経路モデル(dual-route model)、音韻符号化(phonological encoding)、一貫性効果(consistency effect)、主要部文字列(orthographic body)、多層水準モデル(multi-levels model)

1. 文字で書かれた単語の発音

　私たちは、文字で書かれた英単語をどのように発音しているのだろうか。例えば、team という単語は、子音字 t と m の発音を知っていて母音字 ea は /iː/ という発音が割り当てられるという知識を使えば発音できる。ところが、このようなスペリングと発音の対応規則では、tomb のような不規則な発音の単語は読めない。一方、単語の発音は、単語全体のスペリングをとらえて、その単語ごとに発音の知識を使えば、team→/tiːm/、tomb→/tuːm/ というようにどちらも発音できる。文字で書かれた単語の発音については、このような二つの過程が考えられるが、両者はどのような関係にあるのだろうか。

　本章では、視覚呈示された単語の発音がどのようにして取り出されるかという問題をあつかう。

2. 文字の種類と表記特性

　文字は、もともと、話し言葉を書き取るために作られたものであるので、まず文字の種類を、話し言葉を表記する特性から考える。現在世界で使われている文字は、その表記特性からみて、表音文字と表意文字に大きく分類される。

(1) 表意文字
　表意文字(ideographs)は、さらに一文字が一語を表す表語文字(logo-

graphs)と、一文字が形態素に対応する形態素文字(morphographs)がある。漢字はこの表意文字の代表である。

(2) 表音文字

一方、表音文字(phonographs)は、音節文字(syllabaries)とアルファベット文字(alphabets)に分類される。音節文字は、一文字が一音節に対応し、日本語の仮名がその代表である。アルファベット文字は、広くヨーロッパの言語において使われており、一書記素が一音素に対応するので、表記体系を構成する文字数は少なくてすむが、一語を表記するのに要する文字数は多くなる。

さらに、表記特性にかかわる要因として、正書法深度(orthographic depth)、すなわち音韻と文字との対応がどこまで規則的かということがある。一般に、文字－音の間に高い規則性がある場合を、浅い正書法(shallow orthography)と呼びあまり規則的でない場合を深い正書法(deep orthography)と呼ぶ。前者の典型例としてスペイン語などがあり、後者に属するのが英語である。

3. 音韻認識と書きことばの処理

音韻認識(phonological awareness)とは、話し言葉の音声構造を知っていることであり、語の音素構造に敏感であることである。英語母語話者の子供は、文字を学習するより前に、話し言葉が単語、音節、オンセット(onset)、ライム(rime)や音素のような、より小さな音の単位に分節されるという知識を身につけ、音素に分節したり、音素を消去、付加したりする操作をすることができる。このことは、例えば、Pig Latin という言葉遊びがあることからも支持される。この遊びは、語頭子音を語末にまわし、さらに ay [ei]という音を付け加える変化を、並んでいる語に順々に適応していくものである。例えば、pig, latin は、それぞれ ig-pay, atin-lay と変化する。英語母語話者の子供は、就学前にこのような単語をオンセットとライムに分節して操作する能力を身につけているのである。さらに小

さな単位である音素に分節する能力も音韻認識の一つである。

　このような音韻認識の能力は、音韻表記システムである文字を学習する前提であると同時に、文字の学習にともなってさらに伸びていき、表音文字で表記された書きことばの処理に利用されると考えられる。

4. 発音の取り出しをめぐる問題

　書きことばの処理においては、発音の取り出し、すなわちスペリングにより発音がどのように取り出されるのかが問題になる。英語のようにアルファベット文字を用いる言語においては、スペリングと発音との対応関係がどのようになっているかが、発音の取り出しに影響する。

4.1. 規則語と不規則語

　先に述べたように、英語はスペリングと発音の関係が一対一対応ではなく、一つの綴り字に対して規則的な発音と、不規則的、例外的な発音がある。例えば、'ea' というスペリングに対しては、"streak", "speak", "sneak", "leak" などの単語に見られるように /iː/ とい規則的な発音がある一方で、"steak" に見られる /ei/ という不規則な発音がある。また、"gave", "save", "rave" において 'a' は /ei/ と発音されるが、"have" においては /æ/ と発音される。"streak", "gave" などのように規則的な発音を含む語を規則語 (regular word)、"steak", "have" などのように不規則な発音を含む語を不規則語 (irregular word) という。

4.2. 音韻符号化の位置づけ

　発音の取り出しがどのように行われるのかを考えると、規則語については、綴り字と発音の規則からすべての語の発音が取得可能である。他方、不規則語については、メンタルレキシコンの語彙項目にある語の発音についての情報を何らかの形で参照して、その語についてどの発音が与えられるのかを確定する必要が出てくる。

　このように規則語と不規則語が混在する英語において、スペリングから

の発音の取り出し、すなわち、音韻符号化(phonological encoding)がどのように行われるのかが、注目を集めてきた。具体的には、音韻符号化が行われるのは、語彙アクセスの前か後のいずれかという問題である。

5. 二重経路モデル

音韻符合化の位置づけという問題に重要な視点を提供したのは、類似同音語効果(psuedo homophone effect)の発見である。例えば、leafを同音語として持つ非単語 leef の語彙性判断時間は、同音語を持たない非単語 neef のそれよりも遅延される。leef は /liːf/ と音韻符号化されて leaf の表象にいたり、そのことが結果的に誤った語彙項目への検索につながるからである。この結果は、メンタルレキシコンへのアクセスに対して、語全体の綴り字から語彙表象にいたる直接的な語彙ルートと、GPC (grapheme phoneme correspondence; 書記素－音素対応)ルールに媒介された間接的な GPC ルート(非語彙ルート)の2つのルートを認める二重経路モデル(dual route model)を支持すると解釈された (Colthart, *et al.*, 1997; Colthart, 1998)。

二重経路モデルにおける語彙ルートは、単語全体の文字パターンからメンタルレキシコンの語彙表象にアクセスするルートである、一方、GPC ルートは、GPC ルールに基づいて、文字(列)ごとに発音に変換し、その発音から語彙表象にアクセスするルートである。語彙ルートは GPC ルートより処理のスピードが速いとされ、一般に、通常語彙アクセスには語彙ルートが使われるが、低頻度語については GPC ルートが利用されるといわれている。

この2つのルートは、単語の音読に際しても用いられる。すなわち、語彙ルートは、語全体からメンタルレキシコンにアクセスし、そこにある音韻表象から発音を取り出す。GPC ルートでは、GPC ルールに基づく文字(列)ごとの発音への変換が行われる。われわれは、一度も見たことがない非単語を発音することができるが、このことも GPC ルートの存在を支持する根拠となっている。

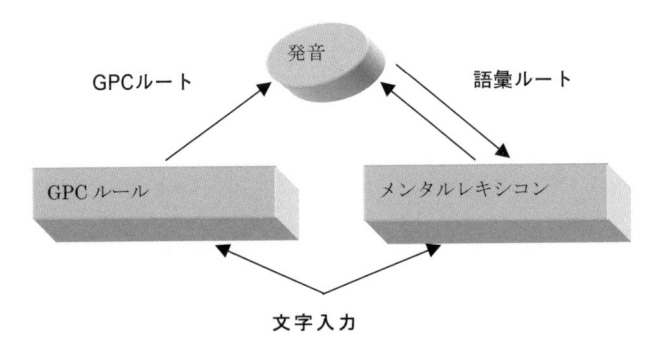

図5.1 二重経路モデルの模式図(Harley, 2001にもとづき池村が加筆)

```
              発音
   GPCルート  ↗  ↖  語彙ルート
            ↑     ↑
      ┌─────────┐  ┌──────────────┐
      │ GPCルール │  │ メンタルレキシコン │
      └─────────┘  └──────────────┘
            ↖     ↗
              文字入力
```

2つのルートは、単語をどう処理するかという観点からいうと、語彙ルートが全体的処理(holistic processing)に、GPCルートが分析的処理(analytic processing)にあたると言える(河野, 2001)。

語彙アクセスにいたる2つの経路の存在は、失読症(alexia)の症例によっても支持されている。獲得性失読症は、正常に機能していた脳の特定の部位が損傷を受けることにより、語彙アクセスに障害をきたすものである。獲得性失読症にはさまざまな症例の組み合わせが見られるが、例えば表層性失読症では、規則語や非単語の処理には障害が認められないが、不規則語の正確な発音や理解ができない。一方、音韻性失読症では、規則語や不規則語の発音や理解はできるが、非単語の発音に困難をともなう。この二つのタイプの失読症の症例は、二重経路モデルのどちらか一方のルートの損傷として説明できる。すなわち、表層性失読症では、語彙ルートが損傷しているために不規則語の処理ができないのに対して、音韻性失読症では、GPCルートが損傷しているため非単語の発音ができないと考えることができる。

6. 発音の一貫性と音読潜時

Glushko(1979)は、単語の発音がGPCルールのような文字と音の対応規則によって取り出されるかどうかを調べるため、規則語・不規則語・非単語の音読実験を行い、次のような事実を指摘した。すなわち、

clean　　　　treat

の2単語の音読潜時を比べると、後者が前者より長いことを報告したのである。もしGPCルールにより文字ごとの発音への変換が行われるならば、両者は同じはずであり、この事実は二重経路モデルに反する事例となった。この事例についてのGlushkoの説明は次のようなものである。

彼は、単語の音読は、それと類似したスペリングを持つ他の単語に影響されるのではないかと考えた。上記2つの単語については、次のように、同じ文字列を共有する単語がある。

clean　　bean　　dean
treat　　sweat　　great

文字が発音に変換される単位をeaではなく、語尾の子音も含めた単位で考えると、eanは発音に一貫性がある、つまりどんな単語に出てきても/iːn/と発音されるのに対し、eatは発音に一貫性がない、つまり、単語によって/iːt/, /et/, /eit/のように発音が異なる。発音に一貫性のない文字列を含む単語は、文字列の数種類の発音から正しいものが選ばれる必要があり、発音に一貫性のある文字列を含む単語に比べ、読み上げ潜時は長くなる。このような発音に一貫性のない文字列を含む語の音読潜時の遅延は、一貫性効果(consistency effect)と呼ばれるようになった。

7. 主要部文字列を単位とする音韻処理

前節で述べた一貫性効果は、文字単位と単語単位の中間的な単位での音韻処理の存在を示唆する。本節では、そのような処理単位を概念規定し、それを取り入れたモデルを紹介する。

7.1. 主要部文字列とは

子供の音韻認識において、1音節の単語は、語頭子音(オンセット)と母音+語尾子音(ライム)の2つの部分に分節されると言われている。例えば、teamという単語は、/t/というオンセットと/iːm/というライムに分節される。第3節で述べたように、このような分節能力は、書き言葉の処理

にも利用される。主要部文字列(orthographic body)とは、この音韻的分節をスペリングに反映させた概念で、具体的には、ライムの部分を表す文字列を指す。team では、-eam が主要部文字列となる。

　前節で、スペリングから音韻情報の取り出しについての二重経路モデルの2つルートのうち、GPC ルートは文字レベル、語彙ルートは単語レベルでの処理を表しているが、一貫性効果は、その中間に位置する主要部文字列単位の処理の存在を意味する。

7.2. 多層水準モデル

　一貫性効果によって示された、単語部分文字列単位の音韻処理の存在は、単語全体の形態(スペリング)処理およびそれにもとづく発音の取り出しと、文字単位の発音への変換を別々のルートとして想定する二重経路モデルでは説明できない。Taft(1991)によって提案された多層水準モデル(multi-levels model)は、この問題点を解決する。多層水準モデルでは、二重経路モデルのように2つのルートを想定せず、同一経路内に形態と音韻の処理を仮定する。メンタルレキシコンは、書記素／音素、クラスター(文字連鎖／連続音)、主要部文字列(body)という各レベルの準語彙ユニットから構成され、それぞれのレベルで、形態と音韻が双方向的に活性化する。単語の音韻表象は、主要部文字列とクラスター(語頭子音にあたる)が対になって語彙表象と結合することにより表される。

　このモデルで、単語音読時の一貫性効果は次のように説明される。例えば、great という文字列が入力された場合は、書記素ユニットの活性化を経て主要部文字列ユニットの eat とクラスターユニットの gr が活性化されるが、それに対応する、音韻ユニットの /eit/ と /gr/ もそれぞれ活性化する。ところが、主要部文字列レベルでは eat に対応する /iː/ /et/ という発音も活性化されるため、これら2つが、語彙表象からフィードバックされた、great の主要部文字列である eat の正しい発音 /eit/ と競合し、音韻処理に時間を要するのである。

　言い換えるとこのモデルでは、単語の発音は、二重経路モデルのように GPC ルールによって文字単位で取り出されるのでもなく、また語彙表象

図 5.2 多層水準モデル (Taft, 1991 にもとづく)

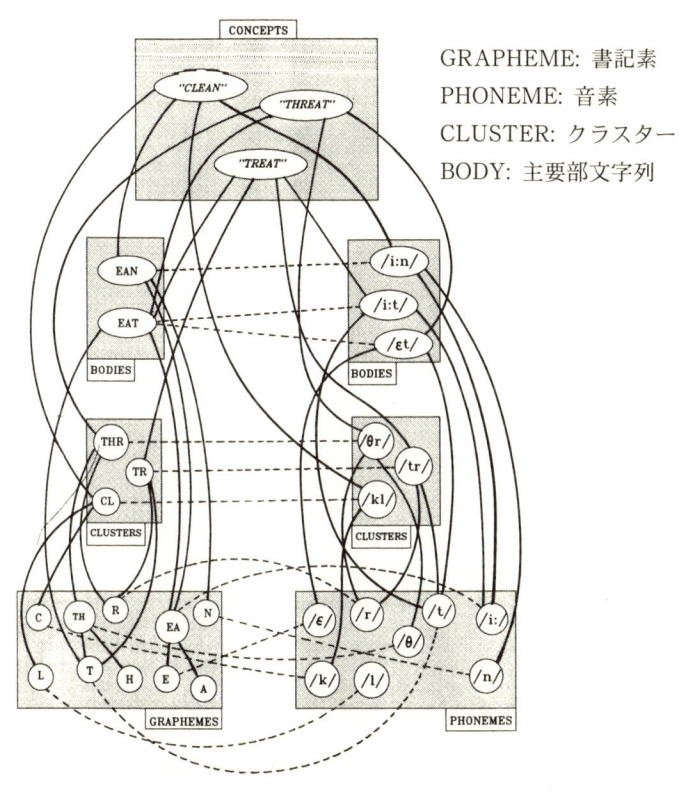

GRAPHEME: 書記素
PHONEME: 音素
CLUSTER: クラスター
BODY: 主要部文字列

図 5.3 文字入力時における多層水準モデルの活性化の一例

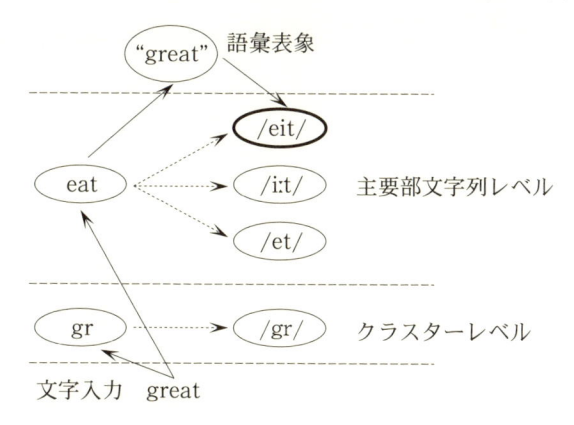

から単一的に取り出されるのでもなく、単語部分文字列およびそれに対応する音韻と、語彙表象との相互作用により取り出されることを示している。

7.3. 語の頻度と一貫性効果

一貫性効果については、その後いくつかの研究がなされてきている。

Jared, *et al.*(1990)は、低頻度語にのみ一貫性効果がみられると報告した。この結果は、高頻度語においては、語彙ルートにより単語全体から発音が取り出されるため、主要部文字列単位の音韻処理が働かないと解釈される。

ところが、Jared(1997)は、高頻度語においても一貫性効果が見られることを確認した。さらに彼女は、ターゲット語(例 paid)の一貫性効果が、その語と主要部文字列の発音が同じ単語(friendと呼ぶ、例 raid)と主要部文字列の発音が異なる単語(enemyと呼ぶ、例 said)の相対的頻度に影響されることを指摘した。すなわち、ターゲット語に対する全 friend の平均頻度よりも、全 enemy の平均頻度の方が相対的に高い場合に、強い一貫性効果が見られるのである。例えば、home と come の friend, enemy の例を挙げると次のようになる。

表5.1 'home'と'come'の friend および enemy の例

ターゲット語	friend	enemy
home	dome	come, some
come	some	home, dome

これら2つのターゲット語を比べると、home の場合の方が、friend よりも enemy の相対的頻度が高いので、強い一貫性効果が見られる。

このように、高頻度語においても一貫性効果が確認されたことにより、主要部文字列単位の処理が強く支持される。二重経路モデルの予測に反して、高頻度語においても、発音の取り出しが単語全体を単位として行われないことが示されたことになり、語彙処理のモデル化において、多層水準モデルのように準語彙レベルを想定することの重要性が示唆されている。

7.4. 発音の不規則性と一貫性効果

　一貫性効果は、発音の不規則性とその処理についても、新たな視点を提供する。主要部文字列に一貫性のあるもの(例 ean)と一貫性のないもの(例 eat)が存在することは、規則的発音と不規則的発音の両方を持つ母音文字列(例 ea)の発音の不規則性が、主要部文字列という観点からすると、偏在していることを示している。例えば、ea という母音文字列は、/iː/という規則的な発音と /ei/、/e/ という不規則的な発音が割り当てられ、それを含む単語は規則語か不規則語のいずれかになるが、それを一貫性という観点も入れて整理すると次の表のようになる。

表5.2　規則語・不規則語と一貫性の例

	一貫語	非一貫語
規則語	team, beast, peal, bean	treat, speak, read
不規則語	—	great, break, head

　すなわち、不規則語はすべて、同じ主要部文字列を共有する規則語とともに非一貫語に分類される。不規則な発音で一貫している主要部文字列は存在しないのである。

　本来、一つの文字列が規則的・不規則的な複数の発音を持つということは、音韻処理に何らかの負荷を生み出す要因である。その不規則性が偏在する主要部文字列という単位で発音が取り出されることで、そういう負荷を軽減する働きもあるのではないかと考えられる。

　前項で示したように高頻度語の処理が、単語全体ではなく主要部文字列単位で行われることは、発音の取り出しが、出現頻度に関りなく、ある程度直列的(serial)に行なわれるという処理特性を備えていることを示している。一方で、上記の発音の不規則性による処理負荷の軽減というシステムの存在を仮定することで、主要部文字列単位の処理は、かなりの合理性を備えたものになるのではないかと思われる。

7.5. 主要部文字列利用の2つのレベル

　前節までに、主要部文字列単位の発音の取り出しに際しての利用につい

て述べてきたが、Forster, et al.(1994)は、主要部文字列が単語の形態処理にも利用されることを示している。第3章で近傍語サイズが単語認知に促進的な影響を受けるか抑制的な影響を受けるか明確に結論が出ない状態にあることを述べたが、彼らは、近傍語サイズを考えるのに主要部文字列の概念を導入した。すなわち、主要部文字列を共有する単語を主要部文字列近傍語(body neighbors)と呼んだ。例えば、driveの主要部文字列近傍語は、live, strive, hiveである。従来の近傍語と主要部文字列近傍語のそれぞれのサイズを操作し、形態プライミング実験を行った結果、近傍語サイズにかかわらず、主要部文字列近傍語サイズの小さい単語の方が形態プライミング効果が大きいことを明らかにした。このことは、逆に言うと主要部文字列近傍語サイズが大きいほど、主要部文字列を共有する他の単語が活性化され、単語認知が抑制的な影響を受けるものと解釈できる。

　このような主要部文字列近傍語の活性化と、前節で述べた一貫性効果とを考え合わせると、語彙処理過程における主要部文字列の利用には、次のような2つのレベルがあると考えられる。
(1) ある単語の形態処理過程において、その単語と主要部文字列を共有する単語群が活性化され利用される。
(2) 活性化された単語群が、当該単語の主要部文字列の発音の取り出しに利用される。

7.6. 漢字処理と単語部分情報の利用

　前節で見たような、語彙認知過程における単語一部文字列の利用は、漢字1字を単語と見た場合の処理にも見られる。齋藤(1997)は、特定の漢字の認知において、その漢字と部首を共有する「コンパニオン漢字」が活性化されることを示した(詳しくは第6章参照)。

　さらに、Saito, et al.(1997)は、特定の部首が与えられたときにその部首を含むコンパニオン漢字がどのように活性化されるかを見るため、部首を与えてそれを含む漢字数を推定させる実験を行った。その結果、日本人被験者によって推定された、各部首を含む漢字数は、その部首を含む実在

する漢字数に比例することがわかった。このことら、部首を手がかりとする漢字の活性化が、現実に存在する漢字の知識、言いかえると、部首同士の結合についての知識に影響されていることが示唆されている。

以上のことから、単語の一部分を切りとって、形態・音韻情報の利用に供するという語彙処理過程の特性が、英語と漢字の処理に共通したものである可能性が示唆されている。

8. 第二言語学習者の語彙知識と音韻処理

前節までに、単語の部分(主要部文字列)の利用が、英語母語話者の語彙処理と日本語母語話者の漢字処理とに共通する特性であることが示唆された。第二言語(外国語)メンタルレキシコン研究においては、この処理特性が第二言語話者の処理においてもみられるのかが関心となる。具体的には、日本人学習者の英単語の処理においても、主要部文字列を共有する近傍語が活性化され、それら近傍語の主要部文字列が、発音の取り出しに利用されるのかということである。

ところで、外国語として英語を学習している状況においては、過去にどのような学習を行ったかが、現在の語彙知識に大きな影響を与える。日本のように、教室での学習が大きな部分を占める状況では、そこで使われる教材が、決定的な影響をもつと考えられる。

そこで、Ikemura(2002b)は、まず、文部科学省検定済高等学校外国語(英語)教科書等を用い主要部文字列の頻度表を作成した。具体的には、各主要部文字列を含む単語が教科書等に出現する回数を数え、それを各主要部文字列の出現頻度とした。

次に、頻度1の文字列を除外して、相対的頻度を高中低と設定し、それに基づいて10個を高頻度から、10個を中頻度から、10個を低頻度から選び、計30の主要部文字列を作成した。作成された主要部文字列刺激は次の通りであった。

表5.3 想起実験の刺激主要部文字列　＊は発音に一貫性のないもの

頻度	主要部文字列
高頻度	-an, -ave*, -ear*, -ood*, -ome, -ost*, -ook, -een, -ike, -ive*
中頻度	-ife, -ose*, -ead*, -one*, -eal*, -eam, -ure, -aid*, -art, -uch
低頻度	-eak*, -ash*, -ilk, -oice, -ase*, -urn, -aint, -eaf* -ense, -ild

そして，被験者がそれらの主要部文字列からどの程度単語を想起できるかを調べた。その結果，全刺激主要部文字列の平均想起語数は，2.3語で，想起された単語数は，作成された頻度表のその主要部文字列を含む単語数とかなりの相関が見られた($r=.65$)。

この結果は，Saito, et al.(1997)のものと一致し，主要部文字を手がかりとする単語の想起が学習者の語彙知識を反映したものである可能性を示している。このような語彙知識は，単語が呈示されたときにその単語と主要部文字列を共有する単語の活性化に利用されると考えられる。そこで今後の課題は，そのような，主要部文字列の活性化が発音の取り出しに利用されるかどうかを音読課題を使って調べることである。今後の研究に期したい。

本章のまとめ

(1) 視覚呈示された単語の発音がどのようにして取り出されるかという問題には，当該言語の表記特性や音韻認識が関係する。
(2) 音韻表象へのアクセスについては，語全体からアクセスする直接的な語彙ルートとGPC(書記素－音素対応)ルールを媒介する間接的なGPCルートを認める二重経路モデルが提案されてきた。
(3) 主要部文字列を共有する2単語の音読潜時がその発音の一貫性に影響されること(一貫性効果)が指摘され，単語と文字の中間に位置する主要部文字列レベルの処理を想定する多層水準モデルが提案された。
(4) 一貫性効果については，その後の研究で低頻度語・高頻度語の両方に見られることがわかった。また，主要部文字列の発音の規則性とその

頻度にも影響されることも指摘された。
(5) 主要部文字列は、音韻処理だけでなく形態処理においても利用され、文字列を共有する単語群が活性化されることが判った。
(6) 日本人英語学習者の単語処理における主要部文字列の活性化を調べるため、まず、文字列を与えて単語を想起させる実験を行なった結果、想起される単語数は学習者の語彙知識を反映していることが判った。

さらに研究する人のために

──● 関連文献紹介 ●──

① 御領謙 1987『読むということ』東京：東京大学出版会
　認知心理学で扱われている読みについての研究が概観できる。日本語の漢字・仮名の認知についても詳しくあつかっている。

② Taft, M. 1991. *Reading and the mental lexicon.* Hillsdale, NJ: Lawrence Erlbaum Associates（八田武志ほか訳 1993『リーディングの認知心理学』京都：信山社出版）
　単語認知と心的辞書について詳しく網羅的に扱っている。英語で書かれたものとしては必読書の一つである。翻訳書も出版されている。

③ 齋藤洋典ほか『講座言語科学：単語と辞書』東京：岩波書店
　斎藤執筆による「心内辞書」の章では、単語認知研究について、メンタルレキシコンのモデル、これまでの研究の流れから、具体的な研究手法まで詳しく解説している。後半は、英語母語話者の先行研究をふまえた、著者自身による漢字の認知についての研究を紹介している。

──● 卒論・修論のための研究テーマ ●──

① 日本人学習者の非単語の発音
　日本人学習者がどのように非単語を発音するかを調べる。GPC ルールに基づいて発音できるかどうか、実在単語と音読潜時の差が見られるかなどを調べることにより、GPC ルールと語の発音知識がどのよ

うに利用されているかなどを探る。

　② 日本人学習者の英単語音読潜時
　①と同じような研究は、規則語／不規則語についても行えるであろう。英語習得の過程にある日本人学習者については、単語の発音についてGPCルートも使われる可能性があると考えられる。もしそうであるなら、不規則語については、発音に時間がかかるはずである。したがって、語彙数など被験者の熟達度を表す指標を考慮しながら、規則語／不規則語の発音にかかる時間を測定する研究が可能である。両者の差を観察しやすくするため、例えば、同音異義語ペアで規則語／不規則語であるものを比較したり、規則語群と不規則語群を読ませて、発音にかかる合計時間を比較するような方法が考えられる。

第6章

語の意味表象への
アクセス

　本章では、主として視覚呈示された単語における、意味表象へのアクセスについて扱う。まず形態・音韻・意味表象の性質とそれらの表象へのアクセスの違いにふれてから、意味アクセスにおける音韻処理の影響について検討する。意味アクセスについては、音韻・視覚の二つの処理ルートを想定する二重アクセスモデル、および主要部文字列のような準語彙レベルで形態・音韻ユニットが相互に活性化しあいながら意味アクセスが行われるとする多層水準モデルの2つが提案されているが、ここでは、主として前者のモデルをふまえながら、視覚提示された英単語および日本語漢字の意味アクセスにおける音韻処理ついて扱ったこれまでの主要な研究成果を紹介する。

> ● キーワード ●
>
> 形態表象(graphic representation)、意味表象(semantic representation)、音韻表象(phonological representation)、二重アクセスモデル(dual access model)、普遍的音韻原理(universal phonological principle)、正書法深度仮説(orthographic depth hypothesis)、普遍的直接アクセス仮説(universal direct access hypothesis)

1. 形態・音韻・意味表象とアクセス

　形態(綴り字)、音韻、意味は、記号体系としての言語を構成する主要な要素である。メンタルレキシコン内の語彙情報のアクセスの研究においても、この形・音・義という3つの表象がそれぞれどのようにアクセスされるか、および3つの表象へのアクセスがどのような関係にあるかが研究課題となっている。

　このうち、第4章では主として語彙アクセス全般について、第5章では主として音韻表象へのアクセスについて述べてきた。本章では、意味表象(semantic representation)へのアクセスをあつかう。

　第4章で見たように、視覚的単語認知においては、まず入力刺激がメンタルレキシコン内の形態表象と照合され、刺激に対応する語彙候補の形態表象が活性化され一つに絞り込まれる。実験ではこのプロセスは、語彙性判断課題により測られる。音韻表象は、形態表象活性化の過程で、あるいはその活性化の後にアクセスされる。

　形態表象・音韻表象へのアクセスが、その時点を比較的特定しやすいのに対して、意味表象へのアクセスはそれほど単純ではない。これは、意味概念自体が中心的なもの(プロトタイプ)から周辺的なものへというように階層構造をなしているのに加えて、類語、上位語、下位語などと密接に結びついているためである(第11章参照)。コネクショニストモデルにもとづくと、意味の活性化は、一つのノードだけが関わるのではなく、複数のノードが次々に活性化していくものと言える。したがって、1つの単語に

ついて、意味表象へのアクセスの時点を特定することは、形態表象・音韻表象に比べると困難である。そこで意味表象へのアクセスの測定には、ターゲット語が属する語彙範疇についての判断を求めたり、複数の語をペアにして比較させ、何らかの意味判断をさせるというような方法が用いられる。

2. 視覚呈示語の音韻表象への新たなアクセスモデル

　第5章で紹介した初期の二重経路モデルでは、メンタルレキシコン内部の構成については明らかではなかった。最新の二重経路モデルはコンピュータモデルとして図6.1のように発展している。

　初期のモデルに比べると、特にメンタルレキシコン内の語彙表象の内容についての精緻化がはかられ、語彙表象へのアクセスと音読の両方が説明できるモデルとなっている。このモデルにより、例えば、第5章5節で紹介した非単語 leef の類似同音語効果は、次のように説明される。すなわち、GPC ルール(grapheme-phoneme rule system)により変換された leef の発音が、音素システム(phoneme system)から音韻出力辞書(phonological

図6.1　新しい二重経路モデル(Coltheart, *et al.*, 2001にもとづく)

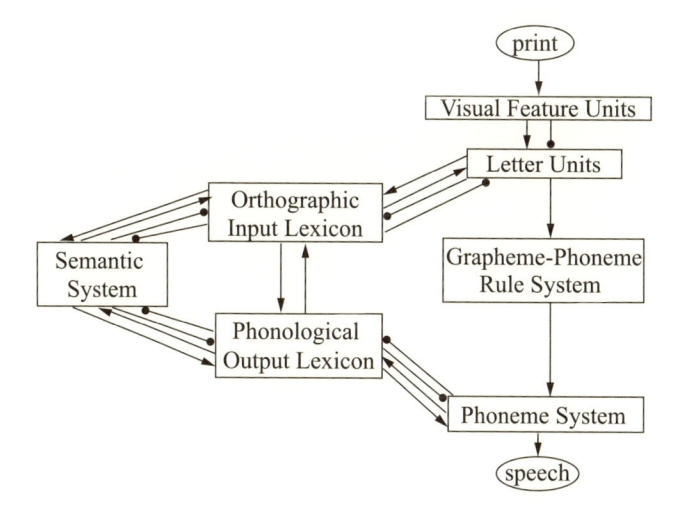

output lexicon)を経て正書法入力辞書(orthographic input lexicon)に至り、実在単語 leaf の表象を活性化することにより、leef が文字ユニット(letter units)から正書法入力辞書にアクセスして No 反応を出す際の閾値を上昇させて、語彙性判断時間を遅延させるのである。

　Coltheart, et al.(2001)では、このモデルを使って、単語認知にかかわるさまざまな現象を説明しているが、そのうち、音韻表象へのアクセス(音読)は、次の3種類のルートのいずれかを経ることが仮定できる。

　① GPC ルールに基づくルート

　文字ユニット(letter units)から GPC ルールを経て音素システム(phoneme system)より発音を出力するルートである。

　② 正書法表象(形態表象)から音韻表象へアクセスするルート

　GPC ルールを媒介とせず、文字ユニットから、正書法入力辞書の表象にアクセスし、それに相当する語の音韻表象を音韻出力辞書内より検索し、発音に至るルートである。

　③ 意味表象を経た上での音韻表象へのアクセス

　上記②と同じく正書法表象に至り、意味システム内で当該呈示語の意味表象を認知した後で、音韻出力辞書により音韻表象を生成し、発音に至るルートである。

　①が二重経路モデルでいう非語彙ルートに相当する。これは、同じく意味表象へのアクセスを含まない、②の文字ユニットから正書法入力辞書にアクセスし、さらにはそこから音韻出力辞書を経て発音を出力する語彙ルートとしばしば対比される。それに対して、③は形態表象へのアクセス後に意味表象を経由して音韻表象にアクセスするルートで、同じく語彙アクセスはするが、意味情報へのアクセスを含まずに直接音韻表象を取り出す②のルートとしばしば対比される。

　以上、音韻表象へのアクセス、すなわち発音の取得に関する操作ルートについて解説した。このモデルにおいて正書法(形態)表象へのアクセス後いかに意味表象に至るかに関しては、Coltheart らは明らかには述べていないが、それについて重点的に扱ったのが次節で紹介する二重アクセスモデル(門田, 1998b)である。

3. 視覚呈示語の意味表象へのアクセス：二重アクセスモデル

門田(1998b)は、関連する先行研究をまとめ、視覚呈示された語の意味表象への二重アクセスモデルを次のように提案した。

図6.2　視覚提示語の意味表象への二重アクセス(dual access)
　　　　(門田，1998bにもとづく)

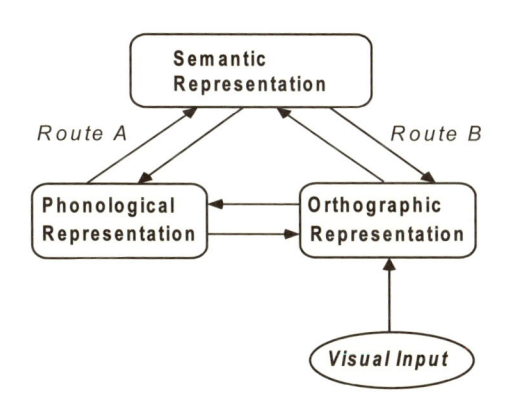

```
                    Semantic
                  Representation
                    ↗       ↖
            Route A           Route B
              ↙                   ↘
      Phonological  ←→  Orthographic
      Representation     Representation
                              ↑
                        Visual Input
```

すなわち、前節 Coltheart, et al.(2001)のモデルでいう語の正書法インプットとしての正書法表象(形態表象)から、意味の認知(意味システム)に至るルートに、一旦音韻表象を経て、その後意味表象に向かう間接ルート(ルートA)と、音韻表象を媒介としない直接ルート(ルートB)の2つのルートが仮定できるというのである。この2つのルートA・Bについては、入力刺激の性質や処理方略等によってどちらかのルートが優先的に利用されることはあるが、原則としてルートABの両方を同時に使用しているのではないかと仮定されている。詳しくは、門田(2002)を参照されたい。

この二重アクセスモデルが、これまでの実験心理学研究の成果を踏まえて提案されたのに対し、失語症、失読症、失書症などの症例報告や、近年めざましい発展を遂げた機能的脳画像(functional brain imaging)研究のデータをもとに提案された同様のモデルが、岩田(1996)による「読み書きの神経機構についての二重神経回路仮説」である(本書第10章および門田，2002を参照)。ここでも、後頭葉の視覚中枢から、角回での音韻信号

への変換を介して、ウェルニッケの理解中枢に至るルート(上記ルートAに相当)と、左側頭葉後下部を経由しつつ直接ウェルニッケ中枢に向かうルート(上記ルートBに相当)の2つが仮定されているのである。

4. 多層水準モデルと意味アクセス

　第5章第7節で紹介した多層水準モデルによると、意味アクセスについて、二重アクセスモデルとはかなり違った説明がなされる。多層水準モデルでは、単語の形態表象と音韻表象は、独立して想定されない。形態表象は、準語彙ユニットのクラスターレベルと主要部文字列(body)の2つのレベルの文字列が組み合わさって概念(意味表象)と結びつくことにより表される(第5章7.2参照)。音韻表象も2つのレベルの文字列に対応する発音と意味表象との組み合わせによって表される。したがって、二重アクセスモデルのように形態表象や音韻表象へのアクセスのあとに意味アクセスがなされるとという考え方をとらない。さらに、形態情報と音韻情報が準語彙レベルで相互に活性化するので、両者が別々に意味にアクセスするとは見なされない。要するに、このモデルでは、形態・音韻・意味が語彙処理プロセスの中で互いに活性化しあうのである。

　多層水準モデルは、相互活性化モデルの延長上にあり、前段階の処理が完了する前に次の処理が作動し始めるカスケード処理を念頭において解釈される。これに対して、二重アクセスモデルは、文字入力から各段階(モジュール)での処理を順に経て最終的に意味表象にいたるという、どちらかというと離散型モデル(discrete model)である。後者のモデルでは、意味表象の活性化は、単語の形態表象と音韻表象が一つに同定された後に行われるが、前者のモデルでは、意味表象の活性化は、単語の全体表象によってではなく、単語部分文字列とそれに対応する音韻の活性化を契機として行なわれる。第5章で、単語部分文字列が、どのように単語全体の形態・音韻処理に利用されるかについての研究を紹介したが、このモデルにおいて、意味表象へのアクセスが具体的にどのように行なわれるかについては今後の研究課題である。

5. 視覚呈示された英単語の意味アクセスにおける音韻表象

Perfetti(1999)によれば、語の意味表象へのアクセスにおける音韻表象の介在に関しては、次の3つの仮説がこれまで提案されているという。
① 普遍的直接アクセス仮説(universal direct access hypothesis)
② 正書法深度仮説(orthographic depth hypothesis)
③ 普遍的音韻原理(universal phonological principle)

①の普遍的直接アクセス説は、世界のどの言語も、読み手が特に音読などで必要とするとき以外は、音韻情報とはまったく無関係に語の意味アクセスをしているという仮説である。

②正書法深度仮説によれば、言語の正書法システムの特性により、音韻表象の有無が決定されると考える(第5章参照)。書記素－音素変換規則により規則的に発音が取り出せる書記体系を持つ言語ほど、音韻化が関係するが、上記の対応が不規則な言語ほど、音韻表象の関与する可能性は少なくなる。

③最後に、普遍的音韻原理説は、世界のすべての言語の書記体系で、語の意味アクセスには音韻表象の活性化が必要であるという立場である。

Perfetti自身、アルファベット書記体系のみならず、いくつかの書記体系を持つ言語に対する調査から、以上の③の立場がもっとも有力であるという考え方を提出している。確かに、実験心理学的なデータからは、このような音韻情報の関与を示すデータも多い。

以下、まずは英語を素材にして、語の意味表象へのアクセスに、音韻表象を媒介とした間接ルートが使用されるかどうかに的を絞って、これまでの研究成果のうち、代表的なものを紹介する。

5.1. 意味カテゴリー判断における同音異義語の干渉：Van Orden(1987)

ある単語の意味カテゴリー判断がその同音異義語によって影響されるかどうかを調べた。例えばflowerという意味カテゴリーに対して、本来それに属する単語roseの同音異義語であるrowsを与えてそのカテゴリーに属するかどうかの判断を求め、虚認率、すなわち誤ってYes反応をす

る割合をみる。ターゲット語には、本来その意味カテゴリーに属する単語とスペリングの類似性が比較的高いものと、比較的低いものの両方が選ばれ、ターゲット語と1文字違いの語が統制語として選ばれた。次にその例を示す。

表6.1 意味カテゴリー判断のための刺激語(Van Orden, 1987にもとづく)

意味カテゴリー	本来語	高類似語	低類似語	統制語
A FLOWER	ROSE	――	ROWS	ROBS
TYPE OF FOOD	MEAT	MEET	――	MELT

意味カテゴリー判断実験の結果、スペリングの高類似語、低類似語ともに虚認率が高く(平均18%)、統制語に比べて有意差が見られた。同時に、高類似語の虚認率は低類似語のそれに比べて、有意に高かった。高－低類似語間の有意差は、意味カテゴリー判断がスペリングにも影響されることを示す。しかし、この差は、意味判断の前に呈示語にパタンマスクをかけ、判断に使える呈示時間を短くすると解消した。

この結果から、意味判断がターゲット語の同音性に影響されていると言うことができ、視覚呈示語の意味アクセスに音韻表象が介在していることが示唆される。

具体的にどのように音韻表象が介在しているかについては、次のような2つの可能性が考えられる。

(a) 呈示語(例 ROWS)から引き出された音韻表象が同音性を持つすべての語(例 ROWS, ROSE)の意味を活性化する。(語彙アクセス前音韻)

(b) 呈示語(例 ROWS)がそれに対応する語彙項目をいったん検索し、語彙項目にある音韻表象が、同音性を持つ両方の語(例 ROWS, ROSE)の意味を活性化する。(語彙アクセス後音韻)

パタンマスクを用いた意味判断実験において、スペリング類似性の影響は見られず、同音性の影響のみが見られたことは、単語認知過程の初期段階においてスペリングではなく音韻が重要な役割を果たしていることを示し、(a)の語彙アクセス前音韻の考え方を支持するものである。

語彙アクセス前音韻を支持する他の事例としては、疑似同音語の意味判断が、そのもとの実在単語に影響されることがあげられる。例えば、SUITをもとにした疑似同音語であるSUITEは、CLOTHINGの意味カテゴリーに属すると判断される。SUTEはそれに対応する語彙項目を持たないので、そのスペリングから引き出された音韻がSUITの意味を活性化していると考えられる。

5.2. 音声的プライミングが語の音読に与える影響：Lesch and Pollatsek (1993)

成人の英語母語話者を対象にしたプライミングの手法を使った研究で、ターゲット語（例 sand）の音読（naming）に、プライム語として意味的に関連する語（例 beach）と同音異義語にあたる単語（例 beech）を直前に与えた場合と、意味的関連語と形態的に類似した単語（例 bench）や音韻的にも形態的にも無関係な語（例 fluid）を与えた場合を比較した研究である。結果は、①ターゲット語の音読は、同音異義語をプライム語とした場合、意味的関連語と同程度に促進されることが、プライム語の呈示時間が50msでその後200msの間隔をおいてターゲット語を呈示した場合にみられたが、②プライム語の呈示時間が200msで、その後50msの間隔をおいた場合には、上記のような同音異義語をプライム語とすることによる促進効果はまったくみられなかった。

これらの結果は、①意味的関連語（beach）でなくてもそれと同音の音韻表象（beech）があらかじめ与えられることで、その後に呈示される意味的関連語（sand）の音読が促進されること、および②プライム語の呈示が50

表6.2 プライム語のタイプがターゲット語の音読潜時に与える影響
(Lesch and Pollatsek, 1993 にもとづく)

ターゲット語：sand など

プライム語の呈示時間	意味的関連語（beach など）	同音異義語（beech など）	形態的類似語（bench など）	無関係語（fluid など）
50 ms	598	592	603	608
200 ms	598	605	608	607

(単位：ms)

ms の場合のみにこの促進効果がみられ、200 ms ではみられないことから、音韻表象の取得は50 ms といったごく短い時間的タイミングで行われ、その後自動的に意味などの語彙アクセスに入ってしまうことを示唆している。

5.3. 音声的プライミングが意味判断に与える影響：Lesch and Pollatsek (1998)

この研究は、上記 Lesch and Pollatsek (1993) と同じく、成人の英語母語話者を対象に、音声的プライミング効果について調べたものであるが、次の点で上記先行研究と異なる。すなわち、①実在する同音異義語（例 BEECH）を提示するだけでなく、実際には異なる発音であるが、文字連鎖からは同音異義語になる可能性もある、偽りの同音異義語 (false homophone: 例 BEAD (この語の発音は、/biːd/ であるが、-EAD の部分文字列は、HEAD, BREAD などのように /ed/ と発音することも多く、誤って BED と同音異義語だと解釈してしまう可能性がある。第5章参照)) を使用したこと、および、②被験者に与えた課題が、プライム語とターゲット語の意味的関連性 (semantic relatedness) 判断であったことである。すなわち、ターゲット語（例 SAND; PILLOW）とその前に呈示されたプライム語の間に何らかの意味的な関連があるかないかを被験者に判断させたが、実際に意味的に関連する語（例 BEACH; BED）や、その同音異義語あるいは偽同音異義語（例 BEECH; BEAD）を与えた場合と、形態的に類似した

表6.3　プライム語のタイプがターゲット語との意味的関連性の判定に与える影響（Lesch and Pollatsek, 1998 にもとづく）

ターゲット語：sand, pillow

	意味的関連語 (BEACH など)	同音異義語 (BEECH など)	形態的類似語 (BENCH など)	無関係語 (FLUID など)
反応時間	1,158	1,356	1,261	1,250
	意味的関連語 (BED など)	偽同音異義語 (BEAD など)	形態的類似語 (BEND など)	無関係語 (HOOK など)
反応時間	1,163	1.308	1.253	1.228

（単位：ms）

単語(例 BENCH; BEND)や音韻的にも形態的にも無関係な語(例 FLUID; HOOK)を与えた場合でいかに異なるか検討したものである(表6.3参照)。
　主要な結果は次の通りであった。
　① 他の条件と比較して、同音異義語条件(プライム語が意味的関連語と同音異義語になる場合)では、形態的類似語条件や無関係語条件など他の条件よりも有意に、プライム語とターゲット語の意味的関連性の判断が、遅くなる。
　② 形態的類似語と無関係語の反応時間差は、有意なものではなかった。つまり、形態的な類似性は何ら干渉条件とはならないことがわかった。
　③ 上記①の同音異義語の場合と同様に、偽りの同音異義語の場合も意味的関連性の判断を遅延させる効果があり、他の条件の場合よりも有意に反応時間が遅くなる。

以上の結果から、Lesch and Pollatsek は、①同音異義語が賦与する音韻的干渉によって、意味処理が遅延することから、音韻表象が語の意味表象へのアクセスに必要であること、および、②以上のような音韻的干渉が、偽同音異義語の場合でも生じることから、音韻表象の取得は、語全体に対して対応する音韻表象を付加するといった方法ではなく、語の構成要素となる書記素や主要部文字列単位など、部分的に割り当てる方式で行われることを、示唆している。前者のような全体割り当て方式で付加された音韻表象を、割り当て式音韻(addressed phonology)、後者のような部分的に組み立てていく方式の音韻を集積型音韻(assembled phonology)と呼ぶ(門田、2002参照)が、英語母語話者の場合には、集積型の音韻表象がもっぱら利用されていることを示唆するものである。なお、集積型の音韻表象が使われる可能性を示した同様の研究に、Lukatela and Turvey (1994)もある。

5.4. 日本人英語学習者に対する研究：門田(1998a)

　以上の英語母語話者を被験者にした研究とは異なり、外国語として英語を学ぶ日本人英語学習者(大学生)による英語の意味アクセスが、音韻表象の十分な活性化がなくても可能であることを示唆したのが、門田(1998a)

の研究である。与えたタスクは、パソコンディスプレイに上下に同時呈示された2語が、①同じ語彙範疇(＝品詞)か否か、(例 read-forget, alike-apple)〔課題L〕、②意味的に類似しているか否か(例 area-region, shine-draw)〔課題M〕、③同音異義語であるか否か(例 hole-whole, meal-mile)〔課題P〕の3種類の yes-no の判定を求めるというものであった。そして、それぞれの課題の実施にあたっては、(a)何ら干渉課題を伴わない通常の視覚提示(PU)と、(b)上記課題の遂行と同時に、ランダムな7桁の数字列を与え頭の中で保持・リハーサル(反芻)させることで、視覚提示語の音韻化が阻害される二重処理〔PR〕の2条件を設定した。

正答した場合、つまり語彙アクセスに成功した場合の反応時間を測定し、次のような結果と考察を得た。

① 通常提示では、音韻判断〔P〕＜意味判断〔M〕＜語彙範疇判断〔L〕の順に反応時間が長くなる。このことから、音韻アクセスが意味や語彙範疇へのアクセスよりも迅速に行われ、語の意味認知のための前提となる可能性を示唆している。

② 音韻判断課題では、音韻干渉条件が有意に反応時間を遅らせるのに対

図6.3 語の語彙範疇、意味、音韻の判断におけるリハーサル抑制課題の影響：反応時間による検討(門田，1998aにもとづく)

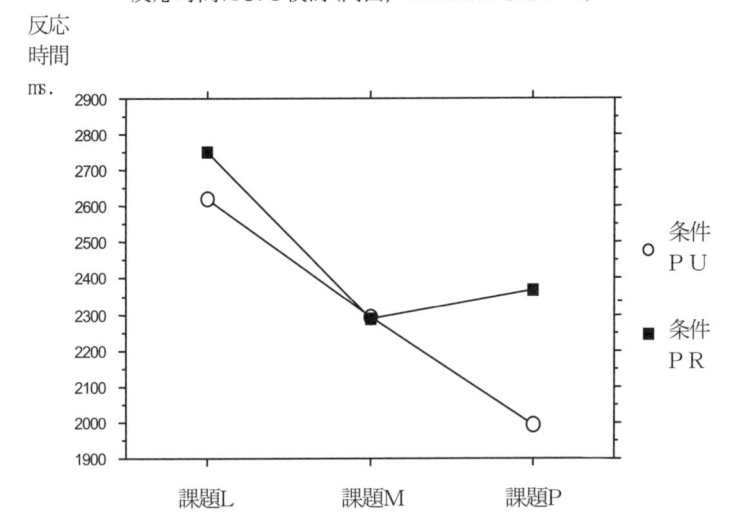

し、語彙範疇判断と意味判断では、通常提示と二重課題間で、有意な反応時間の差が見られなかった。つまり、語の意味や語彙範疇へのアクセスには、語の音韻符号化(音韻表象)を経由することは必ずしも不可欠ではなく、視覚提示された語から直接意味表示に到達するルートだけでも英単語の意味アクセスが可能であることを示唆するものである。

これらの結果は、英語というアルファベット書記システムの言語における意味アクセスは、通常は音韻表象経由のルートAの活性化が前提となるものの、このルートAが制限され、ルートBのみが利用できる状態でも可能であることを示唆している。

6. 視覚呈示された日本語漢字単語の意味アクセスにおける音韻表象

日本語では、英語など世界の多くの言語が通例1つの文字システムしか持たないのに対して、漢字、仮名、ローマ字という3種類の文字を併用する。主に名詞・動詞など(英語で言えば)一般に内容語(content words)に相当する語を表記するのに漢字を用い、仮名は助詞、助動詞、接続詞など機能語(function words)にあたる語に使用され、また外来語などにはローマ字が使われることもある。このような複数の文字体系をもつこと、とりわけ漢字・仮名が、それぞれ形態素(ほぼ語に相当)や音節という異なるレベルの表象を示していることで、その読みのプロセスについては世界的にも多くの研究者から注目を集めている。

一般に、日本語の仮名は、音節文字であり、それを心の中で音に換えて初めて意味が解るのに対し、漢字はその象形文字(pictograph)や表意文字(ideograph)としての成り立ちから、音声の媒介なしに意味が了解できると考えられている(例 嫁、姑、娘、妹などは音読できなくても意味の推測がある程度つく)。事実、これまでの日本における失語症患者の検討から、例えば仮名は読めなくても、日本語漢字は障害を受けていない症例などが多数みられることから、漢字は仮名とは別個に、視覚経路を経由して文字から直接意味に至るというのがかねてからの通説であった(Morton and Sasanuma, 1984)。

これに対し、門田(1987)による日本語のテキスト読解の研究では、語レベルの実験ではないが、漢字の意味処理に音韻化が関与している可能性を示唆するデータを提供している。

6.1. 構音抑制が漢字仮名混じり文および仮名表記文の理解に与える影響：門田(1987)

日本人短大生142人に、すべて同一の日本語の文章を使って、黙読群には通常の漢字・仮名混じり文で書いたものを、あるいは仮名のみで表記したものを、それぞれ普通に黙読するように指示したのに対し、黙読＋構音抑制を課した群には、漢字・仮名混じりで書いたものや仮名だけで表記したものを、ともに1から5までの数字を繰返しながら黙読するという二重処理課題を与えた。理解度測定のための設問は、日本語で6問与えられ、日本語で解答する形式で、0～2点の3段階に評価された。使用したテキストの実例は、門田(1987)(あるいは門田, 2002にも一部抜粋を掲載)を

図6.4 語の語彙範疇、意味、音韻の判断におけるリハーサル抑制課題の影響：反応時間による検討(門田, 1998にもとづく)

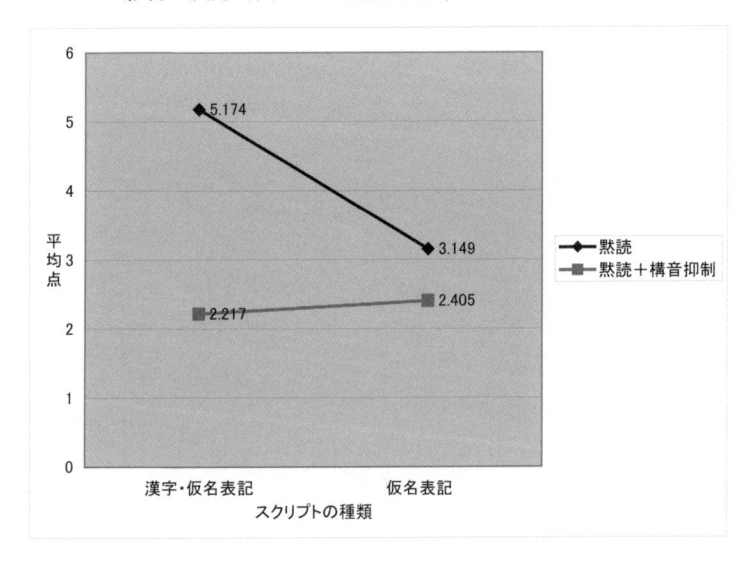

参照されたい。読解後に実施した内容把握理解テストの結果を図6.4に示す。

以上の結果から次の考察が導ける。①漢字仮名表記文を読んだ群の方が、仮名表記文を読んだ群よりも理解度が高い。これは、当然のことながら、仮名のみで表記した日本語文章の読み難さを示している。②構音抑制によりテキストの音韻化が干渉されると、理解度が落ちることから、日本語の読みの過程に、音声処理が関与している可能性がある。③もし仮名だけに音声化が関係し、漢字は視覚的に処理されているのだとすれば、構音抑制を通じて音韻符号化が抑圧されたときでも、漢字という手掛かりが残るため上記のような結果にならず、②の結果と同様、多少とも漢字仮名文を読んだ群の方が仮名表記文を読んだ群よりも理解度が上回るはずである。構音抑制が仮名・漢字の両方で音韻符号化に干渉した結果、理解度の差がなくなる、言い換えれば、音韻表象は単に仮名の意味アクセスだけに必要なのではなく、漢字も含めた日本文の意味理解の前提になることを示唆している。

事実、漢字の処理に音韻表象の活性化が前提となることを示すその後の研究も多い。以下、いくつかやや詳しく紹介したい。

6.2. 漢字表記語の音韻処理の自動化についての研究：水野(1997)

日本人大学生を対象に、視覚呈示された漢字の処理と同時に構音抑制やタッピングを課した研究である。すなわち、パソコンのディスプレイ中央部に一部穴埋めの（　）を含んだ日本文（先行刺激）が、1500 ms 間呈示され、1000 ms のブランク画面の後、ターゲット語（2・3・4拍（モーラ）のうちいずれかの漢字単語）が呈示されると、その呈示された語が先に呈示された日本文の（　）内に適合する語であるか否かの判断をできるだけ速くキーボードを使って行った。

表6.4 実験に使用された先行穴埋め文とターゲット語の例

拍数	穴埋め文	呈示(ターゲット)語
2拍語	彼は連休で( )をもてあましている。	暇
3拍語	航空機の両側には大きな( )が出ている。	翼
4拍語	雨が降ると時々( )が鳴る。	雷

以上の統制条件群に対し、穴埋め文が消えた後、同じ作業を同時構音課題(1秒間に1回の割合で「あいうえお」を繰り返し言う)あるいはタッピング課題(1秒間に5回の速さで指で机を軽くたたき続ける)とともに行うという二重処理タスクが与えられた。以上3種類の条件毎に、穴埋め問題の解答までの時間を測定した結果が図6.5である。

統計処理の結果、条件の主効果のみ有意で、モーラ数による差は有意ではなかった。主要な結果は次の通り。①統制条件と同時構音条件間に反応時間の差が認められる。②統制条件とタッピング条件間、およびタッピング条件と同時構音条件間には反応時間の有意な差はみられない。

以上のようにタッピング条件では有意な反応時間の遅れはみられないのに、同時構音条件で有意な遅延が生じることは、同時構音法による視覚呈示漢字の音韻処理プロセスの妨害効果により、漢字の穴埋めという意味的

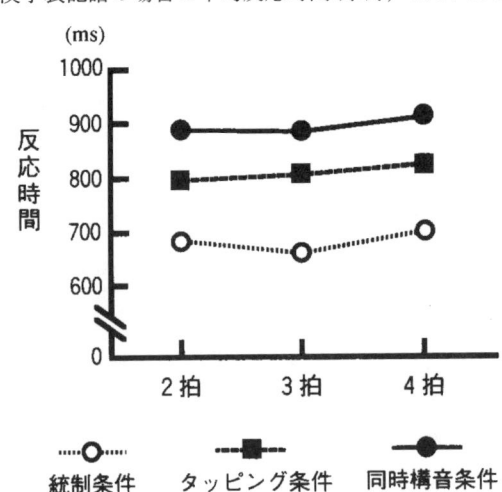

図6.5 漢字表記語の場合の平均反応時間(水野, 1997にもとづく)

処理が遅れたこと、すなわち漢字の意味処理に音韻表象の活性化が関与していることを示唆しているといえよう。これを、水野(1997)は、漢字表記語の音韻処理自動化仮説と呼んでいる。

6.3. 日本語漢字処理における音韻表象：齋藤ほか(1993, 1995)

齋藤ほか(1993)は、漢字の認知における、形態と音韻の役割を考えるのに、漢字の部首に注目した。漢字は、一般に扁と呼ばれる左部首と旁と呼ばれる右部首とから成り立つ。このうち、右部首は多くの場合に音韻情報を提供する。例えば、漢字「振」の旁である「辰」は、その漢字の音読みが「しん」であることを示す。彼らは、漢字の読みにおいては、同一の部首を共有する他の漢字が活性化されると考え、そのような漢字を「コンパニオン漢字」と呼んだ。例えば、紡、防、訪はお互いにコンパニオン漢字である。右部首を共有するコンパニオン漢字は、多くの場合発音も共有することから、そのようなコンパニオンの活性化は、漢字の読みの推定に対して潜在的な助けとなっていると考えられる。

このような部首の共通性が、漢字の認知にどのような影響をおよぼすかを探るために、齋藤らは、先に呈示された刺激(単語)とその後に呈示された刺激(単語)の異同を問う遅延照合課題(delayed matching task)を用いた実験を行った。彼らは、被験者にまず、漢字2語(例 陸、訪、以下、ソース漢字と呼ぶ)を瞬間同時呈示し、次にマスクパターンを呈示した後に、プローブ漢字(例 防)を呈示した。実験の課題は、プローブが先行呈示された2種類の漢字のいずれか一方と同一であるか否かを判断することであった。この場合、プローブ漢字(例 防)は、先行するソース漢字2語(例 陸、訪)のそれぞれの左右いずれかの部首(例えばこの場合は、陸の左部首と訪の右部首)の組み合わせによって構成されている。したがって、被験者は、ソースとプローブ語間における部首の共通性によって生じる形態的類似性や読みの同一性のために、実際にはソース語としては先行呈示されていないのにもかかわらず、同一漢字がプローブ語として「呈示された」と誤って判断(虚再認反応)する確率が高まると予想される。

実験の結果、先行呈示されたソース語とプローブ語の形態的類似性(2

つのソース語の左右呈示位置を含む)が高いほど、虚再認率も高くなった。また、ソース語のいずれかとプローブ語が同一の読みを有する場合の方が、両者に読みの共通性がない場合よりも虚再認率は高くなった。

図6.6 虚再認率の比較(齋藤, 1997にもとづく):いずれの条件でも、左の組み合わせの方が虚再認率が高い

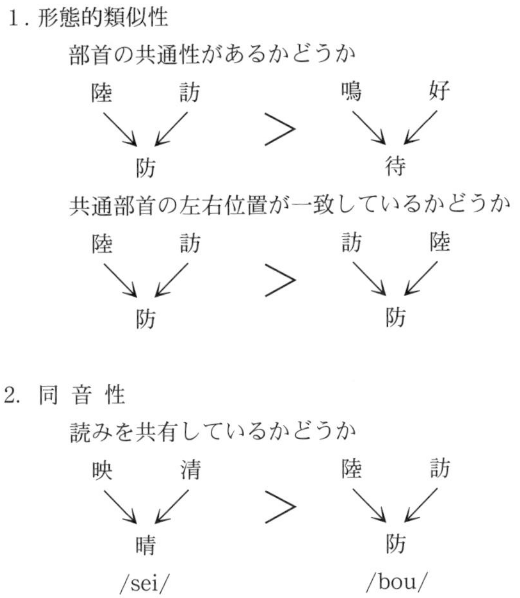

1. 形態的類似性
    部首の共通性があるかどうか
    陸　訪　　＞　　鳴　好
    ↘ ↙　　　　　↘ ↙
    　防　　　　　　　待
    共通部首の左右位置が一致しているかどうか
    陸　訪　　＞　　訪　陸
    ↘ ↙　　　　　↘ ↙
    　防　　　　　　　防

2. 同音性
    読みを共有しているかどうか
    映　清　　＞　　陸　訪
    ↘ ↙　　　　　↘ ↙
    　晴　　　　　　　防
    /sei/　　　　　　/bou/

　この結果から、ソース漢字とプローブ漢字との間に、部首の共通性や部首位置の共通性が存在すると、比較されるべき漢字間の形態的類似性が高まり、そのことが虚再認率の増加をもたらすと言える。さらに形態的類似性に加えて、ソース漢字とプローブ漢字とが同一の音読みを共有していると、実験課題が音韻情報の処理を要求していないにもかかわらず、虚再認率がさらに増加することが確認された。

　同様の遅延照合パラダイムを用いて、齋藤ほか(1995)は、比較されるべき複数の語が同一の音読みを備えているが、形態的類似性を持たない、いわば同音異義語の関係にある漢字に対しても、虚再認率の増加が認めら

れるかどうかを検討した。実験の結果、ソース漢字2語(例 脂/shi/、枝/shi/)がともにプローブ語(例 肢/shi/)と同音関係にあり、かつプローブ語がソース語の部首から構成されている条件においては、先行研究と同様に虚再認率の増加が認められた。しかし、ソース語とプローブ語とが部品をまったく共有せず、同音関係のみを保有している(同音異義語)条件では(例：ソース語対: :件/ken/、研/ken/; プローブ語：検/ken/)、虚再認率が極めて低いことが確認された。このことは、漢字の照合において、漢字間の部品共通性に基づく形態的類似性が、それらの語の同音性を利用する契機となっていることを示している。

　これら一連の研究から、漢字の視覚的認知において形態処理と同様に音韻処理が深く関わり、音韻が形態との相互作用を起こしていることが示唆されている。

　さらに、漢字の左部首が、多くの場合意味情報を提供し、右部首を共有する、すなわち形態的類性と同音性を共有する漢字(例 地、池)間の意味の差別化が、左部首の違いによって起こることを考えれば、漢字の音韻情報が、促進的であれ抑制的であれ、意味アクセスに何らかの影響をおよぼしている可能性が示唆される。

6.4. 形態的類似語・非類似語の意味アクセスにおける同音異義語の影響：Sakuma, Sasanuma, Tatsumi and Masaki(1998)

　この研究は、ターゲット語の視覚呈示に先だって、辞書的な定義を1.5秒間呈示し、その後ターゲット語として、辞書的定義に相当する正解語や、それと同音異義語にあたる語、無関係語を呈示し、解答にいたるまでの反応時間を調べたものである。彼らの用いた実験手法を、次の表6.5にまとめた。同音異義語と無関係語には、正解語と一部同じ漢字を共有する形態的類似語と、そのような共有性のない非類似語の2種類が区別された。被験者は、19才から35才までの成人日本人であった。

表6.5 実験に使用された定義とターゲット語の例
(Sakuma, Sasanuma, Tatsumi and Masaki, 1998にもとづく)

辞書的定義	正解語	同音異義語	無関係語
形態的類似語			
例　建物などが焼けること	火事	家事	食事
形態的非類似語			
例　取材する人	記者	汽車	電灯

結果は次の図6.7の通りであった。

図6.7 形態的類似語および非類似語の意味判断における
同音意義語の影響：誤答率および反応時間
(Sakuma, Sasanuma, Tatsumi and Madaki, 1998にもとづく)

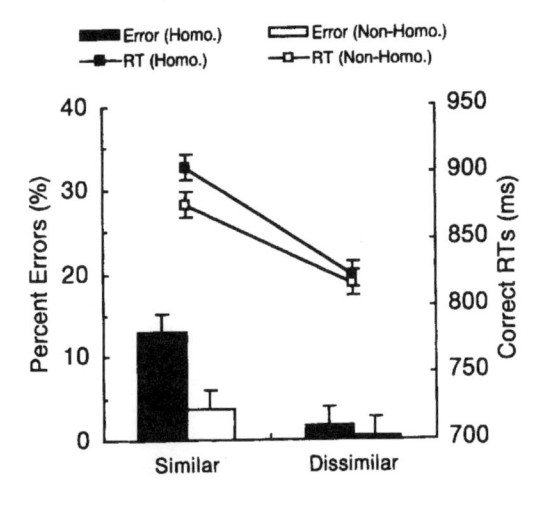

① 形態的類似語をターゲットにしたときは、誤答率、反応時間において、同音異義語による有意な干渉（誤答数の増加、反応時間の遅延）がみられる。
② しかし、非類似語をターゲット語にしたときは、①のような同音異義語による誤答率の増加や反応時間の遅れは認められない。

これらの結果は、漢字の意味処理（辞書的定義と漢字表記語のマッチング）に際してその前提として音韻処理も生じるが、これは形態的に類似し

混同しやすい語をターゲット語にしたときのみであることを示している。言い換えれば、形態的に混同しない同音異義語の場合には、干渉がみられないことから、漢字の形態的処理のみで意味的な判断が可能になることがあることを示唆している。漢字の意味アクセスに、音韻情報の処理も介在するものの、形態的処理がその前提となっていることの証拠を呈示しているのではないかと考えられる（前節6.3参照）。いずれにしても、漢字が、音韻・視覚の両面からアクセスされるという二重アクセスの考え方が支持されるといえよう。

　以上詳述したように、英単語であっても日本語漢字であっても、視覚呈示された語の意味アクセスの前提として、視覚表象へのアクセスとともに音韻表象へのアクセスが関与して、何らかの役割を果たしていることが理解できる。すなわち、音韻表象経由のルートAと、視覚的直接的なルートBの両方が関係しているという二重アクセスモデルの妥当性を原則的に確認するものであると言えよう。

本章のまとめ

(1) Coltheart, et al. (2001)は、メンタルレキシコン内の語彙表象の内容について精緻化し、語彙表象へのアクセスと音読の両方が説明できる新しい二重経路モデルを提唱している。このモデルを使うと、視覚提示語の音韻表象へのアクセスは、①GPCルールに基づくルート、②正書法表象（形態表象）から音韻表象へアクセスするルート、③意味表象を経た上で音韻表象へのアクセスするルートの3つが仮定できることになる。

(2) 語の形態（正書法）表象へのアクセス後、いかに意味表象に至るかに関して重点的に扱ったのが、二重アクセスモデル（門田, 1998b）である。そこでは、形態表象から一旦音韻表象を経て、その後意味表象に向かう間接ルート（ルートA）と、音韻表象を媒介としない直接ルート（ルートB）の2つのルートが仮定されている。

(3) 多層水準モデルによる意味アクセスについての説明は、形態表象へ

のアクセスの後に意味アクセスがなされるという前提がなく、形態・音韻・意味が語彙処理プロセスの中で互いに活性化しあうという考え方をとっている。
(4) 語の意味表象へのアクセスにおける音韻表象に関してはこれまで、①普遍的直接アクセス仮説、②正書法深度仮説、③普遍的音韻原理の3つが提案されている。
(5) 以上の3つの仮説のうち、英語の場合、③の立場が最も有力であるとする実験心理学データも多い。①意味範疇判断における同音異義語の干渉について検証した Van Orden(1987)、②音声的プライミングが語の音読に与える影響を調べた Lesch and Pollatsek(1993)、③音声的プライミングが意味判断に与える影響についてさらに別の手法で検証した Lesch and Pollatsek(1998)などがある。他方、外国語として英語を学ぶ日本人英語大学生による英語の意味アクセスが、音韻表象の十分な活性化がなくても可能であることを示した研究もある(門田、1998a)。
(6) 視覚提示された日本語漢字単語の意味アクセスにおいて、一般に考えられているのとは別に、音韻表象も関与しているのではないかということを示唆する研究に、①構音抑制が漢字仮名混じり文・仮名表記文の理解に与える影響を扱った門田(1987)の研究、②漢字表記語の音韻処理の自動化についての水野(1997)、③漢字の部首に注目した齋藤ほか(1993, 1995)の研究、④形態的類似語・非類似語の意味アクセスにおける同音異義語の影響について査定した Sakuma, Sasanuma, Tatsumi and Masaki(1998)の研究などがある。これらは、音韻表象経由のルートと、視覚的・直接的なルートの両方が関係するという「二重アクセスモデル」を原則的に支持するものである。

さらに研究する人のために

──● 関連文献紹介 ●──

① 門田修平 2002『英語の書きことばと話しことばはいかに関係しているか：第二言語理解の認知メカニズム』東京：くろしお出版

読みの過程とそこにおける音韻処理の役割について、いろいろな側面から理論的に詳しく解説し、さまざまな先行研究を紹介しながら、研究の方法から具体的実験法までを網羅している。外国語としての英語の読みと音韻の関係の研究を志す人には必読の書。

② 岩田　誠 1996『脳とことば：言語の神経機構』東京：共立出版

本章で紹介した、語の意味表象への二重アクセスモデルと同様に、読み書きの神経機構にも、2つの処理経路があることを示したモデル（一般に「岩田モデル」と呼ばれる）を扱った章を含め、言語の脳内処理機構について網羅的にわかりやすく記述した書物である。

③ Kess, J. F. and T. Miyamoto. 1999. *The Japanese mental lexicon: Psycholinguistic studies of kana and kanji processing.* Philadelphia: John Benjamins.

日本語のメンタルレキシコンについて総合的に扱った唯一の英文の専門書。漢字・仮名・ローマ字の処理という日本語の3種類の文字システムの認知過程に関して網羅的で詳細な先行研究の紹介がある。

──● 卒論・修論のための研究テーマ ●──

① 英語・漢字の音韻処理と読みの能力との関係

本章で紹介した研究は、英単語・漢字両方の読みにおいて音韻表象が介在することを示唆している。一方、日本の英語教育の中では、音声指導の充実が叫ばれ、学習者の読みの活動においても音読、ないしは音韻情報の利用の不足が問題とされている。そのような視覚言語中心の英語教育になっている原因として、母語における漢字の処理が音

韻表象を含まない、視覚的な形態中心のプロセスを辿るからだという一般的見解もある。そこで、日本人英語学習者を対象に、母語としての日本語漢字の読み能力（異同判断、音読、意味判断などの課題）と、外国語としての英語における単語の読みの能力（異同判断、音読、意味判断など）との間にどのような相関関係があるか調べる。

② 上記①の母語と英語の相関研究を、本章で紹介した3つの仮説のうち第2の仮説（正書法深度仮説）に関連して、書記素－音素の対応が規則的な書記システムを母語とする被験者と、不規則的な書記システムを母語とする被験者で、どのように相関が異なるか比較する。

③ 英語以外の様々な母語を持つ被験者に対し、視覚呈示された英単語の処理課題（異同判断、音読、意味判断など）や音声呈示された英単語の処理課題（異同判断、繰り返し、意味判断など）を与え、母語の違いによりどのような処理プロセスの差があるか観察する。とりわけ、母語の文字体系がアルファベットなど表音式の場合と、日本語漢字、中国語のような表語式の場合でいかに異なるかに焦点をあてると面白い。

第7章

英語の語彙知識と言語運用

　単語を知っているとはどのような知識を持っていることかを踏まえたうえで、英語の語彙知識の発達を部分的な知識から正確な知識の発達、語彙知識の深さの発達、受容語彙から発表語彙への発達の観点から論ずる。後半では語彙知識とリーディング、リスニング、ライティング、スピーキングの4技能との関係を考察する。

> ● キーワード ●
>
> 累積的発達(incremental development)、語彙知識の広さ(breadth of vocabulary knowledge)、語彙知識の深さ(depth of vocabulary knowledge)、発表語彙(productive vocabulary)、受容語彙(receptive vocabulary)、語彙方略(lexical strategies)、語彙の閾値(vocabulary threshold)、占有率(coverage)、ワードファミリー(word family)、頻度(frequency)、使用範囲(range)、語彙の豊かさ(lexical richness)、書きことば(written language)、話しことば(spoken language)

1. 語彙知識の累積的発達

　第二言語における語彙獲得のプロセスは大変複雑である。Henriksen(1999)は語彙能力を①部分的知識から正確な知識へ、②語彙知識の深さ、③受容語彙から発表語彙へ、の三つの観点から捉えている。この節ではこの三つの面から複雑な語彙発達を考察する。

1.1. 部分的知識から正確な知識への累積的発達

　新しい単語に初めて触れた場合、単語知識の多くの構成要素が一度に全て習得されるわけではない。最初に捉えられる語の意味は曖昧であるけれども、徐々にその意味は正確になっていく、と多くの研究者は主張する。例えば、Harley(1995: 3)は「学習者は単語を全てか無かというふうに知るのではなく、様々な語彙構成要素において、単語知識を部分的に何度も付加しながら深めていく」と言う。更に、Henriksen は「多くの語は決して完全に理解されるようにはならないかもしれない」と指摘する。Schmitt(2000: 117)は新しい単語に触れた時の状況を次のように説明する。話しことばに触れた場合、その新しい単語全体の発音を覚えることがあるかもしれないが、その語が他のどのような語と韻を踏んでいたか、何音節の語であったかを覚えているだけかもしれない。書きことばに触れた場合には、

その文脈で使われた意味を覚えていることもありうるが、単語の最初の2、3文字を覚えているだけかもしれないし、その品詞とかingの付いた形式とかを覚えているにすぎないかもしれない。Schmittは最も基本であるスペリングを綴る能力の発達を連続体として下記のように説明している。

図7.1 スペリングを綴る力の発達(Schmitt, 2000: 118にもとづく)

| 語を綴ることが全然できない | 幾つか文字を知っている | 音韻的に正しく捉えられる | 完全に正しく綴ることができる |

←──────────────────────────────→

単語はスペリング、音声、意味、文法的働き、連想、言語使用域等多くの構成要素で成り立っている(第3章参照)が、どの構成要素がどの構成要素の前に習得されるのであろうか。Schmitt(1998)は大学レベルの上級の第二言語学習者に11の単語のスペリング、音声、文法的働き、連想の獲得状況を調べた。スペリングは最も早く習得される。しかし、それらの単語の全ての派生形や全ての意味を知ってはいなかった。また、刺激語の品詞を知っていたけれども、全ての名詞・動詞・形容詞・副詞の派生形を知ってはいなかった。核となる意味を知っていたけれども、可能な全ての意味を知ってはいなかった。Bahns and Eldaw(1993)の研究では、被験者の連語に関する知識の習得は一般的な語彙知識よりも遅れていた。Murao(2003)の研究は英語の習熟度の高い学習者でも、母語の干渉を受け、連語の習得が難しいことを実証している。動詞＋名詞のコロケーションの容認可能性判断テストの結果、TOEICテストで860点以上の日本人被験者でも正しく判断できた割合は、(a)直接日本語に対応のない英語コロケーション(例えば、take pride in)で60.9％、(b)英語にはないが、日本語で使われるコロケーション(例えば、take balance*)で57.9％であった。限られた研究だが、語彙知識の構成要素によって早く習得される要素と遅れる要素があることが分かる。この面からの更なる研究が語彙発達の解明に示唆を与えてくれるであろう。

1.2. 語彙知識の広さと深さの発達

　語彙知識の広さとは語彙サイズ、すなわち、語彙量のことである。語彙サイズの測定には、Nation(1990)、Schmitt(2000)、Schmitt, et al. (2001)の開発した語彙レベルテスト(Vocabulary Levels Test: VLT)がよく使用される(第3章参照)。テストに出された単語の意味を一つ知っているだけで、知っていると数えられる。語彙知識の深さとは知識の質のことで、スペリング、発音、意味、形態素的特質、文法的な働き、連語関係、連想、言語使用域、等の語彙知識の構成要素に関する知識である。Read (1998、2000)の開発した語連想テスト(Word Associates Test: WAT)は意味(意味の一部、同意語)と連語関係に焦点を絞ったものである(第3章参照)。

　Noro(2002)によるQian(1999)の追実験によると、VLTの点数で分けた上位者(3,000語の習得者)と下位者(3,000語の未習得者)各々の、VLT、WATと読解テストの点数間の相関係数は表7.1の通りであった。3,000語の習得者の方が語彙知識の深さとの関係が深く、反対に3,000語の未習得者の方は語彙サイズとの関係が強い。Qianの被験者は全て3,000語の習得者で、重回帰分析の結果、WATは読解に対してVLTよりも有意に説明力があることが分かった。Noroの場合は、全被験者の半数弱が3,000語の未習得者であった。同様に重回帰分析を行ったところ、逆にVLTがWATよりも説明力があることが分かった。Meara(1996: 50)が主張するように、語彙が大きくなるにつれて、語彙サイズの果たす役割が少なくなり、語彙知識の深さが重要性を増すことをNoroの結果は示唆している。すなわち、word family(屈折形、派生形は基本形と同一語として数える)で3,000語に近づくにつれ、語彙知識の深さの読解における役割が益々重要になる。語彙知識の発達の観点から言うと、まず語彙サイズが徐々に大きくなる。大量に英語に触れることによってword familyで3,000語ぐらい習得するようになると、語彙の深さに関する知識の働きが重要になってくるのではないだろうか。

表7.1 読解テスト、語彙知識の広さと深さのテストの間の相関
(Noro, 2002 にもとづく)

変数	上位者(32人)の読解	下位者(34人)の読解
VLT(語彙の広さ)	.457**	.587**
WAT(語彙の深さ)	.616**	.466**

**p＜.01

1.3. 受容語彙と発表語彙の発達

　受容語彙(receptive vocabulary)の使用とはリスニングとかリーディングを行っている間にある単語の(文字・音声)形式を認識し、その意味を想起することである。一方、発表語彙(productive vocabulary)の使用とはスピーキングやライティングを通して意味を表現するため、適切な音声・書記形式を想起し、産出することである(Nation, 2001: 25)。能動(active)とか受動(passive)という語が発表(productive)と受容(receptive)の同意語のようによく使われる。しかしながら、リスニングとかリーディングは聞き手や読み手がコード化されたメッセージを再構成する能動的な活動であるという理由で、能動(active)とか受動(passive)という語を使わない研究者もいる。発表(productive)と受容(receptive)という用語も完全に適切というわけではない。なぜなら、受容的技能には意味を構築するという産出的側面があるからである。ここでは引用する研究者の使用する用語を尊重して、両表現を併用する。

(1) 受容語彙と発表語彙の違いと測定

　上記の受容語彙と発表語彙の区別は多くの研究者に受け入れられているけれども、それらの2種類の語彙を研究のために概念化したり、測定したりするのは難しい。受容的に知っている単語のうち発表用に使われる単語数は限られているとか、単語は最初受容的に捉えられ、後に発表する語として使われるようになる、と一般的に想定されている(Henriksen, 1999)。Melka(1997)は語彙発達を、単語に関する知識や親近性(familiarity)が増すにつれ、受容語彙から発表語彙へと変化する連続体として捉えるのが役に立つと考えている。Melkaは親近性という概念を重視し、「語彙知識

が受容的でなく産出的なものであると言える状態は単語に対する親近性の程度がどれほどになった状態なのか、またどのような点で受容語彙が発表語彙に変わるのか(p.86)」を明確にする必要性を指摘している。たとえ連続体のようなものがあるとしても、それは平坦なものではなく、受容語彙と発表語彙の境界も流動的であることを Melka は認めている。発表に使用される語彙知識に関して、「ある面は発表できるようになっているかもしれないが、他の面では依然として受容語彙のレベルに留まっているかもしれない」こともある。

　語彙知識を受容的なものから発表的なものへの連続体と見るより、受容語彙と発表語彙の区別を異なるタイプの単語間連想の結果であると Meara (1990)はみている。受容語彙は音声やスペリングのような外的刺激によって活性化されるが、発表語彙は他の単語との連想的つながりによって活性化される語彙項目で成り立っている。しかしながら、語の使用はメンタルレキシコン内の他の語との意味ネットワークを通して活性化されるばかりでなく、単独で特定の意味を活性化する場合もあり、この意味的な駆動こそがより基本的な語彙使用を構成している。たとえば、メンタルレキシコン内にある他の第二言語の単語を活性化させなくても、外部の事物を見て、第二言語の単語で能動的に命名(naming)できる。

　Corson(1995: 44-45)は受容語彙と発表語彙を active と passive の用語を使って表現している。受動語彙(passive vocabulary)には能動語彙(active vocabulary)と他に3種類の語彙—(1)ほんの一部の意味だけを知っている語、(2)容易に使用できない頻度の低い語、(3)能動的に使うのを避ける語、が含まれる。このような記述は言語知識の程度に単に基づくものでなく、言語の実際の状況的運用に基盤を置くものである。

　このように受容語彙と発表語彙の違いについての考えは多様で、十分な定義付けをすることが難しい。それゆえ、受容語彙と発表語彙の測定は当然難しくなる。Read(2000)は受容と発表という用語の代わりに、別の用語を用いて、違いを分析的にとらえ、それぞれの測定法を解説している。一つの見方は認知(recognition)と再生(recall)であり、他の見方は語の状況的理解(comprehension)と状況的運用(use)である。

「認知(recognition)とは目標語が提示されて、被験者がその語の意味を理解していることを示すことである。一方、再生(recall)とは、刺激(語句)が与えられ、被験者が記憶の中からその目標語を引き出すことを言う。(Read, 2000: 155)」具体的に言えば、第二言語の単語を第一言語に訳させるのが認知であり、逆に第一言語の単語を第二言語に訳させるのが想起である。Takala(1984)は英語からフィンランド語へ、フィンランド語から英語へ訳させ、フィンランド人英語学習者の受容語彙と発表語彙を測定しようとした。下記の(A)は認知に関するHughes(1989)の設問例で、(B)が再生に関する設問例である。絵を見て、目標言語で言わせるのも同じ再生に関する設問である。(C)も再生に関する設問の一種で、Laufer and Nation(1999)が開発した発表語彙レベルテスト(Productive Levels Test : PLT)である。目標単語だけが正しく入るように、目標単語の一部の文字が与えられているので、制限された発表語彙力測定テストと言える。

(A) *loathe means*　　(a) dislike intensely
　　　　　　　　　　(b) become seriously ill
　　　　　　　　　　(c) search carefully
　　　　　　　　　　(d) look very angry

(B) Because of the snow, the football match was ＿＿＿＿ until the following week.

(C) Nuts and vegetables are considered who＿＿＿＿ food. The garden was full of fra＿＿＿＿ flowers.

語の状況的理解(comprehension)とは学習者がリスニングやリーディングをしてある単語に出会い、その語の意味をその文脈の中で理解できることを言う。一方、状況的運用(use)とは自分が話したり、書いたりする表現の中にそのような単語が出てくることを言う。たとえば、学習者に数多くの目標語を含む話しを聞かせたり、物語を読ませたりして、文脈中でのそれらの単語の理解度をみることができる。同じように、一連の目標語を引き出すために、物語をもう一度話させたり、訳させたり、絵を描

かせたりして状況に適切な単語を運用する力を測定できる。語彙頻度プロフィール(Lexical Frequency Profile: LFP, Laufer and Nation, 1995)はこのような語彙を使用する力を測定するものである。表7.2が示すように、学習者が英語に触れる機会が増えるにつれて、使われる単語の使用頻度は変化する。頻度の高い最初の2,000語は少なくなり、University Word List に出てくる頻度の低い単語の使用が増える(第3章, 表3.3参照)。

　この理解力と言語使用に基づくテスト方法は受容語彙と発表語彙を測定しようとする研究者には満足のいくものではない。リスニングやリーディングのテキストに目標単語を入れるのは手間のかかることであるし、テキストのトピックにも影響を受ける。言語使用の場合も、学習者は研究者が関心のある目標単語を使用しないかもしれないし、使用するのを避けようとするかもしれない。結局、Read の2種類の分析によって問題点はより明らかになったが、問題の解決には至っていない。さらなる研究が必要である。

表7.2　母語話者と第2言語学習者の作文における語彙頻度プロフィール
(Nation, 2001)

	West のリストに出てくる 2000語の word families の割合	2000語を超えた word families の割合
18歳母語話者 (Laufer, 1994)	75%	25%
イスラエルの大学新入生 (Laufer, 1994)	90%	10%
1学期後の上記学習者 (Laufer, 1994)	87%	13%
ESL 学習者 (Laufer and Paribakht, 1998)	88%	12%

(2) 受容語彙サイズと発表語彙サイズの比較

　受容語彙サイズと発表語彙サイズを比較する研究は少ない。Melka (1997: 93)は幾つかの古い先行研究を比較・検討をした。結果は研究によって様々で、下記のように3つのタイプに分類した。はっきりした結論

は下せないが、実際のところは②と③の間ぐらいかもしれないというのがMelkaの見解である。
① 受容語彙は発表語彙よりずっと大きい（2倍かそれ以上）。
② 受容語彙の方が依然として発表語彙よりも大きいけれども、学習者の語彙学習が進むにつれて、受容語彙と発表語彙の差は小さくなる。
③ 受容語彙と発表語彙の違いはほとんどない。

その後の受容語彙サイズと発表語彙知サイズの関係に関する研究を見てみよう。Laufer(1998)はイスラエルの10年生と11年生の英語学習者を被験者にして、3種類の語彙テストを使って受容語彙量と発表語彙量を測定しようとした。受容語彙は語彙レベルテスト(VLT)を使って測定した。発表語彙の測定には発表語彙レベルテスト(PLT)と語彙頻度プロフィール(LFP)を使った。異なるテスト形式を使っているので、Lauferは受容(passive)、制限付き発表(controlled active)、自由発表(free active)という用語を使った。結果は、表7.3が示すように、受容語彙が制限付き発表語彙よりも大きく、学年が上がるにつれサイズの違いは大きくなった。語彙頻度プロフィール(LFP)で測定される自由発表語彙は有意な伸びを示さなかった。受容語彙サイズと制限付き発表語彙サイズの間の相関係数は10年生で.67、11年生で.78で、かなりの相関がみられた。

表7.3 受容語彙数と制限付き発表語彙数の割合の比較
(Laufer, 1998にもとづく)

	受容語彙数	制限付き発表語彙数	割合
		word families	
10学年	1,900	1,700	89%
11学年	3,500	2,500	73%

Waring(1997a)も日本人女子大生を被験者にして、同じ受容語彙と制限付き発表語彙レベルテストを実施している。彼は1,000語レベルのテストを自作して加えた。結果は図7.2の通りである。被験者全員が制限付き発表語彙テストより受容語彙テストにおいて高い点数をとった。高い頻度の単語の大多数は制限付き受容語彙として知っている可能性が高い。頻度

の一番高い1,000レベルでは、受容語彙は制限付き発表語彙の約1.5倍(158%)あるが、頻度の一番低い5,000語レベルでは6倍近く(645%)になる。すなわち、学習者の語彙が大きくなるにつれて、受容語彙は制限付き発表語彙よりもだんだん大きくなっている。

Laufer and Paribakht(1998)(詳細は本章3.1参照)はESLとEFLの学習者にLaufer(1998)と3種類の同じ語彙テストを実施している。ESL環境でもEFL環境でも、発表語彙、特に自由発表語彙は、受容語彙より発達が遅い。受容語彙はいつも制限付き発表語彙や自由発表語彙より著しく大きいが、その差はEFL環境よりもESL環境の方が大きいことが明らかになった。

Nation(2001: 371)は、それらの実証研究から次のように結論づけている。
① 学習者の受容語彙サイズは発表語彙サイズより大きい。
② 発表語彙サイズと受容語彙サイズの比率は一定ではない。
③ 学習者の語彙が増えるにつれ、受容語彙の割合は大きくなる。すなわち、単語の頻度レベルが低くなると、受容語彙と発表語彙の差は大

図7.2 被験者グループと語彙レベルから見た受容語彙における発表語彙の割合
(Waring, 1997aにもとづく)

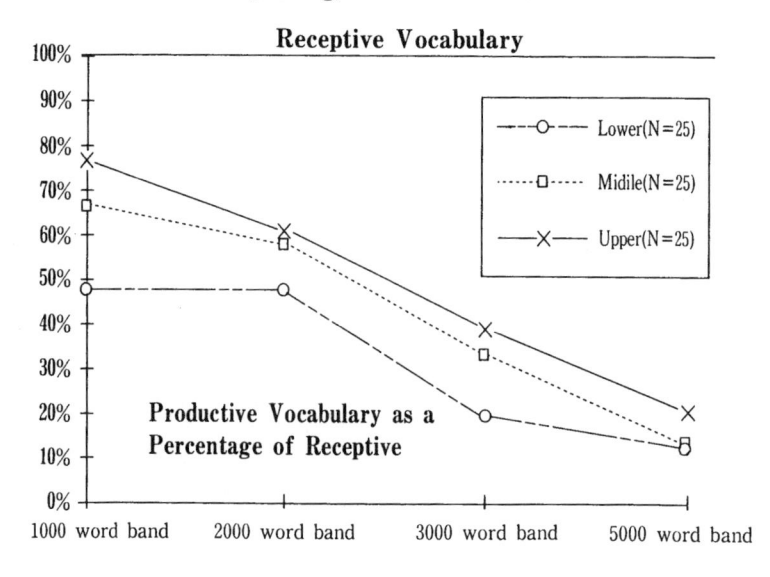

きくなる。
④ 高頻度の大多数の語彙は受容的にも産出的にも使われる。
⑤ 脱文脈化した直接的な語彙テストでの結果は必ずしも実際の言語使用においてそれらの語が使えるということを示していない。

　Melka(1997)の先行研究のまとめとLaufer(1998)とWaring(1997a)の結果が異なるのは測定方法の違いも一つの理由と思われる。標準的な発表・受容語彙テストの開発が必要なのはこのような理由である。
　相澤・落合・大崎(2002)は、「受容語彙」として指導する場合と「発表語彙」として指導する場合では、語彙知識の定着のレベルに違いがあるかどうかを調べる研究を行い、「全体として「発表語彙」を目指した指導が、「受容語彙」の定着を目指した指導よりも、語彙学習が促進される傾向が認められた。」としている。Stoddard(1929)の実験では、指導法を反映した方法でテストをした方が得点が高かったことと照らし合わせると、さらに実験を積み重ねる必要があるが、発表語彙と受容語彙の直接的な指導に有意義な示唆を与える実証研究である。
　このように異なる語彙知識は異なる発達の仕方をする。それらに対応した語彙発達がなされるには、バランスの取れた多様な語彙指導がなされる必要がある。Nation(2001: 371)の提案する指導は、意味に焦点をあてたインプット(リスニングとリーディング)、言語に焦点をあてた学習(直接的な語彙学習)、意味に焦点をあてたアウトプット(スピーキングとライティング)と流暢さを発達させる訓練、の4点である。

2. 語彙知識と第二言語の理解

　4技能において、語彙知識の重要性が指摘されている。語彙の誤りは文法の誤りよりも理解を妨げるし、母語話者は文法的な誤りよりも語彙の誤りの方が深刻であると見なす傾向にある(R. Ellis, 1994b)。また、語彙の誤りは相対的に頻度が高いという指摘もある(Duskova, 1969)。以下、4技能と語彙知識の関係を考察する。

2.1. リーディングと語彙知識の関係

リーディングにおける構成要素としての語彙の働き、未知語が読解に及ぼす影響、読み手の語彙サイズと読解の関係、そして未知語と語彙サイズの観点から読解における語彙知識の閾値について考察する。

(1) 読解力構成要素としての語彙の働き

読解能力は、一般に単語認識力(正書法処理・音韻認識処理)、単語認識速度、語彙力、統語処理力、文意味処理力、ワーキングメモリ能力の諸要因で構成される。語彙力は、他の要因と比較して、どれほど読解に貢献しているのであろうか。Nassaji and Geva(1999)はFarsi語(イランで使われるペルシャ語)話者のカナダに在住する大学院生を被験者に上記の諸要因と読解力の関係を調査した。読解力に対し語彙力によって説明される程度は有意なものであった。これは文の意味処理能力に次いで大きい説明率である。Laufer and Sim(1985)は外国語学習者にもっとも必要なものは語彙力であり、次に主題に関する知識、それから統語構造処理力であるとしている。これらの研究から語彙力が読解力を構成する要因の中で重要な要因であることは明らかである。

(2) 既知語の占有率と読解

読解における語彙知識の働きを考える場合、既知語の占有率(coverage)[テキストの総語数中で意味を知っている単語数の占める割合のこと]と語彙サイズの観点から普通考察がなされる。Hirsh and Nation(1992)は、*Alice in Wonderland*(Carroll)、*The Pearl*(Steinbeck)、*The Haunting*(Mahy)の3編の短編小説を使ってMichael West(1953)が選定した高頻度の2000語の占有率を調べた。表7.4から分かるように、固有名詞を含めた高頻度の2000語はどの小説においても95%の占有率を越えてはいない。この95%の占有率は、テキスト中の単語の95%を知っておれば、相当な読解ができ、文脈から未知語の推測ができる、という研究(Laufer, 1989; Liu and Nation, 1985)を前提にしている。Hirsh and Nationの研究はオーセンティックな十代向きの短編小説を読むにはどの程度の語彙

量が必要か,易しく読めるようにするには何語書き換える必要があるかを示した点で意義がある。

表7.4 3編の小説に使われている単語の頻度レベルから見た占有率
(Hirsh and Nation, 1992にもとづく)

	2,000	2,000 ＋ 固有名詞	2,600	5,000	7,000
The Pearl	89.7	92.5	95	97	98
Alice	91.9	95.0	97	98	99
The Haunting	90.2	94.9	97	98	99

Hu and Nation(2000)は他の人の助けを借りないで読める既知の単語の占有率を調べるため,知っている単語の占有率が100%,95%,90%,80%のテキストを読ませ,多肢選択法と筆記再生法(written recall)で読解力を測定した。被験者は英語圏の国で大学,大学院の入学を目指すESLの学習者である。多肢選択法と筆記再生法との平均には差があるけれど,点数の分布は幾分よく似ている。多肢選択法で12点(満点14点),筆記再生法で70点(満点140点)をよく読める境界線に設定すると,十分な読解力を持った被験者数は表7.5のようになる。95%の占有率では,少しの学習者は十分読解できるけれど,ほとんどの学習者は無理である。90%の占有率では,ほんの僅かの学習者が十分理解できるだけである。80%の占有率では,どの学習者も十分な読解は無理である。Hu and Nationは他の人の助けを借りないで読めるには,テキスト中の総語数のうち約98%を知っている必要があると結論づけている。

表7.5 多肢選択法と筆記再生法による結果を既知語の占有率から見た比較 (Hu & Nation 2000にもとづく)

占有率 (被験者数)	多肢選択法の結果		筆記再生法の結果	
	平均点 (14点満点)	十分な読解力	平均点 (124点満点)	十分な読解力
100% (17)	12.24	15人	77.17	10人
95% (17)	10.18	6人	61	7人
90% (16)	9.5	4人	51.31	3人
80% (16)	6.06	0人	25.6	0人

(3) 語彙レベルと読解

　語彙サイズと読解との関係については Laufer(1992) がよく引用される。彼女は被験者に語彙レベルテスト(VLT)とユーロセンター語彙テスト(Eurocentrcs Vocabulary Test: EVT, Meara and Jones, 1990) を実施し、被験者を 2,000 語以下、2,000 語、3,000 語、4,000 語、5,000 語の語彙レベルに分け、アカデミックなテキストを読んで理解できる最も低い語彙レベルを見つけようとした。word family で 3,000 語がアカデミックなテキストを読解できる最低レベルであるというのが Laufer の結論である。しかし、彼女の言う理解とは読解テストで 56％以上の正答率のことであり、たいていの被験者は十分理解して読んでいるとは言えない点数である。ちなみに、回帰分析によると、4,000 語レベルで 63％、5,000 語レベルで 70％の読解の正答率が得られることになる。

　語彙力と読解力の間の相関関係に焦点を当ててみると、Laufer(1992) の場合、語彙レベルテスト(VLT)と読解テスト、ユーロセンター語彙テスト(EVT)と読解テストとの相関は各々 .5(p<.0001)、.75(p<.0001) であった。島本(1998)の場合、日本の大学生を被験者にした、語彙レベルテスト(VLT)(4,000 語レベルを加え、10,000 語レベルを省いた)と TOEFL 読解スコアの間の相関係数は .70(p<.01) であった。Noro(2001) の場合も同様に、日本人大学生を被験者にした語彙レベルテスト(VLT) (2,000 語レベルと 3,000 語レベルを使った)と読解テストの相関係数は .738(p<.01) であった。Read の開発した語彙知識の深さを測る語連想テスト(WAT)(同義語・一部の意味と連語関係)と読解テストの相関は .648 (p<.01) であった。これらの結果から見る限り、語彙知識は読解で大切な働きをしていることは明らかである。

(4) 読解における語彙知識の閾値(threshold)

　語彙知識の閾値を考察する場合三つのアプローチの仕方がある。1)読解テキストにおける未知語の占有率、2)読み手の語彙サイズ、3)読解力を構成する語彙、文法と背景的知識とかの構成要素の相対的貢献度、の観点からのアプローチである。ここでは1)と2)の観点から考察する。

① 未知語の占有率から見た閾値

閾値について定義づける場合二つの方法がある(Nation, 2001: 144)。一つは閾値を全てか無か(all-or-nothing)という現象と捉える場合である。閾値を越えていなければ、十分な理解は不可能であり、閾値を越えていれば、理解は全ての学習者に可能であるという立場である。もう一つは閾値を確率的境界(probabilistic boundary)と捉える場合である。閾値を越えていなければ、理解の見込みは少なく、閾値を越えていれば、十分な理解の可能性があるとする考えである。Nation(2001: 147)は Hu and Nation における約80％の既知語の占有率をオーセンティックな小説を読む場合の絶対的閾値と考えている。80％の既知語の占有率を持つテキストをどの学習者も十分な理解をすることは到底できないからである。また彼は十分理解できる約98％の占有率を確率的境界閾値と考えている。これだけ知っている単語の占有率があれば、どの学習者も十分理解できる見込みがあるからである。受け入れられる最小限の理解度を基準にすれば、95％の占有率は確率的境界閾値と考えられそうである。

② 読み手の語彙サイズから見た閾値

語彙レベルから検討する場合は読解テキストの種類や難易度によって読解率が大きく左右されるので、占有率から見るよりも確実性において劣ると思われる。Laufer(1992)は word family で3,000語レベルが簡単に書き換えられていないテキストを読んで、受けいれられる最小限の理解度(この場合56％以上の読解力)を示す最も低い語彙レベルだとしている。Hirsh and Nation(1992)はアカデミックなテキストで既知語の占有率が95％に達するには、word families で約4,000語が必要であるとしている。高頻度の2,000語、*Academic Word List* の570語に、1,000語以上のより専門的な語、固有名詞、低頻度の語を含めた4,000語である。Nation and Waring(1997)は大人の母語話者向きのオーセンティックなテキストを読む閾値は3,000から5,000の word families の間であるとしている。

2.2. リスニングと語彙知識の関係

リスニングにおける語彙知識の働きについて、(1)読解と聴解の認知処理との関係、(2)聴解とディクテーションによる単語再生との関係、(3)基本的対人伝達能力と語彙発達との関係、の観点から考察する

(1) 読解処理と聴解処理の視点から

第一言語のリーディング・モデルに、読解処理は単語認知と言語理解(linguistic comprehension)の要素で成り立つという読解を簡潔に捉えているモデル(simple view of reading)がある。言語理解を聴解(listening comprehension)と言い換えれば、分かりやすい。第一言語話者の場合、読みを習い始めた時、既に自由に話しことばによるコミュニケーションができるわけだから、単語認知、すなわち、文字を音声化できれば書きことばが理解できることになる。第二言語話者の場合、単語認知においても言語理解においても十分な知識・技能を持っていないので、このモデルをそのまま当てはめることはできないが、単語認知を除いた、リーディングの他の構成要素とその認知的処理はリスニングのそれと同じであることが推測できる。第二言語のリスニングの場合、平井(2001)が指摘するように、英語の音声に触れないと「学習者が持っている音韻知識と実際聞く発音のずれが大きいので、リーディングで得たスキルや知識がリスニングで応用できなくなる」。赤松(1999)の日本人大学生を被験者にした研究によれば、聴解力と読解力の間には中くらい相関($r=.55, p<.0001$)があり、聴解力は被験者の読解能力をよく予測できるという。音韻認識能力が上がれば、もっと相関係数は上がることが予想される。要するに、リーディングにおいてと同様に、語彙力はリスニングにおいても重要な要素であることが言えるであろう。

話しことばと書きことばには違いがあり、それが各々の処理にも大きな影響を与える。リスニングの場合には、たとえ未知語が出てきても、瞬時のうちに判断していかなければならないが、他方、表現の繰り返し、言い換え等冗長性が高い。使われる単語のレベルにも違いがある。表7.6は4種類のテキストに高頻度の語、アカデミックな語、低頻度の語を含むその

他の語の占める割合を示している。1st 1,000 語、2nd 1,000 語は Michael West (1953) の *General Service List* に含まれる word families で数えた高頻度の 2,000 語のことである。Academic とは Coxhead (2000) の *Academic Word List* に出てくる 570 の基本語で、各種のアカデミックなテキストに共通して出現する語として選定されたものである。

表7.6 異なるテキストにおける各レベルの語彙の占める割合
(Nation, 2001: 17 にもとづく)

Levels	Conversation	Fiction	Newspapers	Academic text
1st 1,000	84.3%	82.3%	75.6%	73.5%
2nd 1,000	6.0%	5.1%	4.7%	4.6%
Academic	1.9%	1.7%	3.9%	8.5%
Other	7.8%	10.9%	15.7%	13.3%

同じ会話でも話す内容によって、発話者によって使われる語は当然変わってくる。分析に使われたテキストによって各レベルの語の占有率が変化することは言うまでもないことである。うち解けた状況で話される口語的な話しでは、高頻度の 2,000 語がテキストの 95% 以上を占めることもあるという (Schonell, Meddleton and Shaw, 1956)。一般的に、リスニングではリーディングより、高頻度の 2,000 語が多く使われ、延べ語数 (tokens [出現するすべての語数を数える場合]) に対する異語 (types [同じ綴りの語が何度現われても 1 語と数える場合]) の割合は低いということが言えるであろう。

(2) リスニングにおける語彙知識の働き

リスニングにおける語彙知識の働きに関する実証研究はほとんどない。Bonk (2002) は 59 人の中級の下から上級の英語力を持つ日本人大学生を被験者にして、単語力と聴解力の関係を調査した。彼は総単語数、二度以上出現する語を 1 語とした総単語数、二度以上出現する語を 1 語とした場合の名詞・動詞・形容詞・副詞の総単語数、シラブルの数、録音時間を等しくし、低頻度の単語数を徐々に多くした 4 種類の同じような話題の録音テキストを準備して被験者に聞かせ、リコール・プロトコルをとって採点した。未知語の数を知るために、ディクテーションを課し、十分に再生で

きない語を未知語とした。知っている単語の数とプロトコルの結果との相関は.45 (p<.05)で中くらいの相関であった。プロトコルにおける成績上位者の単語の再生数と成績下位者の再生数には大きな差があった。しかしながら、100％の単語再生率を持つ被験者でも聴解テストで劣っているものもいた。単語再生率が75％以下の被験者で十分理解しているものはいなかったが、90％以上のレベルでは十分理解している被験者の数が多かった。Bonk は多くの学習者にとって十分な聴解には非常に高い単語再生率が必要であると結論づけている。

(3) 語彙から見た BICS と CALP

　Cummins (1979) はバイリンガルの言語能力を基本的対人伝達能力 (Basic Interpersonal Communicative Skill: BICS) と認知・学習言語能力 (Cognitive Academic Language Proficiency: CALP) に区別している。BICS とは日常会話など比較的具体的で、場面からの手がかりを利用して伝達内容を理解する言語能力のことである。CALP とは講義を理解するとか専門書を読むとか、抽象的な思考が要求される認知活動と深く関連する言語能力のことである。移民の子供に対するテスト結果から、第二言語学習者の BICS は普通2年程度で生活に支障のない程度に達するけれど、CALP は母語話者の学年相応のレベルに達するのに5年ほどかかるという。日常会話におけるリスニングは BICS に、教科書読んだりする活動は CALP に入るだろう。このバイリンガルの言語能力発達モデルを基に、語彙発達の観点から、Nation (2001: 115) が高頻度の 2,000 語を理解し・使えるようになるのに2年、学習に必要な語彙、また学習内容に関係する低頻度の語彙、専門用語を身につけるのに3年から5年かかると言っているのは興味ある指摘である。しかし、目標言語が話されている国にいるバイリンガル話者を被験者にしてこのように言えるのであって、外国語として学ぶ学習者にはもっと時間がかかるであろう。

3. 語彙知識と第二言語の表出

　第二言語における語彙の研究は主に受容語彙に関する研究、特にリーディングとの関係を扱ったものが多く、発表語彙に関する研究は残念ながら十分になされているとは言えない。特にスピーキングに関しては他の3技能よりはるかに遅れていると言わざるを得ない。ここでは、語彙知識とライティング、スピーキングの関係について考察する。

3.1. ライティングと語彙知識の関係

　ライティングにおいて語彙が重要な役割を果たすことは言うまでもない。発表語彙の習得に関する研究は主に学習者の書いた英作文を語彙の観点から分析したものが多い。発表語彙の測定法ではまず、直接個別に学習者の発表語彙サイズを測る方法が考えられる。これにはLaufer and Nation (1999) が開発した発表語彙レベルテスト (Productive Levels Test: PLT) がよく使われる。このテストはNation (1990) の受容語彙サイズを測る語彙レベルテスト (Vocabulary Levels Test: VLT) の発表語彙サイズ版と考えられるテストであり、レベル分けも受容語彙VLTと同じく5段階 (2,000語、3,000語、大学語彙、5,000語、10,000語レベル) に分かれている。形式としては以下の例に示すように文中の下線部の単語の最初の2、3文字がヒントとして与えられており、それを補い単語を書き込むようになっている。

　　図7.3　Productive Levels Test: version C
　　　　　(Laufer and Nation, 1999にもとづく)

　　　1. I'm glad we had this opp＿＿＿＿ to talk.
　　　2. There are a doz＿＿＿＿ eggs in the basket.
　　　3. Every working person must pay income t＿＿＿＿.

　各レベルそれぞれ18語から構成されており、合計90語がテストされる。またPLTはVLTと同じく異なる4つのバージョンがある。Laufer and Nation (1995) はPLTの点数と学習者の英作文における各レベルの使用

語彙の割り合いの間に相関がみられたことからこのテストが発表語彙サイズを測定するのに妥当なテストであるとした。しかしこのテストの妥当性については、疑問を投げかける研究者もあり、さらに検証する必要がある (Read, 2000; Mochizuki and Aizawa, 2001)。

次に学習者の書いた英作文を語彙の観点から分析、評価する方法としては次のような語彙の豊かさ (lexical richness) を測定する幾つかの方法がある。それぞれを簡単に解説する。

(1) **語彙の多様性** (lexical variation or type-token ratio)

英作文のテキスト中の延べの語数 (token) に対して異語 (type) の占める割合で表される。これにより語の繰り返しを避け、類義語や上位語・下位語など、多様な語が使えるかなどが分かる。

(2) **語彙の洗練性** (lexical sophistication)

テキスト中の比較的頻度の低い、高度な語 (advanced words) の占める割合で表される。技術用語や専門用語などがこれに含まれる。

(3) **語彙の密度** (lexical density)

テキスト中での延べの語数に対する内容語 (content word) の占める割合で表される。Ure (1971) によれば、書きことばではだいたい40％以上が内容語からなっているのに対し、話しことばでは40％以下である

(4) **間違いの数** (number of errors)

意味、つづり、文体、使用域などの面から語彙の間違いの占める割合で表す。語彙の間違いを文法の間違いと区別するのが難しい。Engber (1995) は語彙の間違いを大きく語彙選択に関する間違い (例 Young people *say* their *ideas*.)、語彙形式に関する間違い (例 It keeps the class more *activity*) に分けた上で細分類化を図っている。

(5) **語彙頻度プロフィール** (the Lexical Frequency Profile: LFP)

(1)～(4) までの従来の測定法の欠点を補うために Laufer and Nation (1995) が開発した測定法で、語の頻度に基づいて語彙の豊かさを測る方法である。語彙頻度プロフィール (LFP) は学習者の使用語彙が4つの頻度レベル (1,000語、2,000語、大学語彙、それより頻度の低い語) それぞれに含まれるパーセントで表したものである。たとえば、200語の作文中

に150語が1,000語レベル、20語が2,000語レベル、20語が大学語彙レベルにある語、10語がその他とするとLFPは75%-10%-10%-5%と表される。Laufer(1994, 1995)では2,000語レベルを基準にしてそれ以上のレベルに含まれる語の割合を見るだけで発表語彙の発達を示すに十分だとしてこれを「超2,000語基準」(Beyond 2,000 measure)と呼んだ。特に上級学習者には「超2,000語基準」が適している。LFPに必要なコンピュータープログラムソフトはRangeと呼ばれ、http://www.uvw.ac.nz/lals/ で無料で入手できる。

　以上、発表語彙サイズの測定、ライティングにおける語彙の豊かさを測定する方法を概観したが、これらを実際用いて語彙の発達過程を調べた研究を2つ紹介する。Laufer(1998)はイスラエルの高校生を被験者にして3種類の語彙知識—(a)受容(passive)、(b)制限付き発表(controlled active)、(c)自由発表(free active)—の発達を1年にわたり調査した。(a)の受容語彙にはNation(1990)の語彙レベルテスト(VLT)、(b)にはLaufer and Nation(1999)の発表語彙レベルテスト(PLT)をそれぞれ用い、(c)には被験者に300-400語の自由英作文を書かせ、語彙頻度プロフィール(LFP)を使って測定した結果、次のようなことが分かった。

① 1年の授業の後、受容語彙も制限付き発表語彙も共に増えたが、受容語彙の伸びの方が発表語彙より著しかった。自由発表語彙は全く伸びなかった。

② どちらのグループも受容語彙サイズは制限付き発表語彙サイズより大きいが、その差は上級のグループの方が大きかった。

③ 受容語彙サイズと制限付き発表語彙サイズの相関は高いが、自由発表語彙はいずれのサイズとも相関はなかった。

　以上のことからLaufer(1998: 267)は次の点を指摘している。①受容語彙、制限付き発表語彙ともに増えても、それはあくまでも知識の範囲内であり、それらの語彙を実際の場で自由に使えるようになるのは難しく、時間がかかる。②もし受容語彙を「強制的に使う」('pushed' to use)ようにしむけられなければ活性化されず、受容語彙のままで留まっている可能性が高い。

Laufer and Paribakht(1998)では上述のLaufer(1998)をさらに押し進めて、広範にわたる被験者を使い3つの語彙知識(受容、制限付き発表、自由発表)の関係が4つの変数—受容語彙サイズ、学習環境(EFLあるいはESL)、L2環境での滞在期間、関係した言語(フランス語)の知識—によってどのように変わるかを調べた。ここでもVLT、PLT、LFPのテストが測定に使われ、多くの有益な結果を得られたが、その中で主なものを紹介する。
① 3つの語彙知識はそれぞれ異なるペースで発達した。ESL・EFLどちらの学習環境も発表語彙、特に自由発表語彙の発達は受容語彙に比べて遅く、予測し難い。また頻度の高い語の方がより発表語彙に転じやすい。なぜなら頻度の高い語はコミュニケーションに欠くことができないのでそれだけ活性化され使われる。
② 3つの語彙知識の関係はEFL・ESLどちらの学習環境にあるかにより異なった。
③ 受容語彙は環境に関わらず常に発表語彙よりかなり大きいと言えるが、受容語彙と発表語彙の差はEFLの方がESLより小さい。
④ ESL環境での滞在期間は、受容語彙が活性化され、発表語彙とのギャップが減りはじめる約2年以上ではじめてその効果が現れた。
　最後に、語彙を発表語彙として使えるようにするための重要な要因として知識と動機づけを挙げることができる。その理由として、発表語彙に必要な知識は受容語彙に必要な知識より学習を必要とすると同時に、ある単語を知っていても、すなわち知識があってもそれを使おうとする必要性と機会がなければ、その語はそのまま発表語彙にならずに終わってしまうからである(Nation, 2001)。

3.2. スピーキングと語彙知識の関係

　近年のコーパスに基づく語彙研究の進歩により、書きことば(written language)と話しことば(spoken language)の違いが少しずつではあるが明らかになってきた。まず第一に、日常の話しことばで使われる最も頻度の高い語のリストは書きことばの頻度リストと大きく異なることである。

表7.7 written data (CIC) と spoken data (CANCODE) での最も頻度の高い50語 (McCarthy and Carter, 1997にもとづく)

	Written (CIC)	Spoken (CANCODE)		Written (CIC)	Spoken (CANCODE)
1	the	the	26	by	we
2	to	I	27	me	he
3	of	you	28	her	do
4	a	and	29	they	got
5	and	to	30	not	that's
6	in	it	31	are	for
7	I	a	32	an	this
8	was	yeah	33	this	just
9	for	that	34	has	all
10	that	of	35	been	there
11	it	in	36	up	like
12	on	was	37	were	one
13	he	is	38	out	be
14	is	it's	39	when	right
15	with	know	40	one	not
16	you	no	41	their	don't
17	but	oh	42	she	she
18	at	so	43	who	think
19	his	but	44	if	if
20	as	on	45	him	with
21	be	they	46	we	then
22	my	well	47	about	at
23	have	what	48	will	about
24	from	yes	49	all	are
25	had	have	50	would	as

McCarthy and Carter (1997) によれば、Cambridge International Corpus (CIC) の書きことばのデータ (主に、新聞や雑誌) から取った33万語と CANCODE (Cambridge and Nottingham Corpus of Discourse in English) の話しことばのコーパスから取った同数の語のうちからそれぞれ最も頻度の高い語を50語選び出し比較した結果、両方とも機能語の占める割合が高いという共通点はあるが、話しことばの頻度リストに特有の語が見られた (表7.7参照)。それらは know, well, got, think, right などの内容語であるが、実はこれらは You know, I think などの対人的標識 (interpersonal markers) などを含む書きことばにはほとんど見られないような独特の語彙項目、いわゆる談話項目 (discourse items) であった。

他にはたとえば、kind of, sort of のようなつなぎことばや、never mind などもこれらに含まれる(Stenström, 1990: 144)。

　また話しことばには会話ですぐ使えるように暗記したきまり文句、いわゆる語彙フレーズ(lexical phrase)が多いのも特徴と言える(第12章参照)。さらに、同じ単語であっても話しことばと書きことばでは意味が違う場合がある。たとえば、got は話し言葉では書きことばより5.5倍の頻度で使われるが、それは主に、have got(=have)の用例であり、これは書きことばではほとんど見られない。最後に、もっとも頻度の高い50語が書きことばにおいてはすべてのテクストの38.8％をカバーしているのに対し、話しことばでは48.3％もカバーしている。この違いは、3.1.で述べた語彙の密度(lexical density)でも明らかであり、書きことばでは40％以上なのに対し、話しことばでは通常40％以下である。以上のことから、日常の会話では限られた数の高頻度の語彙をくり返し使っていることが分かる。

　それではスピーキングに必要な語彙は、実際どのくらいの数になるのだろうか。Nation(1990)は General Service List(West, 1953)の2,000語あれば十分であろうとしている。その根拠として、Schonell et al.(1956)のオーストラリア人労働者の話しことばの調査では最初の2,000語がデータの99％を占めていたことをあげている。Schmitt(2000: 74)も同論文を引用し、やはり高頻度の2,000語あればおおむね日常会話ができるとしている。しかし現実は、いくら十分な語彙数があっても(意味を知っていても)、実際の会話でそれを使えるかどうかは別問題である。

　スピーキングの観点から語彙習得に影響を及ぼす要因の一つとして語の発音容易性(pronounceability)がある(Ellis and Beaton, 1993)。発音容易性はL1とL2の音声構造の違いや、文字と音声の対応の程度などによって異なる(第5章参照)。もちろん発音容易性が高ければその語は習得しやすいということになる。さらに語をワーキングメモリ(working memory)内の音韻ループ(phonological loop)に保持できる能力も語彙習得に影響を及ぼす要因にあげられる(第9章参照)。一般的に多くの語を習得するにつれ、音声的特徴が明らかになり、新しい単語が覚えやすくなり、音韻的ワーキングメモリーに頼る度合いが低くなるが、L2学習者は特に初期の

段階では音韻的ワーキングメモリーの影響を最も受けやすいと考えられる。したがって、学習者は音韻ループの処理効率を上げる方略を身に付ける必要がある。

次にスピーキング、すなわちアウトプットが語彙習得を助けるという研究(Newton, 1995; Joe, 1995 1998; Joe, Nation and Newton, 1996; Ellis and He, 1999)の主なものを紹介する。Ellis and He (1999)は受容と発表語彙習得において学習者が協力的に問題解決の話し合いを要するようなタスクに携わり、アウトプットを意識的に行うことによって語彙習得が促進されることを示唆した。Maria Jose de la Fuente (2002)もまたスペイン語をL2とする英語母語話者を対象に実験を行った結果、語の意味的交渉を行うインターラクション(negotiated interaction)は語の理解に効果があったが、強制的アウトプット(pushed output)を伴う意味的交渉は受容と発表の両面で習得および保持を促進したと報告している。

最後に、スピーキングに必要な語彙能力として、コミュニケーションの為の語彙方略(lexical strategy)を上げることができる。語彙方略とは、例えば言いたい語が出てこなかったり、ギャップが生じた場合にコミュニケーションを円滑に進めるために使う方略のことを指しており、Faerch and Kasper (1983)はそれらを大きく2つに分けて、回避の方略(話題の回避、伝達放棄など)と埋め合わせの方略(遠回しな言い方、新語を作る、L1語転移)に分類している。語彙方略を効果的に使うことは学習者にとってコミュニケーションを円滑に進めるという利点ばかりでなく、会話を続行することによって語彙習得を可能にするよい機会を持つことができるといえる。すなわち、上述の意味交渉とアウトプットが語彙習得を助けるという議論と共通するものである。

本章のまとめ

(1) 語彙知識は部分的に徐々に深められ、累積的に発達する。語彙知識の構成要素によって早く習得される要素と遅く習得される要素がある。

(2) 語彙が大きくなるにつれて、語彙サイズの果たす役割が少なくなり、語彙知識の深さが重要性を増す。
(3) 学習者の受容語彙サイズは発表語彙サイズより大きい。学習者の語彙が増えるにつれ、受容語彙と発表語彙の差は大きくなる。
(4) 語彙知識は読解能力を構成する諸要因の中でも重要な要因である。
(5) オーセンティックなテキストを読む場合、既知語の占有率が95％であれば、一部の学習者は十分理解して読むことができるが、占有率が98％であれば、ほとんどの学習者が十分理解して読める。また、オーセンティックなテキストを十分理解して読めるには、読み手の語彙サイズが word family で3,000語から5,000語が必要である。
(6) 読解と語彙サイズ、語彙の深さの知識との相関は高い。
(7) リスニングにおいても語彙力は重要な要素であり、ディクテーションで高い単語の再生率を取った学習者は聴解テストの結果も高かった。
(8) 学習者の書いた英作文を語彙の観点から分析、評価するには、語彙の豊かさ (lexical richness) を測定する方法が用いられ、それには、語彙の多様性、語彙の洗練性、語彙の密度、間違いの数、語彙頻度プロフィールなどがある。
(9) 話しことばでは限られた数の高頻度の語彙が繰り返し使われており、また書きことばにはない独特の談話項目や、語彙フレーズが多いのも特徴である。

さらに研究する人のために

──● 関連文献紹介 ●──

① Schmitt, N. 2000. *Vocabulary in language teaching.* Cambridge: Cambridge University Press.

本書は200ページほどの本であるけれど、語彙研究、語彙指導に関するエッセンスが詰まっている。言語教育者も語彙研究者も一読するとよい本である。

② 高梨庸雄、卯城祐司(編)『英語リーディング事典』東京：研究社
本書は書名が示すように、リーディングと語彙の関係に関する研究が手際よくまとめられていて、分りやすい。

③ Nation, I.S.P. 2001. *Learning Vocabulary in Another Language*. Cambridge: Cambridge University Press.
本書は語彙研究・語彙指導に関するすべてのトピックをかなり詳細に扱っているので、語彙研究をしようとする人には必読書である。語彙と四技能の関連について解説した第4章、第5章は本章との関係で参考になる。

④ Read, J. 2000. *Assessing Vocabulary*. Cambridge: Cambridge University Press.
本書は語彙の測定に関して理論的かつ実践的に解説しているので実験を組み立てる際に非常に参考になる。

──● 卒論・修論のための研究テーマ ●──

① 各種語彙サイズテストの妥当性の検証
受容語彙サイズ、発表語彙サイズは種々の測定法によって、どのようにとらえられるかを比較研究し、テストの妥当性を検証する。

③ 第二言語学習者の語彙発達の縦断的研究
語彙は意味の正確さ・多義語の意味の獲得・語彙知識の深さ・受容と発表語彙サイズにおいて経年的にどのように変化するかを調べる。

③ 4技能における語彙知識の果たす役割についての研究
リーディング、ライティング、スピーキング、リスニングの4技能と語彙サイズ、語彙知識の深さ、発表語彙知識、受容語彙知識との関係を調べ、4技能における語彙知識の働きを明らかにする。

④ ライティングにおける語彙の豊かさの研究
学習者の自由英作文における語彙の豊かさを調査する。測定法としては二つの方法、例えば Laufer and Nation (1995) の語彙頻度プロフィール (LFP) と語彙の密度 (lexical density) の両方を用い、比較対照させる。

⑤ ライティングにおける受容語彙サイズの測定

　学習者の自由英作文を「超2,000語基準」(Laufer；1994, 1995)を用いて測定し、発表語彙サイズ(Laufer and Nation, 1999)との関係を調べる。

⑥ 語彙習得におけるアウトプットの効果

　強制的アウトプット(pushed output)を伴うタスクを行う語彙学習が受容や発表語彙の習得に役立つかを実験を使って検証する。(Ellis and He, 1999参照)

第8章

言語理解とメンタルレキシコン

　本章では、人間の脳内における言語理解のプロセスにおけるメンタルレキシコンのはらたきについて考察する。
　まず、人間の言語情報処理のうち、主として文の理解にかかわる心理言語学的研究の課題について概観する。次に、ガーデンパス文、中身−空所文などを用いた心理言語学実験の結果を紹介しながら、文理解における語彙情報の関わりについて、統語、意味などの観点から考察する。最後に、これまでの議論を踏まえて、メンタルレキシコンの構造について考察する。さらに、第一言語および第二言語における文理解研究の動向を紹介し、今後の研究の課題について述べる。

> ● キーワード ●
>
> 言語理解(language comprehensuin)、ガーデンパス文(garden-path sentence)、中身-空所文(filler-gap sentences)、脳波計(EEG)、眼球運動(eye movement)、統語(syntax)、意味(semantics)、制約に基づく文法理論(constraint-based grammar)

1. 人間の言語情報処理

1.1. 理解が難しい文

　心理言語学者 Bever(1970) が考案した有名な文に、The horse raced past the barn fell. <納屋を抜けて走らされた馬が転んだ>という文がある。この文を見たり聞いたりして理解する際に、どのような知識や処理が必要とされるか考えてみよう。まず、horse や raced といった個々の語の意味を知っていなければならない。また、raced past the barn が過去分詞句となって horse を修飾して全体が文の主語名詞句を形成しているといった構造的な処理もできなけば、この文の意味を正しく理解することはできない。さらに、horse や barn が現実世界でいったいどのようなものなのか知っておくことも不可欠である。このような短い文を理解することを考えてみただけでも、語彙がもつ情報が非常に重要な役割を果たしていることが分かる。つまり、メンタルレキシコンが心理的に実在すると考えるならば、そこにはさまざまな種類の語彙情報が含まれている可能性がある。

　ところで、上で取り上げた文は、文末の fell という動詞を見たり聞いたりした時に、母語話者であっても理解が非常に困難になることが知られている。つまり、文末動詞が現れた時点で、いったん構築した構造を破棄して再分析しなければならない。このような文は「ガーデンパス文(または袋小路文)」(garden-path sentences)と呼ばれている。ガーデンパス文は、人間がどのような言語知識をもっており、その知識をどのように運用しているかという心的メカニズムをさぐる実験でしばしば用いられる文である。

本章では、主としてガーデンパス文を用いた人間の言語理解プロセスをさぐる心理言語学的研究から、メンタルレキシコンの構造をさぐってみたい。

1.2. メンタルレキシコンと紙の辞書

Aitchison(2003)は、いわゆる紙の辞書(book dictionary)と人間の頭の中に存在すると仮定されている心的辞書(mental lexicon)の違いを次のようにまとめている。まず第1に、心的辞書は紙の辞書の情報に比べてより複雑である。心的辞書の場合には、お互い関連する語同士の結びつきは強く、1つの語が多数の語と関連し合って存在している。第2に、紙の辞書はいったん出版された段階で情報は固定されたものとなるが、心的辞書はその人の経験によって常に情報が更新されたり追加・修正されたりする。第3に、1つの語彙項目に対する情報量が決定的に異なる。紙の辞書は、紙幅の制約からきわめて限られた情報しか掲載できず、心的辞書の方がはるかに情報量が多い。これは人間の記憶(より正確には長期記憶)には理論的には容量の制限がないためである。

2. 文理解のプロセスと語彙情報

メンタルレキシコンは、前節で述べたような基本的特性をもっているが、具体的にはどのような情報が、どのような形で格納されているのであろうか。我々が文を理解するプロセスに関する研究から、メンタルレキシコンに納められている語彙情報の姿を明らかにしたい。

2.1. 言語情報処理のメカニズム

メンタルレキシコンの構造をさぐる前に、文を理解する水準について触れておく。坂本(1998、一部改変)には、図8.1に示すような言語情報処理のモデルが示されている。

情報発信者である話し手や書き手が意図することが音声ないしは文字を媒体として、情報受信者である聞き手や読み手は言語情報として入力を受

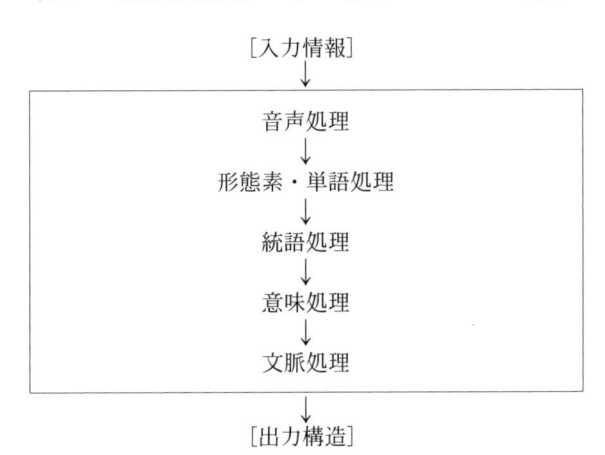

図8.1　言語情報処理のモデル(坂本、1998: 5を改変)

```
              [入力情報]
                 ↓
    ┌─────────────────────────┐
    │       音声処理            │
    │         ↓               │
    │     形態素・単語処理       │
    │         ↓               │
    │       統語処理           │
    │         ↓               │
    │       意味処理           │
    │         ↓               │
    │       文脈処理           │
    └─────────────────────────┘
                 ↓
              [出力構造]
```

信する。音声ないしは文字として言語情報が入力されると、形態素・単語処理、統語処理、意味処理、文脈処理といった心的処理が行われる。こうした処理を経て、最終的には、話し手や書き手が意図したものを再構築し、理解(出力構造)に到る。もちろん、このような心的操作が時系列にしたがってこの順序で行われるとは考えにくく、実際には、意味情報や文脈情報が統語処理に影響を及ぼすこともある。

　ここで重要な点は、人間の言語情報処理には図8.1に示されるように、処理にはさまざまな水準があるということである。たとえば、Mary snores. という文法的な文に比べて、*Snores Mary. といった非文には処理時間がかかることや、John smacked Mary. と Mary smacked John. という同じ単語を用いているにもかかわらず意味に違いがあることを理解できることは、統語論的処理の水準が存在することを示している。They are eating apples.という文を、「彼らはリンゴを食べています」と「それらは食用リンゴです」という2通りに解釈できることも、統語論的処理を行っていることの証拠と言える。また、Colorless green ideas sleep furiously. <色彩のない緑色の概念が猛烈に眠る>という文は、統語的にはまったく適格であるにもかかわらず意味不明であると判断できるのは、意味論的処理の水準があることを示している。

2.2. 統語解析における意味情報

　語彙がもつ意味的情報と一口に言ってもさまざまな情報が含まれる。ここでは、名詞句がもつ意味素性(semantic features)について検討してみよう。語彙が持つ意味素性の情報が文理解の過程においてリアルタイムで利用されていることが多くの実験によって示されている。

　Garnsey, Tanenhaus and Chapman(1989)は脳波計(electroencepharogram: EEG)を用いた実験で、意味的に整合性のある適格文と意味的におかしい逸脱文を与えて、人間の脳が意味的なおかしさにいつ気づくか調査した。彼らは、表8.1に示したような文をコンピュータの画面上に語ごとに視覚提示し、脳波を測定した。彼らは、意味的逸脱性に反応して現れるN400という事象関連電位(event related potentials: ERPs)を利用した(詳細は本書第10章を参照)。

　ここで簡単にN400について触れておこう。N400という成分は、言語刺激に特異な電気反応の一つであり、意味的に逸脱した言語刺激が提示されてから400ミリ秒後に発生する陰性波(negative wave)である。したがって、言語処理過程において統語処理と平行して意味処理がおこなわれ、リアルタイムで意味的整合性が計算されているとすれば、意味的に逸脱した名詞句が提示された場合、N400が現れるはずである。

表8.1　実験に用いられた刺激文(Garnsey, et al., 1989にもとづく)

a. The businessman knew which *customer* the secretary called at home.
b. ?The businessman knew which *article* the secretary called at home.
c. The businessman knew whther the secretary called the *cutomer* at home.
d. ?The businessman knew whther the secretary called the *article* at home.

　(a)と(b)を比べてみよう。「電話をする」という意味の動詞callは「電話をかける対象」となりうる意味素性をもつ目的語名詞句(object NP)を要求する。したがって、customerが現れる(a)は適格となるが、articleが現れる(b)は統語的には適格であるが、意味的に不適格となる。もし、

図8.2 実験群(a、b)の脳波(Garnsey, *et al.*, 1989 にもとづく)

```
PLAUSIBLE:   The businessman knew which customer the ___
IMPLAUSIBLE: The businessman knew which article  the ...
```

FZ / CZ / PZ / OZ
5 μV
0 msec 500

↑ secretary ___
  secretary ...

↑ called ___
  called ...

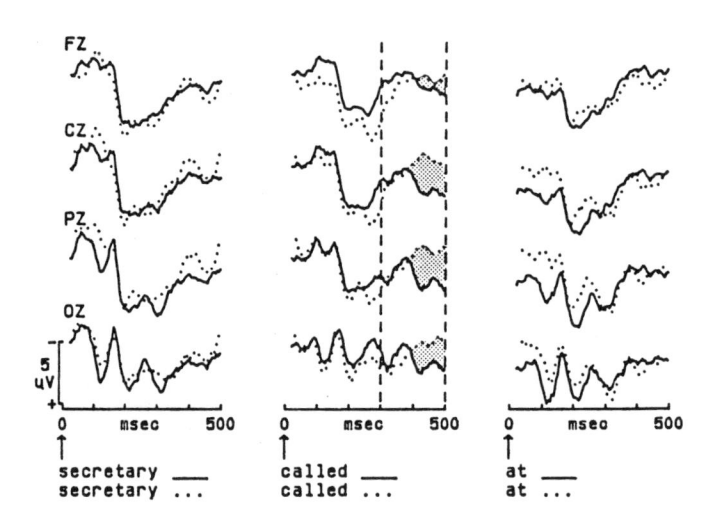

↑ at ___
  at ...

図8.3 統制群(c、d)の脳波(Garnsey, *et al.*, 1989 にもとづく)

```
PLAUSIBLE:   The businessman knew whether the secretary ___
IMPLAUSIBLE: The businessman knew whether the secretary ...
```

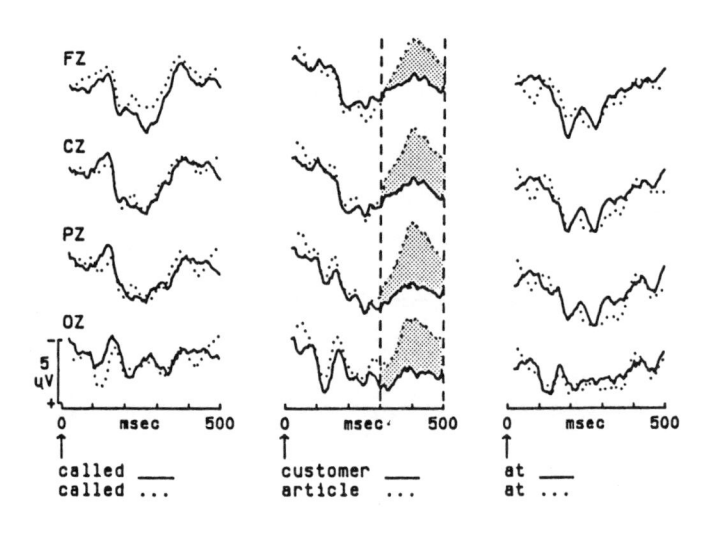

FZ / CZ / PZ / OZ
5 μV
0 msec 500

↑ called ___
  called ...

↑ customer ___
  article ...

↑ at ___
  at ...

動詞 call に先行して現れる目的語名詞句の意味素性の情報が計算され、動詞 call が現れた時点で、項構造情報との照合が行われるならば、(b) の文の called の位置で N400 の成分が現れるはずである。なお、(c) と (d) の文は、N400 の成分が動詞 called に反応して現れるのではないことを確認するために統制群として設定されたものである。

実験の結果、図 8.2 に示すように、(b) の文の called の位置で N400 が見られた。また、図 8.3 に示すように、動詞 called の位置では N400 は見られず、その後の目的語名詞句が現れた時点で、意味的におかしい (d) の文で N400 が見られた。

Trueswell, Tanenhaus & Gansey (1993) は、ガーデンパス文を用いて眼球運動 (eye-movement) の測定を行い、文理解過程において名詞句の有生性 (animacy) に関する語彙情報がリアルタイムで利用されることを示した。彼らは、表 8.2 に示すように、主語名詞句 (subject NP) を操作した実験文を用いた。

表 8.2 実験に用いられた刺激文 (Trueswell, *et al.*, 1993 にもとづく)

a. ［有生—縮約関係節］The *defendant* examined by the lawyer turned out to be unreliable.
b. ［無生—縮約関係節］The *evidence* examined by the lawyer turned out to be unreliable.
c. ［有生—関係節］The *defendant* that was examined by the lawyer turned out to be unreliable.
d. ［無生—関係節］The *evidence* that was examined by the lawyer turned out to be unreliable.

図 8.4 には眼球が 1 回目に通過した際 (first-pass) の読み時間が示されている。(a) の文では、前置詞句 by the lawyer の位置で、他の文に比べて読み時間が有意に長かった。このことは、(a) の文では文頭名詞句 The defendant を文の主語、examined を過去形本動詞として構造を構築し、その後に examine される対象となる名詞句が現れることを予期したが、by the lawyer が現れてその期待が裏切られたことを示している。図 8.5

図 8.4　第 1 次通過 (first pass) 読解時間
(Trueswell, *et al.*, 1993 にもとづく)

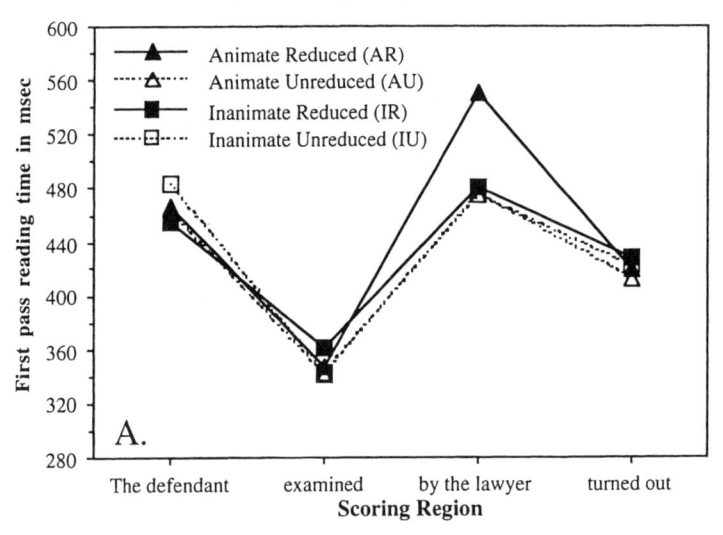

図 8.5　第 2 次通過 (second pass) 読解時間
(Trueswell, *et al.*, 1993 にもとづく)

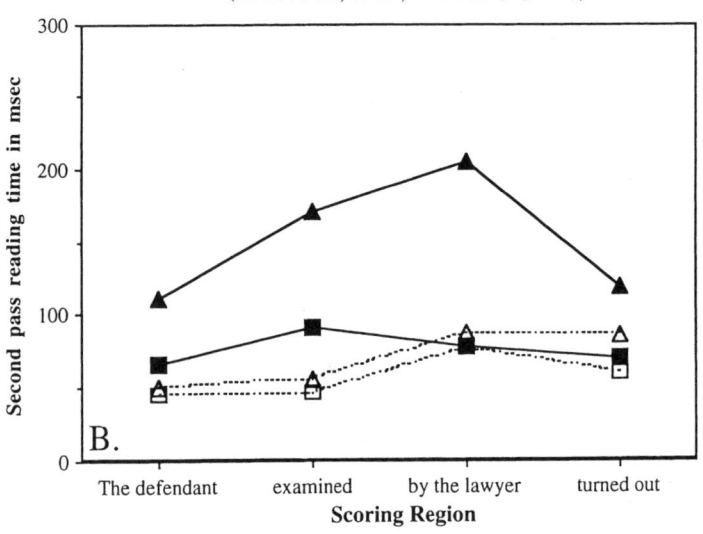

には眼球が後戻りして2度目に通過した(second-pass)の読み時間が示されている。やはり、(a)の文は他の文に比べて有意に読み時間が長かった。このことは、真の本動詞である turned out が現れた時点で、いったん構築した構造を破棄して再分析を行ったことを反映している。これらの結果を逆に見れば、(b)の文では、文頭名詞句 the evidence がもつ意味素性が計算されて、はじめから examined の主語名詞句にはなり得ないと判断され、したがって examined も初期処理の段階から過去分詞形として統語解析が行われたと考えられる。

以上のことなどから、名詞句の意味素性や動詞の項構造に関する情報が心理的に実在すると考えてよいだろう。

2.3. 統語解析における文脈情報

前節で見た The defendant examined by the lawyer turned out to be our nephew. のような縮約関係節を含む文はガーデンパス文と呼ばれ、処理が困難な文であることはすでに述べた通りである。しかし、同様の構造であっても The *thief* arrested by the *police* turned out to be our nephew. とすると、処理の困難度は低下し、ガーデンパスに陥りにくくなる。theief や police という語はどちらも [+animate] の意味素性を持つ語であるから、後続する arrested を動詞とする主語名詞句として解釈され、文末に到ってガーデンパス効果が生じるはずである。しかし、実際にはそうではないことから考えると、この類の語彙情報だけでは、ガーデンパス効果の低下を説明することはできない。

この例では、thief, police と arrest の関係が我々の現実世界に関する知識に照らし合わせて「thief(泥棒)は通例 arrest(逮捕)されるもの」であり、「警察(police)が arrest するもの」であることがリアルタイムで計算され、arrested という語が現れた際、はじめから過去分詞形である可能性が優先的に選ばれたからであろう。

このように、世界に関する知識も語彙情報として含んでおり、統語処理に影響を及ぼすのである。

3. 第二言語における文理解とメンタルレキシコン

第二言語理解の文理解ストラテジーに関する研究は、まだあまり多くない。ここでは、日本人英語学習者を対象に行った文理解に関する実験結果を取り上げ、第2言語のメンタルレキシコンの構造とその可変性について考えてみよう。

3.1. 統語処理における意味情報

籔内・横川・里井(2001)では、日本人英語学習者および英語母語話者を対象に、英語の中身-空所(filler-gap: FG)文を用いて統語処理に意味情報がどのように影響を及ぼすかについて調査した。

実験に用いた文は、表8.3に示すように、(1)単純他動詞、(2)与格動詞、(3)不定詞補部をとる動詞を用いてFG文を作成し、さらにそれぞれの文の名詞句の意味素性を操作して意味的に適格な文と不適格な文を作成した。

表8.3 実験に用いられた刺激文(籔内・横川・里井、2001にもとづく)

a. [単純他動詞—適格文] The secretary knew which *window* the carpenter *broke* at midnight.
b. [単純他動詞—不適格文] The secretary knew which *baby* the carpenter *broke* at midnight.
c. [与格動詞—適格文] The assistant knew which *story* the teacher *told* to the doctor last Sunday.
d. [与格動詞—不適格文] The assistant knew which *boy* the teacher *told* to the doctor last Sunday.
e. [不定詞補部—適格文] My mother knew which *barbar* the baker *advised* to eat more fish.
f. [不定詞補部—不適格文] My mother knew which *movie* the baker *advised* to eat more fish.

実験にはSuperLabを用いて、被験者のペースによる読み課題(subject-paced reading task)がおこなわれた。実験では、コンピュータの画面上に+++++のマークが現れ、スペースバーを押すと、その位置に語(句)が

現れる。再びスペースバーを押すと、次の語（句）が現れ、前の語（句）は消えていく。被験者にはできるだけ速く正確に黙読するように指示した。また、意味的におかしいと思ったら指定したキーを押す（NO 反応）ように指示した。

その結果、英語母語話者の場合、[単純他動詞]では埋込文の動詞位置、[与格動詞]では to の位置、[不定詞補部]では不定詞の目的語位置で、[不適格文]で有意に読解時間が長く、NO 反応の増加が見られた。これらの位置は、いずれも意味的なおかしさに気づく情報が明らかになる位置である。一方、日本英語学習者の場合は、[単純他動詞]については英語母語話者と同様の傾向が見られたが、[与格動詞]および[不定詞補部]では、被験者によって一貫した結果は得られなかった。

以上のことは、(1)英語母語話者は、文理解プロセスにおいて動詞の項構造情報をリアルタイムで利用していること、(2)日本人英語学習者も、単純他動詞文では、動詞がもつ項構造情報や名詞句の意味素性に関する情報をリアルタイムで利用していること、(3)日本人英語話者は、与格動詞・不定詞補部動詞文では、これらの動詞がもつ語彙情報をリアルタイムでは十分に利用できず、統語処理ないしは意味処理のみ行っている可能性があることなどが分かった。

これらの結果のうち、(1)、(2)は、日本人英語学習者のメンタルレキシコンにも、英語母語話者と同じように、統語情報や意味情報が記載されることを示している。また、(3)の結果は、英語母語話者と同様の情報が記載されたメンタルレキシコンが形成されてはいるが、熟達度が高くないためにリアルタイムで十分利用できないという可能性と、まだメンタルレキシコンに記載された情報が不十分であるために、言語運用に利用できないと解釈することもできる。これらの点については、英語の熟達度によって被験者をグループ分けした文理解実験が必要となる。

3.2. 文理解ストラテジーの可変性

本節では、英語熟達度によって文理解のストラテジーがどのように異なるかについて調査した実験を紹介し、第2言語のメンタルレキシコンの可

変性について考えてみる。

　里井・籔内・横川(2002)は、日本人英語学習者がリーディングのプロセスにおいて統語処理、意味処理をどのように行っているかについて、心理言語学実験を通して考察したものである。実験文には、一時的曖昧性が生じるガーデンパス文を用い、統語処理に意味情報がどのように関与するかを、被験者ペースによる読解課題により、リアルタイムでの文処理過程について調査した。

　英語専攻の日本人大学生48名をTOEICのスコアによって上位群・中位群・下位群の3群に分けた。実験文は、Pritchett(1992)のガーデンパス文の分類に従い、そのうち(1)縮約関係節(reduced relative clause)、(2)目的語－主語曖昧文(object-subject ambiguity)、(3)二重目的語曖昧文(double object ambiguity)の3種類の英語ガーデンパスを取り上げた。それぞれ、(a)一時的曖昧性が生じるガーデンパス文[Amb]、(b)名詞句の意味素性を操作してガーデンパス化が低下する文[SEM]、(c)非曖昧文[Unamb]の3通りの文を作成した。実験文30文とフィラー文30文の合計60文を作成した。また、それぞれの文に対して、内容理解を確認する強制選択式のQ＆Aを作成した。

　実験にはSuperLabを用いて、被験者のペースによる読み課題が行われた。実験では、コンピュータの画面上に+++++のマークが現れ、スペースバーを押すと、その位置に語(句)が現れる。スペースバーを押すと次の語(句)が現れ、前の語(句)は消えていく。被験者にはできるだけ速く正確に黙読するよう指示した。文の呈示が終わると、内容理解を確認するQ＆Aが現れ、被験者は2つの選択肢の中から正しいと思うものを選びキーを押す。

　この実験では、次の3つの点について調査された。(1)日本人英語学習者のガーデンパス文をどのように処理するか(英語母語話者の処理と比較する)、(2)ガーデンパス文の種類により処理の困難度は異なるか、(3)ガーデンパス文の処理において、統語解析のプロセスで意味的情報がどのように影響を及ぼすか。

表8.4 実験に用いられた刺激文（里井・籔内・横川、2002にもとづく）

縮約関係節（reduced relative clause）
　[Amb] / ***** / The boy / found / by / the policeman / was / good-looking./
　[SEM] / ***** / The book / found / by / the policeman / was / good-looking./
　[Unamb] / ***** / The boy / that / was / found / by / the policeman / was / asleep./

目的語―主語曖昧文（object-subject ambiguity）
　[Amb] / ***** / The doctor / warned / the patient / would be / contagious.
　[SEM] / ***** / The doctor / warned / the virus / would be / contagious.
　[Unamb] / ***** / The doctor / warned / that / the patient / would be / contagious.

二重目的語曖昧文（double object ambiguity）
　[Amb] / ***** /The girl / bought / the boy / the bicycle / hit / a bandage.
　[SEM] / ***** / The girl / bought / the boy / the man / hit / a bandage.
　[Unamb] / ***** / The girl / bought / the boy / that / the bicycle / hit / a bandage.

　図8.6〜図8.8に、(1)縮約関係節、(2)目的語―主語曖昧文、(3)二重目的語曖昧文のうちそれぞれ1文の各分節ごとの平均読み時間およびQ&Aの平均反応時間（ms）を示す。
　縮約関係節（図8.6）では、(1)一時的曖昧性が明らかになる本動詞の位置（例の場合はwas）における読み時間を比較すると、[Amb]が有意に読み時間が長く、(2) foundが過去分詞形である可能性が高くなる前置詞句（例ではby the policeman）の位置から[Amb]では読み時間が有意に長くなる。一方、(3)[SEM]、[Unamb]ではこのような傾向は見られず、[Umamb]では、一貫して読み時間の急激な上昇は見られなかった。
　目的語―主語曖昧文（図8.7）では、(1)補文の主語位置（例の場合はthe patient / virus）で、[Amb]に比べて[SEM]で読み時間が長かったが、(2)文末位置（例ではcontagious）では[Amb]が[SEM]に比べて有意に

図8.6　縮約関係節の平均読解時間(msec)
　　　（里井・籔内・横川、2002にもとづく）

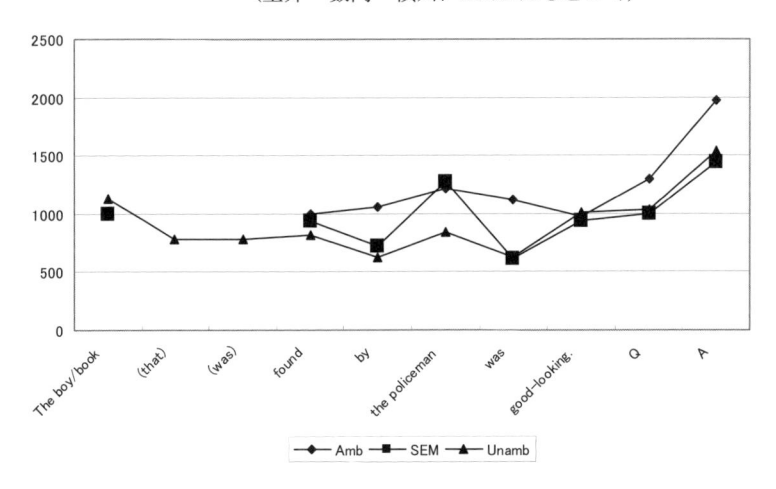

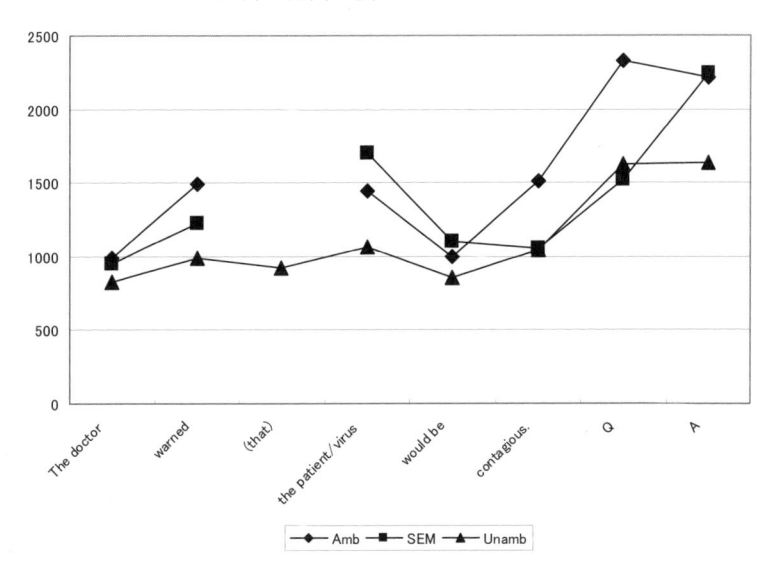

図8.7　目的語―主語曖昧文の平均読解時間(msec)
　　　（里井・籔内・横川、2002にもとづく）

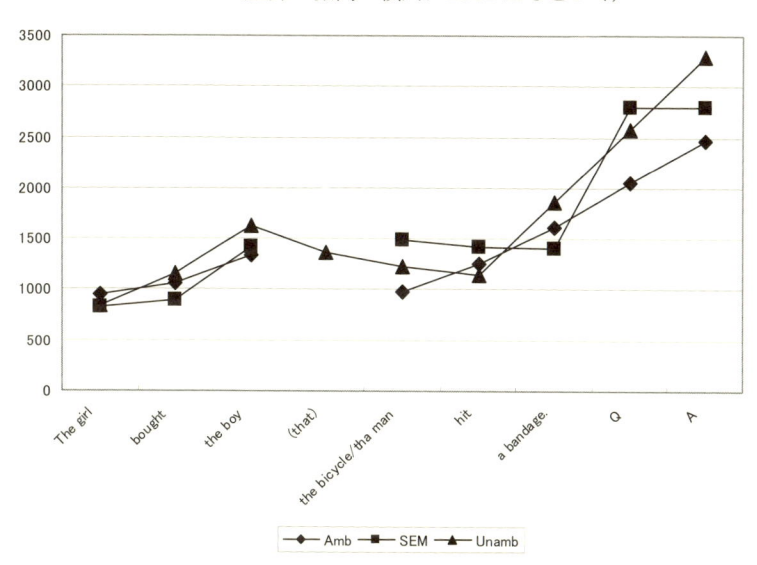

図 8.8 二重目的語曖昧文の平均読解時間(msec)
(里井・籔内・横川、2002 にもとづく)

読み時間が長かった。

　二重目的語曖昧文(図 8.8)では、(1)埋込節の主語位置(例では the bicycle/man)では、[Amb]に比べて[SEM]の方が読み時間が長い傾向が見られたが、曖昧性が解消される文末位置にかけて[SEM]に比べて[Amb]では読み時間の上昇が見られ、(2)関係代名詞(that)が明示的に現れる[Unamb]では急激な読み時間の上昇は見られなかった。また、(3)他のタイプの文に比べて全体に読み時間が長い傾向があり、概して理解が難しかったようである。

　これらの結果から、(1)文タイプによって処理の困難度が異なり、(2)縮約関係節タイプの文では日本人英語学習者も英語母語話者と同様の処理傾向が見られ、(3)統語処理の過程で、名詞句の意味素性に関する情報が利用されていることがわかった。

　さらに、熟達度別に見ると、(1)縮約関係節では、上位群と下位群および中位群と下位群の間に有意差が見られたが、(2)他の2つのタイプの文ではどの群の間にも有意差が見られなかった。したがって、熟達度の高い

者は、統語処理の過程で意味処理もリアルタイムで行うことを示しており、それは文のタイプによって異なると言える。こうした結果は、第二言語のメンタルレキシコンの構造が英語熟達度に応じて可変的であることを示している。

4. メンタルレキシコンの構造

ここで、前節までに見てきた言語理解の観点から、メンタルレキシコンの構造について考えてみる。

4.1. 言語情報処理の基本設計

まず、言語情報処理の基本設計について考えてみたい。Hashida (1995) では、手続き的設計 (procedure-based architecture) と制約に基づく設計 (constraint-based architecture) という2つの対照的な見方が示されている。前者は、言語情報処理に関与していると考えられる音声情報、統語情報、意味情報などが、図8.9に示すように、モジュール的に順序性を持って段階的に文が処理されるとする考え方であり、言語理解のプロセスは統語処理を経て意味処理が行われ、さらにその後で運用論的な整合性などが計算される多段階処理の仕組みになっている。これに対して、図8.10は、それぞれのモジュールには順序性がなく、相互作用を認め、互いの制約に基づいて文処理が行われるとする考え方である。

前節で見たように、現実の文処理を考えてみると、ある文が一時的曖昧

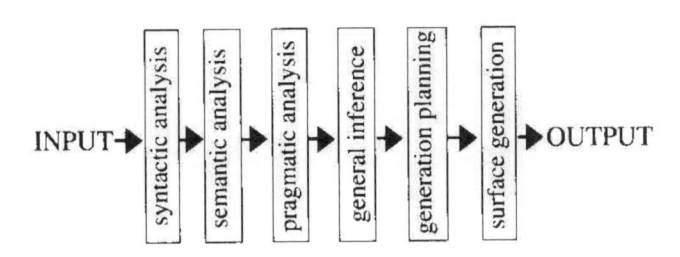

図8.9 手続き的設計 (Hashida, 1995にもとづく)

INPUT → syntactic analysis → semantic analysis → pragmatic analysis → general inference → generation planning → surface generation → OUTPUT

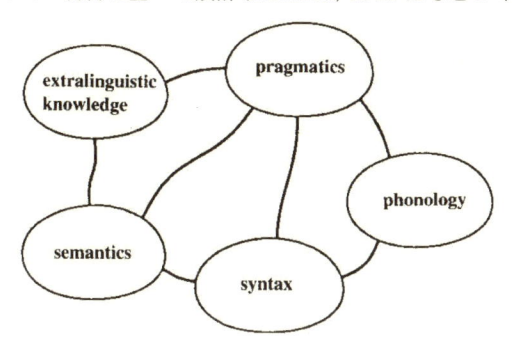

図8.10 制約に基づく設計(Hashida, 1995にもとづく)

性を持つ場合に、意味情報が統語処理に影響を与えて、曖昧性解消(disambiguation)に貢献することもある。したがって、前者のような設計に基づく言語情報処理は、人間の認知処理の過程から見れば、妥当性を欠くものと言えるであろう。

4.2. メンタルレキシコン

4.1.で述べたような言語情報処理設計を前提にすると、制約に基づく設計の立場をとる文理論である「主辞駆動型句構造文法」(head-driven phrase structure grammar: HPSG)が有望であると考えられる。主辞駆動型句構造文法はPollard and Sagによって提唱されたものであるが、語彙主義(lexicalism)の立場をとり、語彙の役割が非常に重要である(Pollard and Sag, 1987, 1994; Sag and Wasow, 2000などを参照)。

たとえば、'examine'という語は、概略、図8.11のような素性構造(feature structure)で表示することができる。

この表示の特徴は、音韻(PHON)、統語/意味情報(SYNSEM)が並列に記載されており、必要な情報はどれでも参照できる仕組みになっている点である。次図の素性構造では、CATEGORYが統語情報、CONTENTが意味情報に対応する。興味深いのは、'examine'の場合、意味情報が「関係(RELN)」としてはEXAMINE(つまり「調査する」)であり、要素としてはEXAMINER(調査する主体)およびEXAMINEE(調査されるもの)という2つの項(argument)をとるという形で示されている。そして、こ

図8.11 'examine' の素性構造

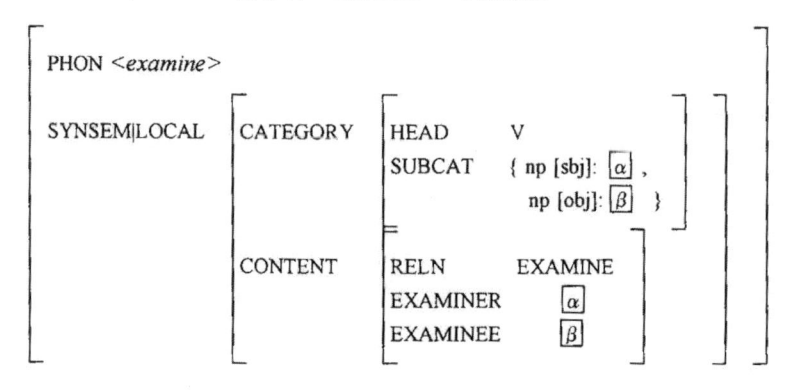

```
[ PHON <examine>                                          ]
[ SYNSEM|LOCAL  [ CATEGORY  [ HEAD    V                 ] ]
[               [           [ SUBCAT  { np [sbj]: α,    ] ]
[               [           [           np [obj]: β }   ] ]
[               [ CONTENT   [ RELN      EXAMINE         ] ]
[               [           [ EXAMINER  α               ] ]
[               [           [ EXAMINEE  β               ] ]
```

れら2つの項は、αという素性をもった要素が統語的には主語名詞句として、βという素性を持った要素が統語的には目的語として実現することが「構造の共有」(structure sharing) という形で関係づけられている。なお、下位範疇化情報 (SUBCAT) は { } で示されているように、それぞれの項は順序性のない要素の集合として表示されている（なお、このような語彙構造を文理解のプロセスにおいて仮定することの心理的妥当性を検討したものについては Yokokawa, 2000; 横川・籔内・里井, 2002 などを参照されたい)。

また、本章では検討できなかったが、統語解析に音声情報が影響を及ぼすことがある。たとえば1つの文が二通りないしはそれ以上の解釈をもつ曖昧文の理解では、ポーズを挿入することによって曖昧性が解消される現象が見られる。The cop saw the spy with a telescope. という文は文末の前置詞句が動詞 saw を修飾するか the spy を修飾するか曖昧であるが、spy と with の間のポーズを挿入すると前者の解釈にバイアスがかかることになる。できるかぎり効率的にコストのかからない方法で文解析をおこなうためには、音声情報が文理解に1つの制約として働くと考えられるが、メンタルレキシコンにどのような情報がどのような形態で格納されているかについては、さらに検討されなければならない。

こうした文法理論で仮定されている語彙構造が心理的に実在し、人間の言語運用を説明するモデルの構築に貢献するかどうかは、さらに理論的・

本章のまとめ

(1) 本章では、文理解プロセスに関する心理言語学的な研究から、メンタルレキシコンに記載されている語彙情報について考察した。
(2) 語彙には、統語的情報、意味的情報(これらは項構造情報と言ってもよい)に加えて、運用論的情報や文脈情報など豊富な情報が含まれている。
(3) 第二言語のメンタルレキシコンも、母語話者と同様の構造が形成される可能性があり、その言語の熟達度に応じて可変的である。
(4) 今後、メンタルレキシコンがどのような構造をもっているのか、音声や形態などの情報も含めてさらに調査が必要である。
(5) また、メンタルレキシコンの構造が熟達度によってどのように変化していくのか(あるいは変化しないのか)について、学習開始年齢や環境、指導法などさまざまな観点から調査・分析を行う必要があるだろう。
(6) このようにメンタルレキシコンの構造や文理解のメカニズムを明らかにすることによって、言語運用能力を高める指導法などにも多くの示唆が得られることになるだろう。

さらに研究する人のために

● 関連文献紹介 ●

① 阿部純一・桃内佳雄・金子康朗・李光五 1994『人間の言語情報処理─言語科学の認知科学』東京:サイエンス社
　心的辞書(メンタルレキシコン)に限らず、単語・文・文章の3つに大別して言語情報処理に関する知見がわかりやすい形でまとめられて

いる。心理言語学的実験手法も広く取り上げている。日本語で読むことができる数少ない優れた入門書である。

② 坂本勉 1998「人間の言語情報処理」大津由紀雄・郡司隆男ほか編『岩波講座 言語の科学第11巻 言語科学と関連領域』東京：岩波書店

人間の言語理解にかかわるさまざまな性質について、先行研究から具体的実験データを引用しながら解説があり、言語理解モデルの構築に向けて問題点を整理してくれている。

③ Harley, Trevor. 2001. *The Psychology of Language: From Data to Theory* (2nd ed.). New York: Pshychology Press Ltd

言語心理学の総合的入門書であるが、副題にあるように、実証的データに基づく理論を展開している点が特徴である。本章との関連では、8. Understanding speech, 9. Understanding the structure of sentences, 11. Comprehension が特に参考になる。また、本章では触れることができなかった言語産出の問題は、12. Language production を読むことをお勧めする。

────● 卒論・修論のための研究テーマ ●────

① リスニングにおける統語解析と音韻・意味・文脈情報の相互作用

メンタルレキシコンの情報をさらに明らかにするために、言語刺激の音声提示をおこない、音声情報の性質も探る必要がある。また、統語情報の過程で意味情報の他の側面や文脈情報が及ぼす影響について調査するとよいだろう。

② 日本人英語学習者の熟達度によって文理解は異なるか？

第二言語のメンタルレキシコンの性質を探るために、統語解析に音声や意味情報が及ぼす影響は習熟度(熟達度)によって異なるのかどうか調査する。被験者を、TOEIC のスコアによって分類したり、英語専攻学生と英語非専攻の学生、早期英語教育経験者と非経験者、その学習年数などによってグルーピングし、ガーデンパス文などを用いて、

文理解のプロセスを探る。このことは、第二言語のメンタルレキシコンの内部構造は、永久・固定的であるのか、それとも可変的であるのか、可変的であるとすればどこがどのように変容していくのかについて明らかにすることになろう。

③ バイリンガルレキシコン──英語・日本語による対照研究

　外国語学習者は、広義には母語と外国語のバイリンガルと考えられる。たとえば、日本語を母語とする日本人英語学習者を対象に、日本語および英語の文理解プロセスについて心理実験を行うことによって、第一言語および第二言語のメンタルレキシコンがそれぞれどのような構造になっているのか、また両者はどのような関係にあるのかを明らかにできるであろう。

第 **9** 章

単語の処理と記憶：英単語リストの自由再生課題による検証

本章では、単語の情報処理の一つとして語の記憶に焦点をあて、人間の記憶のメカニズムについて考察する。まず、記憶のしくみについてのこれまでの研究の展開や記憶の研究法について概説する。次に情報処理モデルの概略を導入し、記憶の保持についての観点から理論的枠組みを論じる。自由再生における系列位置効果の先行研究を紹介しながら、短期記憶・長期記憶という二つの貯蔵庫に区分する理論的根拠を概観する。最後に第一言語で研究されてきた記憶の理論的な枠組みが、第二言語においてもあてはまるかどうかということを、日本人英語学習者を被験者とした実証的研究に基づいて考察する。さらに、第二言語における語彙の記憶研究に関して、今後の研究課題について言及する。

```
●━━● キーワード ●━━
二重貯蔵モデル(dual storage model)、短期貯蔵(short-term store)、
長期貯蔵(long-term store)、自由再生(free recall)、系列曲線(serial
position curve)、親近性効果(recency effect)、初頭性効果(primacy
effect)、作動記憶(working memory)
```

1. 記憶研究の展開

　記憶の心理学的研究は古くから関心がもたれてきた。その科学的研究はEbbinghaus(1885)に始まり、記憶現象を実験的に研究した最初の人といわれている。それから100年以上が経過した今日、情報理論や認知科学研究の発展もあって、その研究方法や概念、記憶の区分などにおいて、大きく進展している。Ebbinghausの研究は2つの子音の間に母音を置いた3文字からなる13個の無意味音節綴りのリスト(例　KEL, DAX, FUB)を測定材料にし、記憶保持が時間とともにどう変化するか、その保持率を調べた(図9.1参照)。

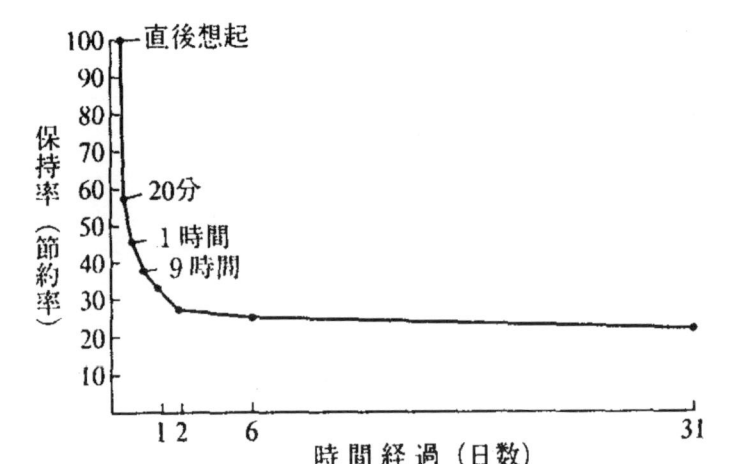

図9.1　エビングハウスの保持曲線(中村、2000にもとづく)

このEbbinghausの記憶研究の伝統はその後、1910年代〜1950年代にかけてアメリカにおける行動主義心理学に引き継がれることによって発展してきたが、記憶の研究が現在のように盛んになったのは1950年代の終わり頃からである。人間の情報処理が短期記憶の問題として最もよく理解できることをイギリスのBroadbent(1958)が報告した。また、Peterson and Peterson(1959)は1つの項目の記憶保持が10数秒の間に低下することを見い出した。この2つの研究が多くの人々の記憶に対する関心を高めることになった。

ところが1960年代に入るとその様相に変化が現れた。刺激材料として無意味綴りの対連合学習という限られた実験パラダイムを用いるより、単語や文を用いたり、自由再生(free recall)など対連合学習以外の実験パラダイムを用いたりすることによって、研究領域が拡大され、記憶という現象が実は、刺激と反応の連合という単純な局面では説明しきれない認知過程を含む、能動的過程であることが次第に認識され始めた。このようにして注意、リハーサル、体制化など認知理論に立脚した記憶研究が盛んに行われるようになった。

1960年代のもう1つの注目すべき変化は電算機技術の開発・普及にともなう情報処理理論の台頭であった。すなわち、人間を外界からの情報を加工・処理する1種の精巧なコンピュータにたとえて理解しようという考えが浸透し、符号化、貯蔵、検索などといった情報処理理論の用語が頻繁に用いられるようになった。このように記憶研究は認知理論と情報理論との出会いによって、急速な発展と変貌をとげた。その具体的な成果が1960年以降の研究に多数出現した記憶モデルである。

2. 記憶研究の方法

記憶の情報処理モデルにおいては、まず、人がいかにして記憶し、必要なときに検索するかについて解明する必要がある。ここでは人の記憶をさぐるためにの方法として一般的な再生法と再認法をまずとりあげ解説する。

(1) 再生（recall）法

　文字や図形、単語などの記憶材料（刺激項目）を呈示し、そのあとで学習した刺激を思い出して正確に再生（recall）する方法である。再生法には主として次の3つの方法がある。

① 自由再生（free recall）法：一連の学習項目を呈示し、それにつづいて呈示順序に関係なく、項目を思い出される順序どおりに被験者に書かせるか、口頭で再生させ、それを実験者が記録する方法である。

② 系列再生（serial recall）法：呈示された一連の学習項目を、呈示順序どおりに再生させる方法である。これらの測定法は再生において正確さを求められるため、一般に文字や単語などが学習刺激項目として用いられる。この方法を用いると記憶項目に何らかの関連や構造性をしらべる体制化や系列位置効果を調べることが可能で、現在多く用いられている方法である。

③ 手がかり再生（cued recall）法：刺激項目に対する手がかりを与え、それをもとにして再生する方法である。この方法を用いると記憶させる項目にとって何が手がかりとなりやすいかが分かり、記憶する際の処理や方略を調べるために用いられる。

(2) 再認（recognition）法

　呈示された項目が、学習時に覚えたリストに含まれていたかどうかを判断する測定法をいう。再認時には学習リストにあった項目（ターゲットと呼ぶ）と、リストに無かった項目（ディストラクターと呼ぶ）が呈示される。再認では学習した刺激を再現する必要がないため、絵や・写真などの複雑な刺激材料を用いることができる。

3. 記憶の情報処理モデル

　人間の頭の中で貯えられている情報量、すなわち知識の量は膨大なものである。人は誰しもそれらの情報を必要なときに必要な部分だけを取り出すことができる。だとすれば、知識は脳の中で何らかの形で体系的・構造的に蓄えられているということになる。認知心理学ではこれまで、人を外

界からの入力情報を加工・処理するコンピュータシステムにたとえ、いろいろなモデルを構築して認知過程を探ろうとしてきた。

3.1. 二重貯蔵モデル

　前述のように、認知理論と情報理論との出会いにより、急速な発展を遂げた。1960年以降の具体的な最初の成果は、記憶モデルを明確な形で紹介した Waugh and Norman(1965) といってよい。このモデルによると情報はまず一次記憶に入りそこで一定期間保持されるが一次記憶の容量には限界があり、古い情報は忘却される。しかしリハーサルをする事によって情報が一次記憶に保持されている間にその情報はある程度の確率でもって二次記憶に転送される。二次記憶は一次記憶とは異なり一度入った情報は忘却されることがないと考えられていた。Waugh and Norman の記憶モデルが Atkinson and Shiffrin(1968) に引き継がれ二重貯蔵モデル (dual storage model) という集大成ともいうべきモデルになった。

　Atkinson and Shiffrin(1968) のモデルは記憶には一次記憶と二次記憶があるということでは Waugh and Norman(1965) のモデルと基本的に同じであるが、彼らのモデルでは一次記憶の変わりに短期貯蔵庫 (short-term storage)、二次記憶のかわりに長期貯蔵庫 (long-term storage) という概念を持ち込んだが、これが二重貯蔵庫モデルである。このモデルによれば、入力された外界からの最初の情報は感覚登録器 (sensory register) に入り、感覚記憶 (sensory memory) と呼ばれる機構に短時間保持され、より高次の処理を施すべき情報が選択されるまで刺激情報を一時的に保存する。選択された情報はさらに処理を受けて短期記憶として短期貯蔵庫に蓄えられる。短期貯蔵庫はその記憶容量に限界があり、リハーサルなどにより忘却されなかった情報は、ある確率をもって長期貯蔵庫に移送され長期記憶として半永久的に保存される。このモデルはその後の記憶研究に大きな影響を与えることになった。以下、やや詳しく3種の記憶庫について解説する。

図9.2 Atkinson & Shiffrinによる二重貯蔵モデル
(森、井上、松井、1995にもとづく)

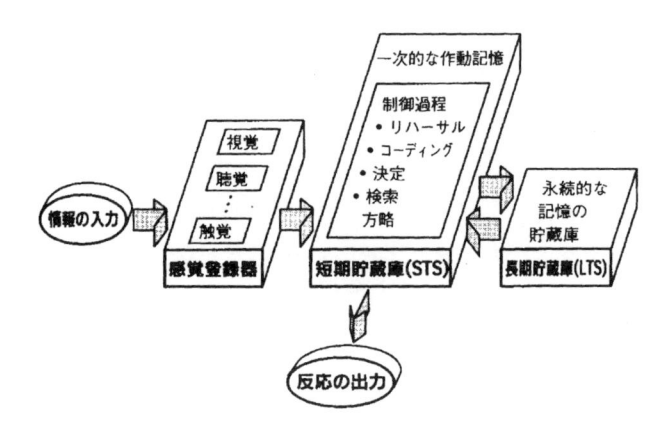

(1) 感覚記憶

感覚登録器に保存される感覚記憶は、視覚的なアイコニックメモリ(iconic memory)と聴覚的なエコイックメモリ(echoic memory)の2つに分類される。このように感覚記憶は、物理的に受容された情報が短期記憶に入る前の一つの処理ステップである。

(2) 短期記憶

感覚記憶に一時的に保存された情報はほとんど消失してしまうが選択された情報だけが処理されて短期記憶として短期貯蔵庫(short-term storage)に保持される。Loftus and Loftus(1976)によれば短期貯蔵庫は次の2つの特性を持つという。1)保持時間に限界がありその時間は維持および精緻のいずれかのリハーサル(rehearsal)という記銘処理がなされないかぎり、15秒～30秒以内でほとんどの情報は消失する。2)記憶の保持容量に限界があり、その単位は項目数やチャンク数によって決定され、7±2の互いに無関係な数字・語などの項目である。したがってチャンクに含まれる情報量が大きくなればより多くの情報を短期記憶として貯蔵できる(Miller, 1956)。Millerは、一度に保持できる容量が、このように情報量ではなく、項目数やチャンク数によって決定されることを「不思議な数"7"プラスマイナス2」と言う有名なことばで表現した。

(3) 長期記憶

短期貯蔵庫から移送されてきた情報は、第三の貯蔵庫である長期貯蔵庫に長期記憶として蓄えられる。長期貯蔵庫は外界からの知識の永続的な貯蔵庫であり容量に限界がなく、いったん入った情報は半永久的に忘却されないと考えられている。

長期記憶は記憶の内容によって宣言的記憶(declarative memory)と手続き記憶(procedural memory)に区分することができる。宣言的記憶とはことばによって記述できる事実に関する記憶を指す。これに対して、手続き記憶は実際に何か物事を実行するときの手続きに関する手順などである。宣言的記憶はさらにエピソード記憶(episodic memory)と意味記憶(semantic memory)とに分けられる。

図9.3 長期記憶の区分

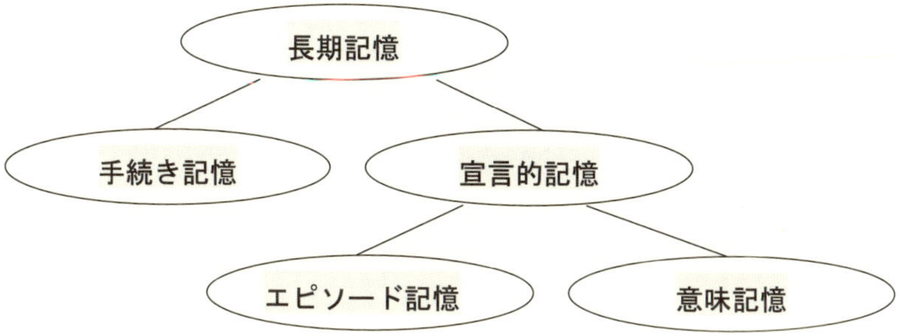

3.2. 処理水準モデル

記憶された情報が短期記憶貯蔵庫や長期記憶貯蔵庫に貯蔵されるという構造的側面よりも、情報の処理のされ方を重視する考え方である処理水準(levels of processing)モデルを Craik and Lockhart(1972)は主張した。

このモデルでは人間の情報処理過程は、視覚的や音韻的といった比較的浅い形態処理水準から、意味処理といった深い水準の処理にいたるまでの何段階かの情報処理過程を経ると考えられる。符号化方略としての精緻化リハーサル(elaborative rehearsal)により刺激のより深い処理、たとえば連想語、同義語の産出、単語のイメージ形成というようなリハーサルが

行われることによって、より処理水準が深くなり、記憶痕跡が強固となり、再生や再認の成績がよくなると仮定する。例えば、単語の視覚提示の場合、まず、最初は水準の浅い視覚的な特徴によって処理され、次いで音韻表象や意味表象に変換される毎に、処理水準も段階的に深くなると考えられる。

なお、Craik and Watkins(1973)の単語のリスト呈示による自由再生の実験から、処理水準モデルでは記憶痕跡の強度はリハーサルの量ではなく、リハーサルの質によって決まると仮定されている。

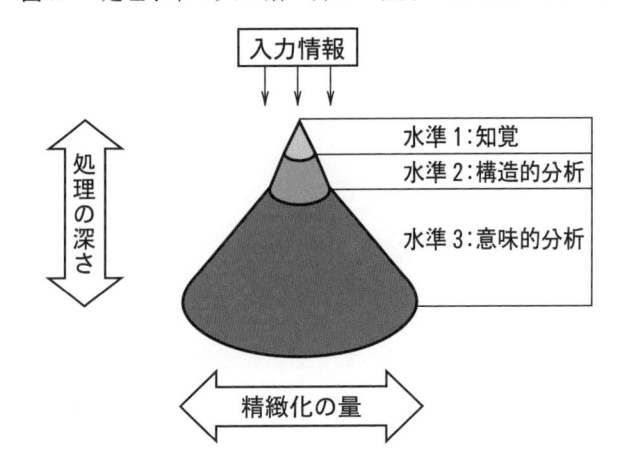

図9.4 処理水準モデル(森・井上・松井、1995にもとづく)

3.3. ワーキングメモリモデル

ワーキングメモリ(working memory：作業記憶あるいは作動記憶と呼ぶこともある)は短期記憶の概念を発展させたものである。短期記憶が情報の貯蔵機能を重視したのに対し、ワーキングメモリは判断、推理、言語理解、計算など高次な認知課題を処理し、その処理した内容が次のステップに入るまでのわずかの間だけ記憶に貯えておくという、必要な情報を処理するための「心の中の作業台」の役割を果たすものである(Klatzky 1975)。それを表現するのに短期記憶という用語よりもワーキングメモリの方が適当であると考えられるようになった。

このように柔軟性を持つダイナミックなワーキングメモリシステムを理

論的に発展させたのが Baddeley (1986, 1998, 1999等) の多層モデルである。Baddeley のモデルは構造的には二重貯蔵モデルの枠組みを継承しているという特色を持つが、従来の短期記憶の概念をさらに拡充させ、課題遂行過程で対処する処理機能の側面を強調したものである。このモデルは基本的に3つの独立した構成要素から成る。すなわち、(1)中心的な役割を担う中央実行系 (central executive) で下位の構成要素を管理・制御し、システム全体のコントロールをし、(2) その下位機能として、二重貯蔵モデルのリハーサルバッファーの機能を持つ音韻ループ (phonological loop) を仮定する。これは会話や文章の理解など言語的な情報処理に関わる、内的な言語リハーサルによる保持機構である。さらに、(3) 視覚空間的スケッチパッド (visuo-spatial sketchpad) と呼ばれる視覚的な情報を心的に保持する機構が仮定され、二つのサブシステム (slave-system) を持っていると考えられている。

図9.5 Baddeley (1986) によるワーキングメモリのモデル
（船橋、2000にもとづく）

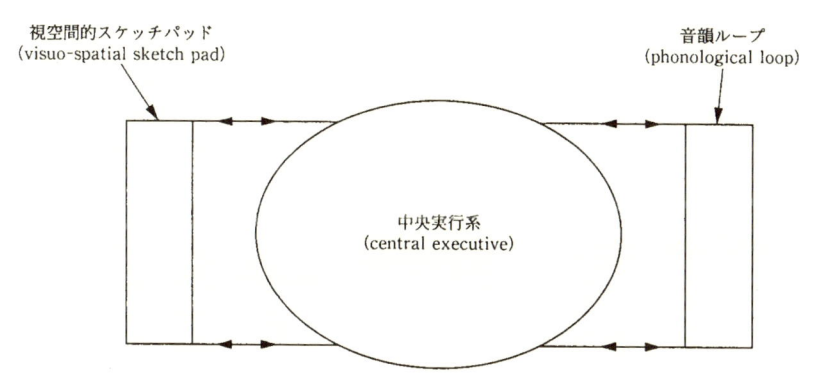

Baddeley (2000) は、上図に示したモデルに新たなサブシステムとして下図のようにエピソード・バッファー (episodic buffer) を付け加えた新しいモデルを構築した。

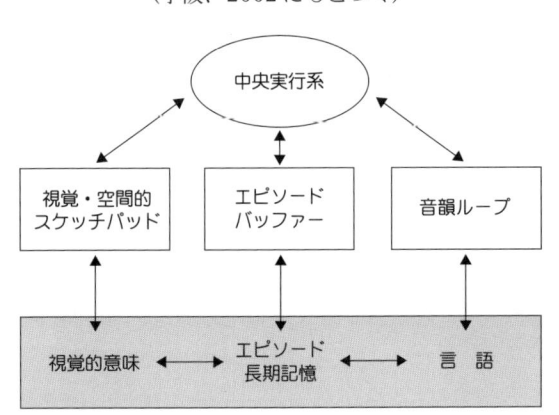

図 9.6 バドリーの新しいモデル Baddeley (2000)
（苧阪、2002 にもとづく）

```
                    ┌─────────┐
                    │ 中央実行系 │
                    └─────────┘
                  ↗      ↑      ↖
        ┌──────────┐ ┌──────────┐ ┌──────────┐
        │視覚・空間的│ │ エピソード │ │ 音韻ループ │
        │スケッチパッド│ │ バッファー │ │          │
        └──────────┘ └──────────┘ └──────────┘
              ↕          ↕           ↕
        ┌─────────────────────────────────────┐
        │ 視覚的意味 ↔ エピソード ↔ 言 語      │
        │           長期記憶                   │
        └─────────────────────────────────────┘
```

　このモデルでは、従来の2つのサブシステムである音韻ループと視空間的スケッチパッドの他に、長期記憶からの検索に対応する役割を担う、新たに3つ目のサブシステムとしてエピソード・バッファー（図9.6参照）が加えられた。この新しく加えられたエピソード・バッファーは音韻ループや視覚空間的スケッチパッドといった感覚的な情報保持機能とは独立した機能であり、複雑な情報を一時的に貯蔵して、中央実行系により統御されていると仮定される。新しいモデルにはサブシステムの他に、長期記憶のデータ保存庫を加えている（灰色部分）。このことから従来の Baddeley のワーキングメモリ（1986）と異なるのは、サブシステムは独立して機能しているのではなく、それぞれのサブシステムが長期記憶からデータの検索をしながら、一時的に情報を保持する場として機能していると考えている点である。そして中央実行系はサブシステムとの連絡を密にしながら、長期記憶との情報の交換を介して、より複雑な情報の統制を担っているのである。

　以上の Baddeley のモデルに対し、Just and Carpenter (1992) は記憶容量の限界と処理容量の限界との関連に注目した理論を展開した。彼らは、記憶項目の保持と心的操作としての情報の処理機能の間には、一方に多くの処理容量を配分すると他方の処理容量がその分だけ小さくなるというト

レードオフ(trade-off)の関係が認められると仮定した。また、高野(1995)などは、特に母語以外の外国語で顕著にこのようなトレードオフ現象が生じることに着目し、これを外国語副作用(foreign language side effect)と呼んだ。また、このように文の読解と文中の単語の保持という2つの課題に認知資源をうまく配分できるかといった、ワーキングメモリ内の処理効率の個人差を測定するために開発されたテストに、リーディングスパンテスト(reading span test)(苧阪、1998)がある。このテストは、次々と提示される短文を被験者自身に読ませながら、短文中のターゲット語の単語を保持させていく方式のテストである(付録9.1参照)。

4. 自由再生における系列位置効果

　Atkinson and Shiffrin(1971)による二重貯蔵モデルでは短期貯蔵庫と長期貯蔵庫という二つの貯蔵庫が仮定されたが、その根拠となった研究は単語の自由再生(free recall)の実験で観察される系列位置効果(serial position effect)に関するデータである。この自由再生課題で、呈示順と再生率の関係を示した曲線は一般に系列位置曲線(serial position curve)として知られている。

　遅延課題を課さない無関連語リストの通常の直後再生の場合、呈示リストの最後の項目が最も良く再生される新近性効果(recency effect)が見られ、最初の項目が次に高いという初頭性効果(primacy effect)、そして真ん中の項目の再生が最も低いという結果を示す。こうした曲線は様々な条件下(例　項目リストの長短、呈示のスピード、さらに被験者がしらふであるかどうかなど)と関係なく得られるものである(Baddeley, 1982)。

　この初頭性効果と新近性効果は長期記憶と短期記憶にそれぞれ格納されていることが原因で生じると推測されている。すなわち、系列のはじめの部分で生じる初頭性効果が何故生じるかについては、リスト中の最初のいくつかの単語は、記憶貯蔵庫がまだ空白のときに入力されるため、リハーサルやコード化される回数が多く、そのために、長期貯蔵庫に容易に転送されそこで保存されると考えられる。

一方、新近性効果については、系列呈示された最後のいくつかの項目は、それらがまだ短期貯蔵庫に入ったままの状態で、直後再生が求められるため、容易に取り出されるからであると推察されている。このように系列位置による再生率の違いは短期記憶と長期記憶の2つの貯蔵庫の存在を示唆していると考えられた。

　たとえば、Murdock(1962)は系列位置効果に関する実験で呈示項目リストの呈示時間(1ないし2秒)と長さ(10～40項目)を変えるとどのように系列曲線が変化するかを自由再生法で実験した。その結果、初頭性効果は10項目の場合、リスト項目の最初の3つ目か4つ目の項目に現れ、新近性効果はリスト項目の終わりから8つ目あたりから生じ始めるということが、呈示リストの長さや呈示時間の変化に関係なく現れる現象であるいうことを明らかにした。

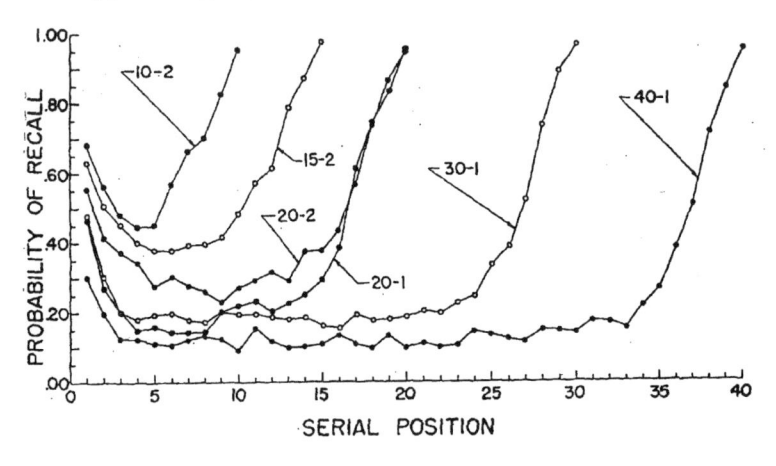

図9.7　6群の系列位置効果(Murdock, 1962にもとづく)

　また、Postman and Phillips(1965)は、長さの異なる呈示項目リストおよび、呈示後に遅延課題として3桁の数字を逆唱する干渉課題(interference)を与えるとどのように系列曲線が変化するのかを実験した。その結果、呈示リストの項目の長さが異なっても、また、再生までの遅延課題を与えても初頭性効果には影響しないが、新近性効果は打ち消すという結果が見られた。

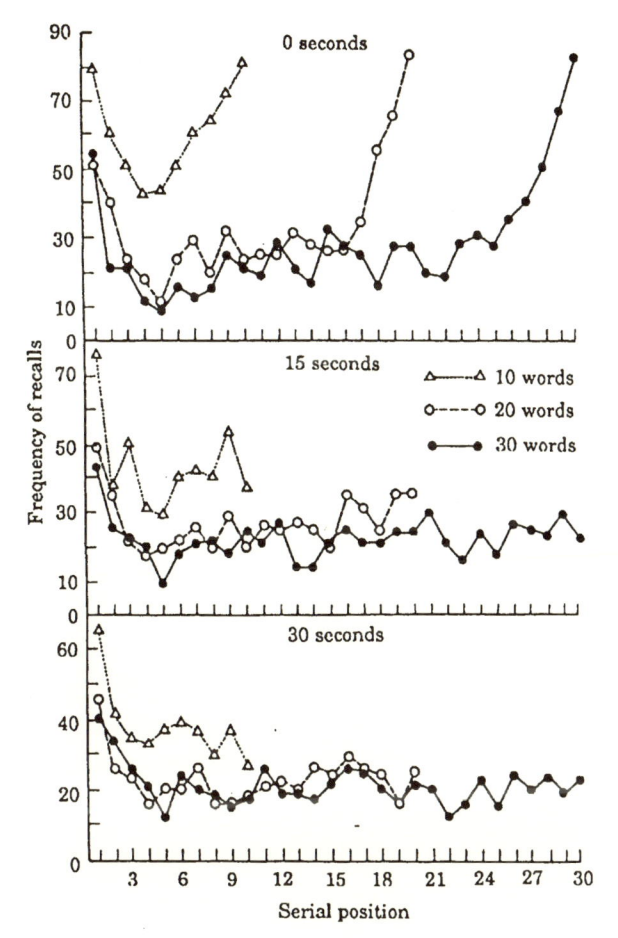

図9.8 直後再生および遅延再生における系列位置効果
(Postman and Phillips, 1965にもとづく)

さらに、Glanzer and Cunits(1966)は、項目の呈示時間と呈示回数を変えた実験を行った。結果は項目の呈示間隔を遅くすると初頭性効果は少し増加するが新近性効果は影響を受けない。呈示回数を変えても同様の結果が見られた。

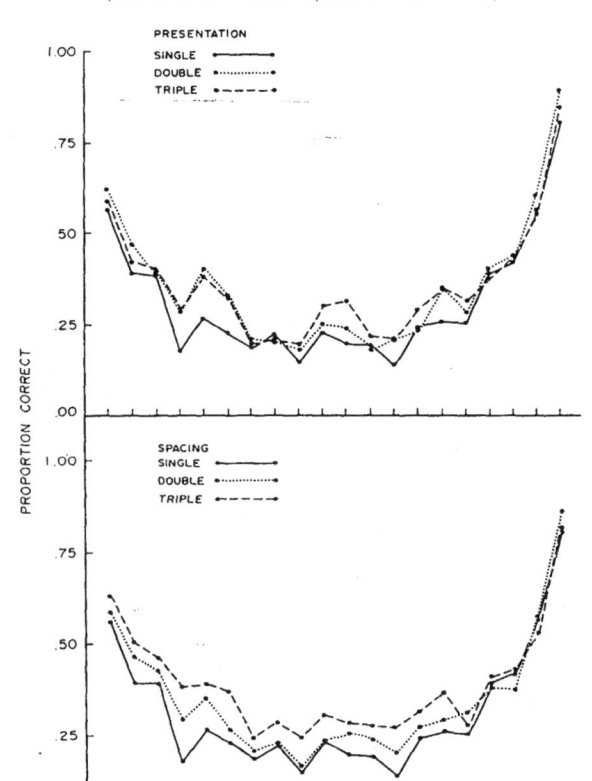

図9.9 呈示回数、呈示間隔が系列位置効果に与える影響
(Glanzer and Cunits, 1966 にもとづく)

これらの実験で観察されたことは、以下の通りである。
(1) 新近性効果については、リストの長さ、呈示時間、呈示回数の影響を受けずに、遅延干渉課題の影響を受ける。
(2) 初頭効果については、わずかでも呈示時間や回数が影響する。

このように自由再生により観察される初頭、新近性の効果から、短期記憶と長期記憶という2つの貯蔵庫の存在が、証明されていると考えられるのである。

5. 日本人英語学習者に対する実験：英単語リストの自由再生における系列効果

　以上述べた第一言語で研究されてきた記憶の理論的な枠組みが、第二言語においてもあてはまるかということを短期記憶、長期記憶などの観点から、日本人英語学習者を被験者として、実証的検討を加えたのが中西(2002)である。

5.1. 研究の目的
　自由再生法の課題(free recall task)において、英単語(名詞)を高熟知語(high familiarity words)および低熟知語(low familiarity words)の2種類設定し、視覚呈示による自由再生課題を外国語として英語を学ぶ日本人大学生に課した。そして語彙項目の記憶・再生に関する各種データを収集し、母語における、短期・長期の2種類の記憶庫を区別するという理論的背景が、第二言語においてもあてはまるのかどうか検討しようとした。

　本研究に使用した英単語は、日本の大学生の入学時における英単語の熟知度(familiarity)調査研究(Barrow, Nakanishi and Ishino, 1999)を基にした。この調査は大学入学直後の学生に、学生の英語熟達度に合った教材選定や、適した指導法を行う目的で、実施した語彙サイズ調査「Vocabulary Familiarity Survey」である。大学生(短大生を含む)1,283名を被験者とし、『JACET 基本語4000』の頻度2、3、4の単語合計2,320語に対して単語ひとつひとつの意味を知っているか否かを、Yes/No形式で答えさせ、受容語彙サイズを測定したものである。調査の結果、テスト単語数合計2,320語に対して1,601語を知っていると答えている。この平均語彙数1,601語は母集団2,320語の69％で、基となる語彙表の約7割程度とみることができる(第3章、2.3参照)。この調査結果より、学生全員が知っている熟知度の高い高熟知語(high familiarity)および熟知度のあまり高くない低熟知語(low familiarity)という2種類の単語リストを作成し、これらの英単語を刺激材料とする自由再生課題(free recall task)を与えた。具体的な検討課題は次の通りであった。

(1) 入力語彙リストのどの系列位置（リストの初頭、中央、終末）の語彙項目が再生されやすいか調べることにより、第二言語における語の記憶・学習においても、母語の場合と同様に、初頭効果、新近性効果などがみられるかどうか検討する。
(2) 高熟知語および低熟知語の視覚呈示後の単語再生率を比較し、語の熟知度が記憶再生に影響するかどうか検討する。
(3) 語彙リスト呈示後直ちに再生を求める直後再生条件と、リストの呈示後30秒程度の計算課題を与え、その後再生させるという遅延再生条件で、語の記憶再生率がどう変わるか比較・検討する。

5.2. 研究方法

外国語として英語を学ぶ日本人短期大学生計40人（1年生30人、2年生10人）を4群に振り分け、それぞれの群に対し、以下のような実験用刺激語リストを作成、呈示した。

刺激単語リストの作成においては、大学英語教育学会教材作成委員会刊行『JACET 基本語 4000』に示された5段階の出現頻度レベルを参考にした Barrow, Nakanishi and Ishino(1999)の熟知度調査結果に基づき、高熟知度（熟知度100％）24語、低熟知度（熟知度55％）24語を選出した。さらに、高熟知語、低熟知語を2つに分割し、12語ずつより成る計4つの単語リスト（合計48語）を作成した（表9.1参照）。高熟知語、低熟知語のそれぞれ2つの単語リスト間には、頻度レベルかつ文字数において有意差がないことを確認した。以上の4種類の語彙リストを視覚呈示し、その後記憶および自由再生課題を与えた。具体的な実験手順は次の通りであった。
(1) 再生した単語を書くための解答用紙を各被験者に配布する。
(2) 「始めます」の合図のもと、単語を1語ずつ記載したA4サイズのカードを1枚ずつ、実験者が順次めくっていくことで視覚的に呈示する。その際、各呈示語は、A4の用紙に1語ずつ、フォント Times New Roman、サイズ115ポイントで印刷した。呈示時間は、各単語それぞれ1秒で、単語と単語の間隔も1秒であった。
(3) 12語の刺激単語リストの呈示終了後、解答用紙に呈示順にこだわら

ず思い出した順に、再生単語を解答用紙に記入させる。

表9.1　記憶再生用刺激語リスト

	単語	頻度レベル	文字数	熟知度		単語	頻度レベル	文字数	熟知度
リスト1	moon	2	4	100	リスト3	thread	3	6	50
	powder	4	6	100		element	2	7	52
	ceremony	4	8	100		audience	3	8	58
	park	2	4	100		purpose	2	7	57
	magazine	3	8	100		coast	2	5	55
	victory	3	5	100		literature	4	10	59
	summer	2	6	100		depth	4	5	50
	lady	2	4	100		protection	4	9	50
	airport	4	7	100		disease	3	7	59
	beach	3	5	100		needle	4	6	56
	jacket	4	6	100		direction	2	9	55
	success	3	7	100		file	3	4	52
単語数		12	12	12	単語数		12	12	12
平均		3	6	100	平均		3	7	55
標準偏差		0.85	1.47	0	標準偏差		0.85	1.83	3.66

　以上の直後再生条件とは別に、(2)の単語呈示の後、記憶再生を求める前に、乱数表をもとに抽出した4桁からなる数字列12個を視覚呈示し、それぞれの数字列から3を引いた数を解答用紙の所定欄に記入させるという挿入計算課題(約30秒)を与えた遅延再生条件を設けた。これは、視覚呈示後の再生における新近性効果を除去するのを目的とするものである。

　また、各被験者には、実験の実施前に、
　(1) 単語の呈示順は気にせず、思いだした順序に書く。
　(2) 綴りがあやふやな語でも出来るだけ思い出して書く。
　(3) 頭で記憶しメモは取らない。
　(4) 呈示語を声に出して読まない。
という4項目について注意をした。

5.3. 結果と考察

次の表9.2、図9.10は、単語リストを3分割し、4語ずつまとめて初頭・中央・終末の各部位毎に集計した平均再生語数を、それぞれ直後再生条件・遅延再生条件別に示したものである。

表9.2 直後および遅延条件における再生単語数

	直後再生			遅延再生		
	初頭部	中央部	終末部	初頭部	中央部	終末部
人　数 (N)	40	40	40	40	40	40
平　均 (Mean)	3.575	3.275	3.450	3.544	3.219	3.069
標準偏差 (SD)	0.284	0.391	0.336	0.320	0.345	0.427

図9.10 直後および遅延条件における再生単語数

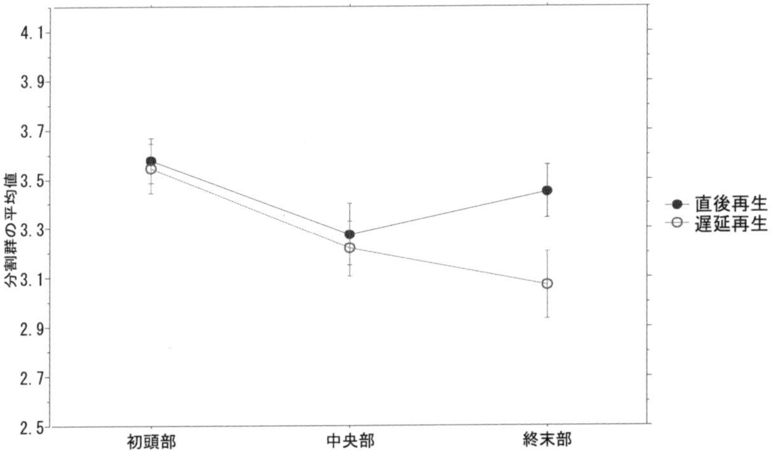

結果は次の通りである。

(1) 通常の直後再生条件では、入力順序の真ん中の系列位置が最も再生率が低く、初頭部および終末部の項目の再生率が高いという初頭性効果 (primacy effect) と新近性効果 (recency effect) がみられた。

(2) 遅延再生条件の場合には、初頭効果はみられるものの、新近性効果

は消失することが分かった。これは、第一言語においてその妥当性が検証されている単語リストの系列位置効果が、外国語として英語を学習する場合にも当てはまることを示すものである。

次に、高熟知語について、直後・遅延条件別に、初頭・中央・終末の各部位毎に集計した平均再生語数を示したものが表9.3および図9.11である。さらに、低熟知語について同様の結果を、直後・遅延条件別に示したものが表9.4および図9.12である。

表9.3 直後および遅延条件における再生単語数：高熟知語の場合

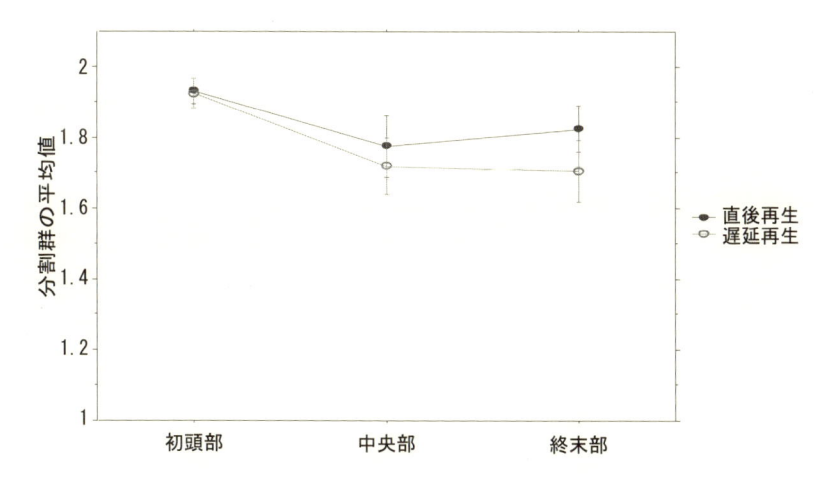

	直後再生			遅延再生		
	初頭部	中央部	終末部	初頭部	中央部	終末部
人 数（N）	40	40	40	40	40	40
平 均（Mean）	1.931	1.775	1.825	1.925	1.719	1.706
標準偏差（SD）	0.113	0.270	0.198	0.129	0.248	0.271

図9.11 直後および遅延条件における再生単語数：高熟知語の場合

表9.4 直後および遅延条件における再生単語数：低熟知語の場合

	直後再生			遅延再生		
	初頭部	中央部	終末部	初頭部	中央部	終末部
人　　数（N）	40	40	40	40	40	40
平　　均（Mean）	1.644	1.500	1.625	1.619	1.500	1.363
標準偏差（SD）	0.259	0.247	0.253	0.289	0.226	0.288

図9.12 直後および遅延条件における再生単語数：低熟知語の場合

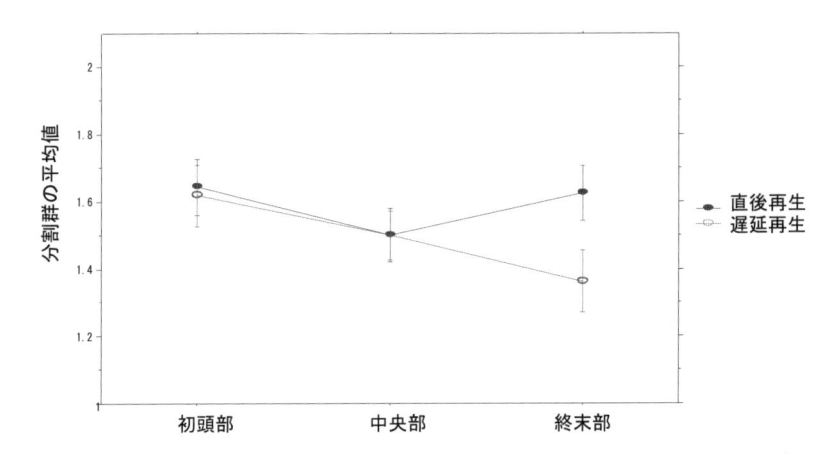

以上の結果から、語の熟知度が有意に影響することが明らかになった。すなわち、低熟知語の場合には、上記の結果と同様、直後再生条件で初頭効果、新近性効果が確認でき、遅延再生条件では、新近性効果のみが消失するという結果が得られた。しかしながら、高熟知語の場合には、初頭効果は確認できるものの、新近性効果は直後再生条件でも遅延再生条件と同様にみられないことが分かった。これはいかなる理由によるものかについては今後改めて追実験をする必要が示唆される。

　本研究を通じて、第一言語の記憶研究において実証されてきた、短期・長期の両記憶庫を区別する根拠とされる系列位置効果が、外国語として英語を学ぶ日本人学習者の場合にも、妥当な枠組みであることが明らかになった。

本章のまとめ

(1) 代表的な記憶の情報処理モデルである、二重貯蔵モデル、処理水準モデル、ワーキングモデルについて紹介をし、記憶に関する研究の進展を跡づけた。
(2) 自由再生における系列位置効果の研究をとりあげ、短期記憶、長期記憶に焦点を当て、どのような研究成果を経て両者を区別する理論的枠組みが構築されたかについて検討した。
(3) 日本人英語学習者を被験者とし、第一言語における短期・長期の記憶の理論的枠組みが基本的に第二言語にもあてはまるかどうかについて検討した筆者自身の実証的研究の成果を紹介した。

さらに研究する人のために

●―― 関連文献紹介 ――●

① 苧阪満里子 2002 『脳のメモ帳：ワーキングメモリ』東京：新曜社

ワーキングメモリについて脳の神経基盤を基に科学的な解明をしている。特に認知活動にとって重要な言語をとりあげ、それにかかわる役割を中心に紹介しているので言語の認知処理関連の研究者には絶好の一冊であると言えよう。

② 苧阪直行（編）2000 『脳とワーキングメモリ』京都：京都大学学術出版会

脳の高次機能とワーキングメモリの関わりを中心に議論を展開したもの。広範な領域にわたる著者により書かれているので、ワーキングメモリについて広範な分野から理解を深めたい人には有益な書である。

③ 高野陽太郎（編）1995 『認知心理学　2記憶』東京：東京大学出版会

認知心理学【東京大学出版会　全5巻】のシリーズの中の「記憶」

にスポットをあてた一冊である。初めて認知心理学に興味を持ち記憶研究を概観しようとする人には必読の書である。

④ 篠原彰一 1998『学習心理学への招待』東京：サイエンス社

学習の基礎的過程を扱う領域の学習心理学について解りやすく解説している。特に記憶の研究の章はこれから研究を志す人には基礎知識として推薦できる好書である。

⑤ Baddeley, A. D. 1982. *Your memory: A User's Guide*. London: Book Club Assorciates（川幡政道（訳）1988　記憶力－そのしくみとはたらき　誠信書房）

ワーキングメモリについて日本語に翻訳され解りやすく解説されているので、Baddeley著のこの一冊を読むと、ワーキングメモリに関する概観がはやく掴め、また理解が容易になる。Baddeleyモデルの初心者向け入門書。

⑥ 高橋雅延 1996『記憶における符号化方略の研究』京都：北大路書房

著者自身の博士論文に基づいた研究書で、10年間の各種研究成果をまとめたものである。記憶研究における符号化方略に関して推薦できる第一級の研究書である。

――――● 卒論・修論のための研究テーマ ●――――

① 記憶の処理と保持のトレードオフ関係についての研究

リーディングスパンテスト(ESL版)を使用して、英文読解力と文中の単語の記憶保持との相関を研究するのもおもしろい。また、リスニングスパンテスト(日本語版：苧阪、1997)を参考に、リスニングスパンテスト(ESL版)を開発し、リスニング力との関係を研究することも必要である。

② 精緻リハーサルと記憶保持の研究

形態、音声、単語項目間の意味関係、単語のイメージ形成など、どのような形の符号化が記憶保持を向上させるのか、また、記憶に深く痕跡を残すとされているリハーサルの種類を変えると、どれだけ記憶

の保持がかわるのかに関する研究。外国語としての英語を対象にこのような精緻リハーサルの種類と記憶保持の関係について研究することは、単語の獲得・学習にも繋がる重要な研究テーマである。

付録9.1 外国語としての英語(ESL)版のリーディングスパンテスト：練習問題・2文条件・4文条件の一部を抜粋(芋坂、1998にもとづく)

Practice
(1) Practicing typing is not very difficult.
   Music always provides us with pleasure and comfort.
(2) Some people can see red apples in their dreams.
   The boy swam in the river this summer.

2 sentences
(1) The boys got together in the cave at midnight.
   The man's dream was to create his own baseball field.
(2) The medical students decided to conduct a dangerous experiment.
   The lonely soldier's only friend was the gray wolf.
(3) The student came to New York to enter college.
   For several reasons, the police kept an eye on the man.

4 sentences
(1) The rich but lonely man fell in love with the beautiful woman.
   The man wanted to tell his girlfriend his real identity.
   Since he really liked the yellow hat, he always wore it.
   He began a distinguished career as a car racer.
(2) The time machine crashed into a train and broke into pieces.
   Her health became worse after she gave birth to her baby.
   The audience became angry when the child spoiled the play.
   The couple's fight would probably be best described as a war.
(3) She saw a woman who was sitting behind the counter.
   The two countries chased the submarine for very different reason
   The child defended his home against the heavy storm.
   A best selling author was disturbed by his fan.

第10章

メンタルレキシコンの脳内機構

　本章では、脳科学の進展に伴って明らかにされつつある脳内におけるメンタルレキシコンの所在とその働きのメカニズムについて探ることを目的とする。
　まず、言語の構造と脳内機能との関係について、脳の大脳半球の基本的構造と機能について概観し、脳の機能局在について触れる。次に、言語処理の脳内メカニズムを解明するために進展してきた陽電子放射断層撮影（PET）や磁気共鳴機能映像法（fMRI）などの検査法を紹介し、失語症研究からみたメンタルレキシコンの所在について検討する。続いて、脳内における言語処理のメカニズムを検討しながら、失語症患者に対する PET 研究の成果とあわせて、メンタルレキシコンの構造と所在について議論する。

> ● キーワード ●
> 脳科学(brain science)、大脳半球(hemiaphere)、失語症(aphasia)、
> 陽電子放射断層撮影(PET)、磁気共鳴機能映像法(fMRI)

1. 脳のはたらきと言語

　酒井(2002)は、言語を「心の一部として人間に備わった生得的な能力であって、文法規則の一定の順序に従って言語要素(音声・手話・文字など)を並べることで意味を表現し伝達できるシステムである」と定義する。人間にしかない言語機能は、文法を使う能力であり、その文法が脳のどこにあるのかを探ることが言語の脳科学の目標の一つであると言える。

　言語学における言語と脳に関する研究は、統語論(syntax)を中心に研究が行われてきたのに対して、形態論およびレキシコン(語彙)の意味論的問題とも密接に関連しているため、レキシコン研究と脳科学研究は長い間にわたって乖離した状態にあった(萩原、2002)。しかし、最近の生成文法では、統語構造は語彙情報の投射(projection)であるという立場が広く受け入れられるようになり(Chomsky, 1986; Pustejovsky, 1995など)、レキシコンに関する研究が統語理論に果たす役割も大きくなってきたと言える(郡司、1994などを参照)。

　脳内における言語処理とメンタルレキシコンのかかわりについて考察する前に、まず脳神経科学的基礎として、大脳半球の構造と機能について概観する。

1.1. 脳の構造と機能

　大脳皮質(cereberum)は、左半球および右半球の2つの半球(hemisphere)に分かれていて、脳梁(corpus callosum)と呼ばれる神経束で連結されている。この脳梁は、両半球の連結器官でもあり、それぞれの半球でおこなわれる心的プロセスの統括器官でもある。このことを示す有名な研究に、Sperry(1968, 1982など)があるが、それによると、てんかん症(epilepsy)

の治療のために脳梁を切断し、左右の大脳半球を離断した患者は、脳梁が正常に機能しなくなり、両半球間で情報交換が行われなくなる。そういった患者に対し、右視野のみに筆記語を提示するなど、一方の半球だけに課題刺激を与え、離断脳の能力を調査する実験を行った。その結果、分離脳患者は左半球では話しことばと書きことばを使うことができるが、右半球ではほとんどできないことが示された。こうしたことは、左右大脳半球の機能分化を示している。

　大脳半球全体の概観は、下図に示すように、ほぼ左右対称の2つの半球が接合している(図10.1)。解剖学的には、大脳半球は4つの脳葉に区分される。それぞれ前頭葉(frontal lobe)、頭頂葉(parietal lobe)、側頭葉(temporal lobe)、後頭葉(occipital lobe)と呼ばれる(図10.2)。さらに、前頭葉と頭頂葉は、中心溝(central sulcus: ローランド溝とも言う)によって分けられ、外側溝(lateral sulcus)によって側頭葉と区分される(図10.3)。これらは、おおまかな物理的特徴に基づいた区分であるが、認知的機能はある程度が前頭葉で、一般的体性感覚は頭頂葉で、聴覚は側頭葉で、視覚は後頭葉でそれぞれ行われているとされる。

　言語的・非言語的処理は、脳内でさまざまな部位が関与して脳全体として処理が行われるが、それぞれの処理は、いわば分業して行われながら統

図10.1　上から見た大脳皮質
　　　　 (Sidman & Sidman,
　　　　 1965にもとづく)

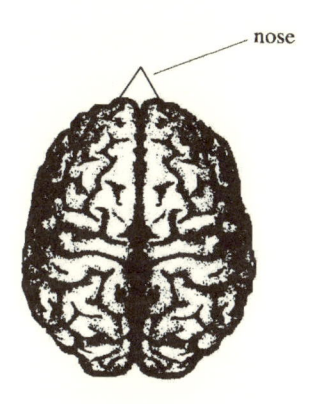

図10.2　大脳半球の脳葉区分
　　　　 (Springer and Dentsch,
　　　　 1993にもとづく)

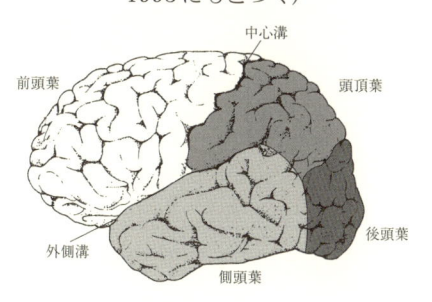

図10.3 大脳皮質の構造
(乾、1998: 59にもとづく)

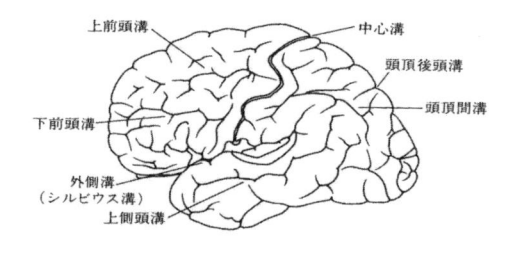

図10.4 視覚経路
(Schneiber & Tarshish, 1986にもとづく)

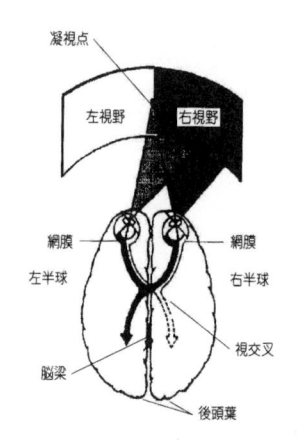

合されていく。図10.4に示すように、左半球は右手、右腕、顔の右半分など身体の右側を制御するのに対して、右半球は左側を制御することが分かっている。これは「交叉支配の原則」と呼ばれる。たとえば、右半球の脳卒中(stroke)は、身体の左側に障害を引き起こし、患者は左手、左足、顔の左半分を制御できなくなり、その結果、左腕や左足を動かしたり、明瞭にしゃべることが困難になる。

　また、それぞれの大脳半球には、特定の構造と機能が割り当てられている。たとえば、言語や論理・分析操作や高等数学などは左半球に起こるのがふつうであり、右半球は人の感情や顔を認知したり、物事の構造を分析せずに丸ごと全体的にとらえることに優れている。このような大脳半球の構造と機能の分業を「ラテラリティ(側性化; laterality)」と呼んでいる。Kolb & Whishaw(1996)は、大脳半球の左右の機能的差違(右利きの場合)を表10.1のようにまとめている。

　このように大脳皮質の左右半球でさまざまな分業が行われているが(局在主義)、後の節でも述べるように、たとえば、「言語理解」と一口にいっても、そのためにはさまざまな部位が同時に関与しており、やはり大脳全体として処理されている(全体主義)は注意しておかなければならない。ま

表10.1 大脳半球のラテラリティ（Kolb & Whishaw, 1996にもとづく）

機能	左半球（＝言語脳）	右半球（＝感覚脳）
視覚	文字、単語	複雑な幾何学パタン、顔
聴覚	言語に関係する音	非言語的環境音、音楽
体性感覚	?	複雑なパタンの触覚的再認、点字
運動	複雑な随意運動	空間パタンを含む動作
記憶	言語的記憶	非言語的記憶
言語	発話、読み、書字、計算	プロソディ（韻律）
空間処理		幾何学、方向感覚、図形の心的回転

た、たとえば文章にタイトルがある場合とタイトルがない場合では、脳の活性部位が異なるというデータもあり（Kutus, Martinez and Sereno, 1999など）、同じ言語処理であっても、その様相はきわめて複雑であると言える。

1.2. 脳と言語の研究方法

　古くから、ことばは脳で処理されている、と考えられてきた。19世紀前半までは、てんかんや脳卒中で言語や精神に異常をきたした大脳損傷患者の観察など、もっぱら臨床に基づいて、言語の機能が脳とどのように関わっているかが検討されてきた。

　しかし、近年の技術的進歩はめざましく、脳における言語処理の実態を明らかにする検査法がいくつか開発されている（表10.2参照）。つまり、脳の活動を目に見える形で捉えることができるようになってきたのである。これを、ニューロイメージング（脳の活動の可視化）と呼ぶ。

表10.2 言語機能と脳の関係を検討する主な検査法

コンピュータ断層撮影（computer tomography; CT）
陽電子放射断層撮影法（positoron emission tomography; PET）
機能的磁気共鳴画像法（functional magnetic resonance imaging; fMRI）
脳磁図（magnetoencephalography, MEG）
脳波（electroencephalography, EEG）
事象関連電位（event-related potentials, ERPs）

1960年代に入って開発されたコンピュータ撮影法(computer tomography: CT)により、死後解剖前に大脳損傷部位を特定できるようになったのをはじめとし、さまざまな技術の進歩によって、脳を解剖したりすることなく、脳にあまり負担をかけずに脳機能を測定できるようになり、健常者(非失語症患者)をも対象にした研究が可能となった。こうした方法は、「非侵襲的脳機能画像(non-invasive brain functional imaging)」と呼ばれるものである。陽電子放射断層撮影法(PET)、機能的磁気共鳴画像法(fMRI)などがそれにあたる。

　まず、陽電子放射断層撮影法(PET)を取り上げよう。何らかの活動を行うとき、それに伴って、大脳内のシナプスの活動も増減することによって、血流の変化をもたらす。その血流の変化を測定する方法が、PETである。これは、脳の代謝を測定する手法の1つで、神経細胞内に含まれる放射性元素を頭の外から検出して、それが脳のどの部分に溜まっているかを調べるものである。脳の局所血流量および脳代謝を測定することによって、活性化している局在が推定できる。

　次に、機能的磁気共鳴画像法(functional magnetic resonance imaging, fMRI)を取り上げよう。fMRIも脳の代謝を測定する手法の一つで、特定の認知行為に伴う血液中の酸素飽和度の変化から生じる磁気信号から画像が構成されている。血中に放射性物質などを入れるといった負担をかけることなく、鮮明な画像が得られる。さらに解析速度も数十ミリ秒とPETに比べて非常に精密である。

　これらの方法によって、さまざまな活動を行ったときに脳内のどの部位が活性化・賦活化しているかというデータが、画像によって得ることができる。しかし、これらの方法は、空間的解像度(脳のどの部位が活動しているか)に優れており、かなりの高い精度で特定することができる一方、時間的解像度(時系列に沿って脳活動がどう変化するか)については必ずしも詳細な情報が得られるわけではない。この点に優れているのが、脳波(electroencephalogram: EEG)、脳磁計(magnetoencephalogram: MEG)などである。

　まず、脳波を取り上げよう。脳波はもっともよく知られたものであり、

認知活動の測定に利用するために開発されたのが「事象関連電位(event-related potentials: ERPs)」である。これは、特定の心理的活動に伴ってあらわれる内因性の脳電位を調べるものである。何らかの活動をおこなうと、脳の神経細胞の活動に伴って脳内に電流が発生するのである。内因性電位とは、大脳内から能動的に自発してくる成分のことであり、被験者の経験や意欲や意志決定といった心理的要因に大きく依存して発生する。具体的には、頭皮上から脳内の電気的な変動を記録し、コンピュータを用いて何回も加算平均して、特定の刺激によって生じる波形を抽出したものである。刺激に対して脳内で何が起こっているかは、波形(陽性波 positive wave か陰性波 negative wave)、潜時(刺激提示後その波形が出現するまでの時間)、それに対する頭皮上の分布(頭頂部か側頭部かなど)によって示される。

　言語刺激には、P300やN400と呼ばれる成分が関与していると言われている。たとえば、P300とは、問題となっている刺激提示後約300ミリ秒で発生した陽性波を意味し、N400とは刺激提示後400ミリ秒で発生した陰性波を意味する。P300は一般に被験者は次に来る刺激を予測しながら、その期待に反するような刺激が来たときに生じる。ERPsは、時系列に沿って、情報処理過程の変化をリアルタイムで測定することができるという点では優れているが、空間的解像度は劣る。つまり、脳内におけるどの部位が活動しているかを決定することは難しい。

　次に、脳磁計を取り上げよう。脳波計の難点を克服したのがMEGと呼ばれるものである。人間の体内ではさまざまな電気活動が行われているが、電流が流れるとその周辺に磁場が生じる。脳が活動しているときに生じる脳磁場は、非常に微弱であるため、これを測定することは困難であった。しかし、超伝導を利用して新しく開発された超伝導量子干渉装置(super-conducting quantum interference device: SQUID)によって、脳磁場を測定することが可能になった。

　これらの検査法のどれか一つが優れているわけではなく、それぞれの長所と短所を理解した上で、複数の方法によって言語処理過程を検討する必要がある。現在の技術面での限界もある一方、信頼できるデータが得られ

るようになっても、それを解釈する理論が必要である(大津、2002: 262)ことは言うまでもない。

2. 失語症研究からみたメンタルレキシコンのありか

言語の脳内メカニズムをさぐる研究は、もっぱら大脳損傷患者を対象としたものが多かったことはすでに述べたが、現在でも失語症患者から得られる知見の意義は大きい。本節では、失語症の代表的症状を概説し、メンタルレキシコンのありかを探ってみたい。

2.1. 失語症の分類

脳のどの部位がどのような言語機能を司っていると考えられているかという問いに対する手がかりは、失語症研究が与えてくれることが多い。言い換えれば、失語症研究によって、脳のどの部位にメンタルレキシコンがどのような形で存在するのかを探る手がかりとなる。

表10.3　主な失語症候群(Howard, 1997などにもとづく)

失語症タイプ	症候	主要損傷域
ブローカ失語 (Broca's aphasia)	発話面の障害、非流暢、努力性の言語表出、韻律の障害、失構音、文法障害	ブローカ野 (運動性言語中枢)
ウェルニッケ失語 (Wernicke's aphasia)	理解面の障害、流暢多弁な錯誤性、発話、ジャルゴン、音韻性および語性錯語、新造語	ウェルニッケ野 (感覚性言語中枢)
伝導失語 (Conduction aphasia)	復唱能力の障害、発話は比較的流暢だが、自己修正など音韻性錯語	左頭頂葉
超皮質性運動失語 (Transcortical motor aphasia)	自発語極端に減少、理解力は保存命名、復唱は良好	ブローカ野の前方または上方
超皮質性感覚失語 (Transcortical sensory aphasia)	ウェルニッケ失語に類似、復唱保存	ウェルニッケ野に接する頭頂後頭部
失名辞失語(健忘失語) (Amnesic aphasia)	流暢な発語、喚語困難(迂回反応)	局在なし(左角回、左前部側頭葉を重視する説がある)
全失語 (Total aphasia)	言語活動すべてにわたる広範で重篤な障害、再帰性発話	広範囲にわたる病巣

失語 (aphasia) とは、いったん獲得された言語知識が、言語機能を担う大脳の病変によって後天的に障害された状態を言う。言語知識の体系は、聴覚や認知機能に問題がなければ、誰もが習得できる音声言語が骨格となっているため、失語の中核的症状は音声言語障害であり、聴理解障害、錯誤、喚語困難、呼称障害などの諸症状が引き起こされる。失語症はいろいろな分類法が提唱されてきているが、最も一般的に用いられるのは、古典論に基づく失語分類である。

古典論に基づく失語分類では、ブローカ失語(運動性失語)、ウェルニッケ失語(感覚性失語)、伝導失語、全失語、失名辞失語、超皮質性運動失語、超皮質性感覚失語、混合性超皮質性失語に分けられる。

2.2. 失語症候群の概観

脳のある特定の部位に損傷を受けると、ある特定の失語の症状が現れる。このことは、ある種の失語症が他のタイプの失語症よりも局在性を持っていることを示しており、脳のどの部位がどのような言語機能を司っているかを探る手がかりとなるものである。主な失語症のタイプとその責任病巣を下図に示す(図10.5)。

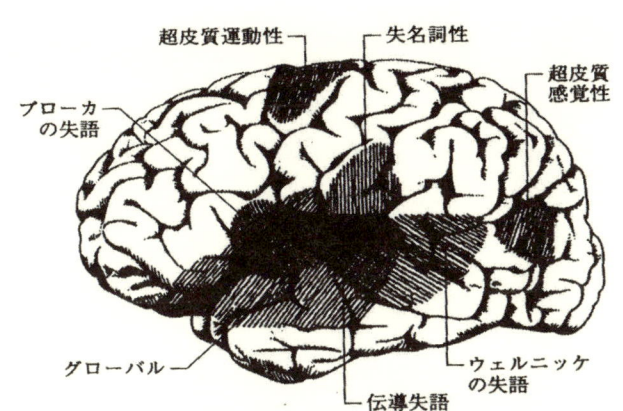

図10.5 失語症と関連する解剖学的領域(Temple, 1993にもとづく)

(1) ブローカ失語（運動性失語）

聴理解は比較的良好であり、日常会話においては問題ないが、発話のプログラミングに障害があり、すらすらとはなせなくなり、音が歪んだりプロソディーの異常も生じる。

(2) ウェルニッケ失語（感覚性失語）

発話は流暢で多弁になることもあるが、語性錯誤や音韻制錯誤などの「錯誤」が出現し、何を言っているのかわからないジャーゴンとなる。また、聴理解の障害が著しく、単語の意味もわからなくなる場合が多い。

(3) 伝導失語

聞いたり読んだりという理解の面では比較的良好であるが、復唱（語を反復すること）が困難であるという特徴がある。たとえば、'teethe'を'teeth'としたり「めがね」を「めがろ」と発話する音韻性錯語や、「犬」を「いね」とする錯書が頻繁に起こる。これは、弓状束が障害されている。

(4) 全失語

病巣が左中大脳動脈環流域全域におよび、聞く、話す、読む、書くというすべてのモダリティにおいて重度の障害がみられる。ほとんど発話が理解できないか、せいぜい型にはまって自動的に言いやすい発話音をいくつか口にするだけである。また、自分の名前も書けないのが普通で、有意味な単語を書くことが出来ず、写字も困難であることが多い。

(5) 超皮質性運動失語・超皮質性感覚失語・混合性超皮質性失語

いずれも言語野が他の皮質領域と部分的に離断されている。超皮質性運動失語は、理解は良好だが、自発話に乏しい。相手の発話をそのまま復唱したり、相手が途中まで言いかけた言葉の続きを補って繰り返す補完現象が見られる。超皮質性感覚失語は意味理解が乏しい。すべての言語モダリティは重度に障害されているが、復唱だけが保たれる症状は混合性超皮質性失語と呼ばれる。

2.3. 語義の障害とレキシコン

レキシコンは語概念、語音、語で表される事物およびその事物で代表されるさまざまな記憶心象などが集約的に連結されているネットワークであ

ると考えられているが、その中でも中心的な要素は、「語概念」である。

　岩田(2001)によれば、語想起の障害が著しい、いわゆる失名辞失語の症状を呈した患者の責任病巣は、左側頭葉の下部にあることがわかったと言う。また、Damasio, et al.(1996)も、有名人の名前・動物の名前・日用道具名の3つの語彙カテゴリーに分けて、脳損傷部位と語想起障害のパターンとの関連性についての検討から、左半球側頭葉の前部は主として人名の想起に関わり、下側頭回中は動物の名前、そのさらに後方は、道具の名前を蓄えていると述べている。Damasio, et al.(1996)はさらに、さまざまな絵を見せ、その名前を言うときの脳の活動状態をPETスキャンによって検討し、健常人の単語呼称過程を調べた研究について報告しているが、そこでも局所脳損傷における結果を支持すると結論づけている。

　緩徐進行性失語症によって比較的多く見られる病像である語義失語では、物品呼称が困難になり、呼称できない物品名を告げても、正しい名称かどうかも再認できなくなるという症状を呈する。つまり、当該の語彙が完全に欠落してしまっており、これは辞書機能が失われたためにこのような現象が生じると考えられる。このような症状を呈する患者のMRIでは、左側頭葉内側面皮質、とくに紡錘状回の前方部に変性萎縮が認められることが多い。

　また、Patterson(1994)は、紡錘状回の前方部に変性萎縮が認められる緩徐進行性失語症患者の物品呼称能力について長期観察を続けたところ、(1)語彙の脱落は個々の語彙に独立して生じ、(2)ある時点で呼称できなくなった物品については、その後再び呼称できるようにはならないこと、(3)個々の物品の呼称ができなくなっていくとき、それらの語彙はより上位の概念を表す語彙に置き換えられることがわかったと言う。つまり、Pattersonの研究は、人間のメンタルレキシコンにおいては、語概念の広さに従って階層的な語彙ネットワークが形成されていることを示唆しており、このような語彙ネットワークはおそらく左側頭葉内側部に存在すると考えることができる。

　以上のような事実に照らして考えると、脳内におけるレキシコン機構は、左側頭葉内側面前方部、中でも紡錘状回の前方部に存在する可能性が強い

と言えよう。

3. 脳内における言語処理からみたレキシコン

　前節では、失語症研究の中でも語想起障害の研究成果から、メンタルレキシコンのありかを探った。本節では、さらに広い視野に立って、脳内の言語処理のメカニズムの中でレキシコンの座を検討したい。

3.1. 脳内における言語処理メカニズム
　大脳損傷患者の症状から脳内における言語処理メカニズムについて論じたものに、Damasio and Damasio(1992)がある。彼らは、脳における言語処理機構として、単語が表す概念系、単語・文章生成系、これらをつなぐ媒介系の3つを設定している(図10.6参照。なお、媒介系の存在意義に疑義を唱える考え方もある。杉下、1995: 153などを参照)。
　この中で、概念系がまずメンタルレキシコンと呼ばれる辞書機構に相当する。概念系は、色や動物、道具などといったカテゴリーごとに脳内で細

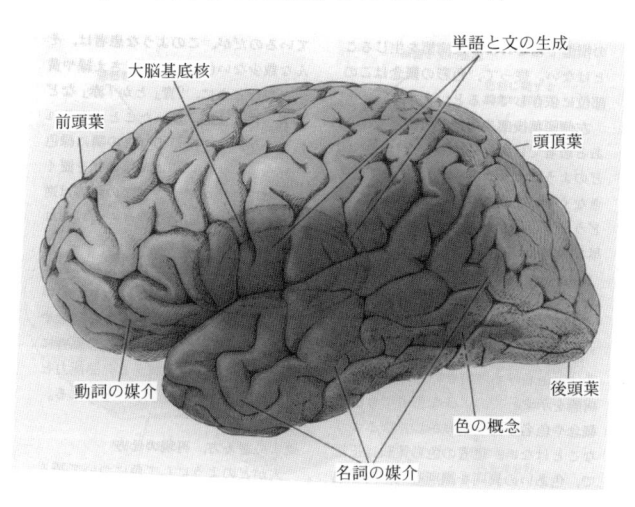

図10.6　言語半球をつかさどる左半球
（Damasio & Damasio, 1992 にもとづく）

かく分かれており、図10.6に示すように、色の概念は視覚連合野にあり、ここに損傷を受けると色の概念が全く失われてしまう。また、2.3でも触れたように、ある患者は、知っているはずの動物を全く認知できなくなったが、他のカテゴリーに属している物は正しく認知できたという。

山鳥(1997)においても、生物と非生物、家具や家屋関係物品、身体部位、色彩などの語彙がある程度独立して処理されている可能性を指摘している。また、Damasio, et al. 以降のさまざまな失語症研究を踏まえて、家屋や身体部位に関する語彙は頭頂葉、色彩語彙は後頭側頭移行部、一般的物品名や動物名などは側頭葉を中心に構造化している可能性があるとしている(山鳥, 1997: 39)。

単語・文章生成系は、左半球のシルビス裂周囲にあるとされており、概念系で選択された概念が、ここに送られ、正しい音素配列がなされて、発話されることになる。しかし、ここに損傷を受けると、正しく発音ができなくなったり、意味の類似した単語を発したりする。

この二つの系を連結してインタフェイスの役割を果たすのもいわば辞書機構(メンタルレキシコン)の役割である。語想起は名詞の媒介系のはたらきによるものと考えられ、左側頭葉(ブロードマンの20、21、38野)にあるとされている。つまり、ここに損傷を受けた患者は、見た物が何であるかはすぐに理解はできるが、その名前を言うことはできなくなる。興味深いのは、概念系に見られたのと同様、媒介系でも名詞のカテゴリーによって関与する部位が異なっており、また、品詞によっても異なる。動詞の媒介系とされているのは、前頭葉周辺(下前頭回後部)であることがわかってきている。

次に、N400成分を用いて言語処理過程について検証した知見を紹介する。Kutus and Hillyard(1983)は、文の途中に意味的に逸脱した単語を挿入し、N400成分について調査したところ、その意味的逸脱単語に対してN400成分が発生した。このことは、すでに第8章でも触れたように、文理解過程において先行文脈との意味的整合性が脳内でリアルタイムで行われていることを示す一つの証拠と言える。このようなN400成分の脳内発生源は、左半球の側頭部であるという示唆が得られている(中込1994

などを参照。また、Kutus and Hillyard, 1984; Nevil, *et al.*, 1991 などを参照)。

3.2. 語彙へのアクセス

　人間は、ことばを理解したり産出する際に、脳のどの部位がその活動にかかわっているのだろうか。また、それは聴覚処理と視覚処理では異なるのだろうか。ニューロイメージング技術の進歩により、脳の活動している部位を視覚的に見ることができるようになった。

　Peterson は、PET を利用して、健常者の静脈内に水 $H_2^{15}O$（陽電子放出酸素 $-15^{15}O$ で標識された水）を注射し、被験者が凝視点を見つめる場合と、よく知っている英語の名詞を受動的に聞かされたり見たりする場合を 40 秒間 PET スキャンした。

　Petersen, Fox, Posner, Mintun and Raichle (1989) は、英語の単語（名詞）を視覚または聴覚提示し、それに対する適切な単語（動詞）を答えさせるという課題を用いて、PET スキャンを行った。実験では、たとえば、被験者に hammer（ハンマー）という名詞を見せる、または聞かせる、そして、これに対する適切な動詞（この場合は、hit）を答えてもらう。

　この実験には、単語を見る、単語を聞く、単語を言う、単語を生成するという活動が含まれているが、図 10.7 に示すように活性化している部位はそれぞれ異なっている。

　語を聞くと、両半球の第一聴覚投射領域と左半球近くの側頭頭頂葉領域の血流が増加した。単語を見ると、左半球の方がずっと増加するが、第一視覚投射領域および両半球のその近くの外有線皮質の血流が増える。被験者に一対の単語を見てもらい、それらが韻を踏んでいたらボタンを押すように指示した場合は、外有線皮質と側頭頭頂葉領域の活性化が見られた。この結果は、左半球で聴覚的に語のイメージが形成され、外有線皮質で視覚的に語のイメージが形成されるということを示唆している。見たり聞いたりした語を音読するという発語には、一次運動野および補助運動野、小脳の中心部分、外側溝の後ろに隠れている島皮質が活性化している。そして、動詞の生成活動には、左前頭葉、左側頭葉、帯状回前部、右小脳皮質

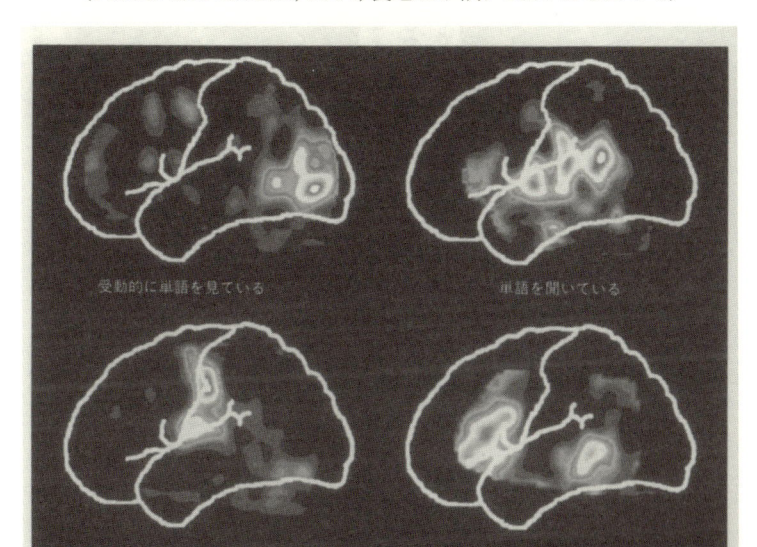

図10.7 PETスキャンした画像の切断面：左半球
(Posner and Raichle, 1994; 養老ほか訳、1997にもとづく)

の4つの領域が関与しており、かなり複雑な認知活動になることの証拠とも言える。

3.3. 読み書きの神経機構モデル

岩田(1996)は、さまざまな臨床観察に基づき、読み書きに関わる神経機構モデルとして、「二重神経回路仮説」を提唱した。それは、左角回(AG)を経由する神経回路と平行して左側頭葉後下部(T)を経由する神経回路が存在し、それぞれが独立したモジュールとして分業的に情報処理を行っているというものである。

つまり、読み書きに関しては、後頭葉視角領域から左角回(AG)を介してウェルニッケ領域(A)に達する音韻読みの過程と、左側頭葉後下部(T)を介して表現される意味読みの過程がある(第6章第3節参照)。したがって、左角回病変では、かな文字の失読が見られても漢字語の読み書きは保たれるのに対して、左側頭葉後下部病変では漢字語の失読を生じるという。

図10.8　読み書きの神経機構についての二重神経回路仮説
（岩田、1996: 138 にもとづく）

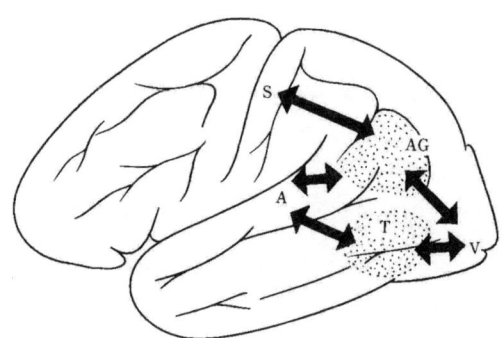

A：聴覚領域（ウェルニッケ領域）
S：体制性感覚領域
V：視覚領域
AC：左角回
T：左側頭葉後下部

　書字の場合には、ウェルニッケ領域から左角回を介して体性感覚領域（S）に至る神経回路は、文字の視覚的イメージの想起を必要としない、かな文字の書字過程を実現しているのに対して、漢字の書字においては、多くの場合文字の視覚的イメージを想起して、これを視覚構成的に書く、という操作が必要である。これを実現しているのが、ウェルニッケ領域から左側頭葉後下部を通して後頭葉視覚領域に達する神経回路と、次にここから左角回を介して体性感覚領域に至る神経回路である。
　この岩田モデルは、読み書き機能を担っているのは左角回である（左角回中心仮説）とする欧米で広く受け入れられている仮説では説明できない事実に基づいて提唱されたモデルである。なお、このモデルはその後の研究に基づいて修正されたが、それについては、岩田（2001）を参照されたい。

4. 今後の展望

　言語をはじめとする高次脳機能についてブレインイメージングの手法を用いて解明しようとする試みは、現在盛んにおこなわれるようになってきている。その成果の一端をわかりやすく解説したものに、酒井（2002）、川島（2002）などがあるが、文字にアルファベットを用いる言語と漢字や

仮名を用いる言語による言語処理機構の相違、統語的処理や意味的処理のメカニズム、文脈処理との関係など、今後検討すべき課題は多く残されている。

また、本章で述べてきたこととはやや離れるが、外国語教育との関係について触れておく。失語症の診断を行う際に「標準失語症検査」や作業課題が行われる。これは、言語能力をさまざまな要素に分け、それぞれの得点率から、どのような種類の失語症になるのか、またその程度が重度であるのか軽度であるか、あるいは非失語であるかどうかを診断するためのテストであり、学会における症例研究の発表などでは、前提となる患者の症状を示す重要な指標となっている。一方、日本の英語教育では、TOEICやTOEFL、英検などの検定試験が日本人の英語能力を示す指標の一つにあげられることが多いが、学習者のある時点での英語力を測定したり、弱い領域を明らかにしいわば臨床・訓練をおこなうためには、新しいテスト法・標準テスト、訓練方法の開発が望まれる。その際に「標準失語症検査」などが参考になるであろう。そうすれば、もっときめ細かい実効性のある指導も可能になるだろう。そして、言語の脳科学、言語処理(理解と産出)のメカニズムなど心理言語学的な研究成果を十分に参考にすることが、一人一人の言語能力を伸ばす方法論の開発にもつながるであろうし、ひいては豊かな言語生活が送れる学習者を育てることにもなるだろう。

本章のまとめ

(1) 言語は、心の一部として人間に備わった生得的な能力であり、人間のみにある言語機能が文法である。
(2) その文法が脳のどこにあるのかを探ることが「言語の脳科学」の目的である。
(3) 人間の認知活動は大脳半球で行われており、前頭葉、頭頂葉、側頭葉、後頭葉に分かれている。
(4) 大脳半球では、それぞれの言語機能が左右半球で分業されており、

これを大脳半球のラテラリティと言う。
(5) 言語の脳内機構をさぐる技術の進展はめざましく、EEG, MEG, PET, fMRIなどの方法がある。
(6) 失語症とは、いったん獲得された言語知識が、大脳半球の病変によって後天的に障害された状態を言う。
(7) ニューロイメージングの検査法を用いた失語症研究などから、脳内での言語処理が行われている部位の特定や処理のプロセスが次第に明らかにされつつある。

さらに研究する人のために

● 関連文献紹介 ●

① 酒井邦嘉 2002『言語の脳科学―脳はどのようにことばを生み出すか』東京：中央公論社(中公新書)

言語研究をサイエンスの対象と見なし、最新の脳科学の視点から数多くの実験やMRIなどの技術の発展によって飛躍的な進歩を遂げた言語の脳科学の現状をわかりやすく解説した本である。

② Brown, C. and P. Hagoot. (eds.). 2000. The *Neurocognition of Language*. Oxford: Oxford University Press

人間の言語情報処理の言語心理学的モデルからさまざまな脳機能イメージング技法まで幅広いトピックを集めた論文集である。最新の詳細な情報がわかりやすく解説されいる。

③ 萩原裕子 1998『脳にいどむ言語学』東京：岩波書店

言語学的立場から脳内における言語メカニズムを検討した著書であり、失語症の具体的解説の他、EEGやMEGを使った実験結果などが、わかりやすい語り口で紹介されている。内容は高度だが、とてもわかりやすい好著である。

●――― 卒論・修論のための研究テーマ ―――●

① 語彙情報がもつ統語情報と意味情報

　文科系の学生や院生が個人的に脳機能イメージングの手法を使って実証的研究を行うことは難しい。しかし、神経学者や心理学者などとの共同研究の形で、言語学の立場から貢献することは可能であろう。

　また、文を理解したり産出する際に、脳のどの部位でどのような処理が行われているか1つ1つ重ねられた調査の全貌を把握することにより、文系に属する英語など第二言語処理研究とのギャップを埋め、メンタルレキシコンの構造と所在を明らかにすることができ、さらに第二言語習得理論の構築にも実質的貢献をすることが可能になるであろう。

② 語形成の脳内メカニズムを探る

　近年、形態・語形成のメカニズムの理論的研究を脳機能イメージングの手法を用いて検証しようという動きが次第に盛んになってきている。たとえば、語形成の二重メカニズム仮説の妥当性について考察した萩原(2002: 212-220)などを参照し、第二言語処理との関連で独自の理論化、モデル化をする必要もあろう。

第11章

語彙ネットワークと第一・第二言語のメンタルレキシコン

　メンタルレキシコン内の各語彙項目は、意味ネットワークによって互いに結びつけられ、項目間の相互関係にもとづき、それぞれの意味概念が規定されている。このネットワークは、基本的に階層構造(包含関係)を成して体制化され、相互にリンクで結合されていると仮定できる。本章では、まずこのような語彙項目間の階層性に関してこれまで検討した研究について紹介する。さらに意味ネットワークモデルの問題点を克服すべく提案された活性化拡散モデルについて検討し、それが各種実験結果を説明するモデルとなることを示す。次に、第二言語や外国語におけるレキシコンと母語のレキシコンとの関係に着目した、バイリンガルレキシコンのモデルについて考察する。最後に、日本人英語学習者を対象とした語彙連想研究の結果得られたデータについて検討し、その成果にもとづいて、母語のレキシコンと第二言語・外国語のレキシコンの関係や語彙ネットワークの発達段階について展望する。

> ● キーワード ●
>
> 長期記憶(long-term memory)、意味特徴モデル(semantic feature model)、階層的ネットワークモデル(hierarchical network model)、活性化拡散モデル(spreading activation model)、語彙連想(lexical association)、音韻ネットワークと意味ネットワーク(phonological and semantic network)、シンタグマティック連想(syntagmatic association)、パラディグマティック連想(paradigmatic association)、バイリンガルレキシコン(bilingual lexicon)

1. メンタルレキシコン内の語彙知識の表象

　われわれの心の中のメンタルレキシコンにおいて、語彙はいかに蓄えられているのであろうか。これは長期記憶における記憶(＝知識)表象と絡んだ問題である。これまでのところ、意味特徴(意味素性と呼ぶこともある)モデル、階層的ネットワークモデル、活性化拡散モデルの3つの考え方が提案されている。

1.1. 意味特徴モデル(semantic feature model)

　語の意味が心の中でいかに表象されているかに関するひとつの考え方は、語の意味を個々の意味特徴(素性)の集合だとみるものである。これは、言語学研究においてもともと提案された(Katz and Fodor, 1963)が、認知心理学においては、Smith, Shoben and Rips(1974)によって、①定義的特徴(defining features)および②性格的特徴(characteristic features)の2つに分類された。①の定義的特徴は、語の意味概念を他の意味概念と明確に区別するのに必要な、不可欠な必然的特徴であるとされる。それに対し、②の性格的特徴は、一般にそういった特徴をもつが、必ずしも必然的、義務的でない特徴をいう。たとえば、"bird"という語には、①「動く」「翼をもつ」「羽がある」などの特徴とともに、②「飛ぶ」「さえずる」などの特徴があるが、前者の①の特徴が必要不可欠な定義的特徴であり、後

者の②の特徴は性格的特徴である。"chicken" "penguin" なども鳥であることを思い浮かべればこの①②の区別は容易に理解できよう。

　一般にこれまでの語彙処理過程の研究により、①"A robin is a bird.(コマドリは鳥である。)"、②"A robin is an animal.(コマドリは動物である。)"などの文の意味的真偽性判断(semantic verification)課題においては、②よりも①の方が、判断までの反応潜時(reaction latency)が短いことが知られている。これはカテゴリー水準効果(category-level effect)と呼ばれるものである(本章1.2参照)。また、①"A robin is a bird.(コマドリは鳥である。)"の方が、②"A chicken is a bird.(ニワトリは鳥である。)"よりも意味の真偽判断が速いことも明らかになっているが、これは典型性効果(typicality effect)と言うことができる。これら2つの効果

図11.1　意味特徴モデル
(Smith and Medin(1981)を改変した御領他(1993)にもとづく)

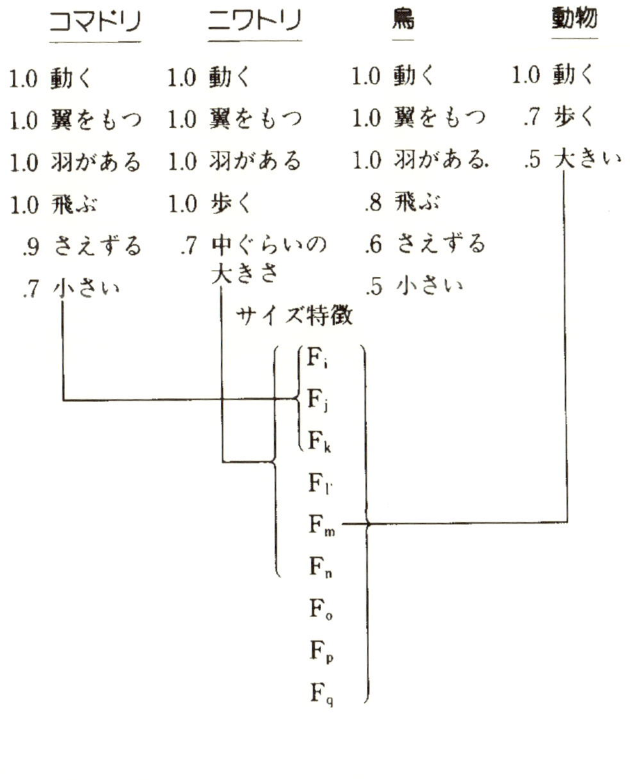

	コマドリ	ニワトリ	鳥	動物
	1.0 動く	1.0 動く	1.0 動く	1.0 動く
	1.0 翼をもつ	1.0 翼をもつ	1.0 翼をもつ	.7 歩く
	1.0 羽がある	1.0 羽がある	1.0 羽がある.	.5 大きい
	1.0 飛ぶ	1.0 歩く	.8 飛ぶ	
	.9 さえずる	.7 中ぐらいの大きさ	.6 さえずる	
	.7 小さい		.5 小さい	

サイズ特徴

F_i
F_j
F_k
F_l
F_m
F_n
F_o
F_p
F_q

について、この意味特徴モデルでは、図11.1のような特徴を各語に想定し、上記の対になった刺激文内の名詞に対し、特徴比較モデル(feature comparison model)を適用することで説明できるという。なお、図11.1内の数値は、概念が示す個々の特徴の「確からしさ」の程度を表す。すなわち、カテゴリー水準効果については、"robin(コマドリ)" "bird(鳥)" の間の方が、"robin(コマドリ)" "animal(動物)" 間よりも、より多くの特徴を共有しているということで説明できる。また典型性効果についても、"robin(コマドリ)" "bird(鳥)" 間の方が、"chicken(ニワトリ)" "bird(鳥)" 間よりも、定義的特徴は同じでも、性格的特徴をより多く共有していることで説明がつく。

1.2. 階層的ネットワークモデル(hierarchical network model)

また、メンタルレキシコン内の各語彙項目は、一般に、意味的ネットワーク(semantic networks)によって互いに結びつけられ、個々の語彙項目どうしの相互関係にもとづいて意味概念が規定されているという考え方もある。この意味ネットワークは、階層構造(hierarchical structure)を成しており、各々の語の意味概念は、包含関係にもとづき階層的に構造化され、互いにリンクで結合されていると仮定される(Collins and Quillian, 1969)。たとえば、"animal(動物)" という上位水準(Level 2)にある概念語は、"bird(鳥)" "fish(魚)" などの Level 1 の基礎水準語を包含し、さらに "bird(鳥)" "fish(魚)" などの基礎水準語は、それぞれ "canary(カナリヤ)" "ostrich(ダチョウ)" や、"shark(サメ)" "salmon(サケ)" などの下位水準語(Level 0)を含むと考えられる。このような上位・基礎・下位カテゴリーの区別は、普段われわれが、ぶどうや梨の絵を見て、最初に思い浮かべる名前が、たとえば「ぶどう」「梨」といった基礎レベルの語彙であり、「巨峰」「二十世紀」などの下位カテゴリー語や「果物」といった上記カテゴリー語などではないという日常的経験からでも理解できる。また、幼児の言語獲得における初期段階の語彙発達は、まずこの基礎水準語からスタートすることがよく知られている。

この階層的ネットワークモデルでは、語の水準レベル(node level)数の

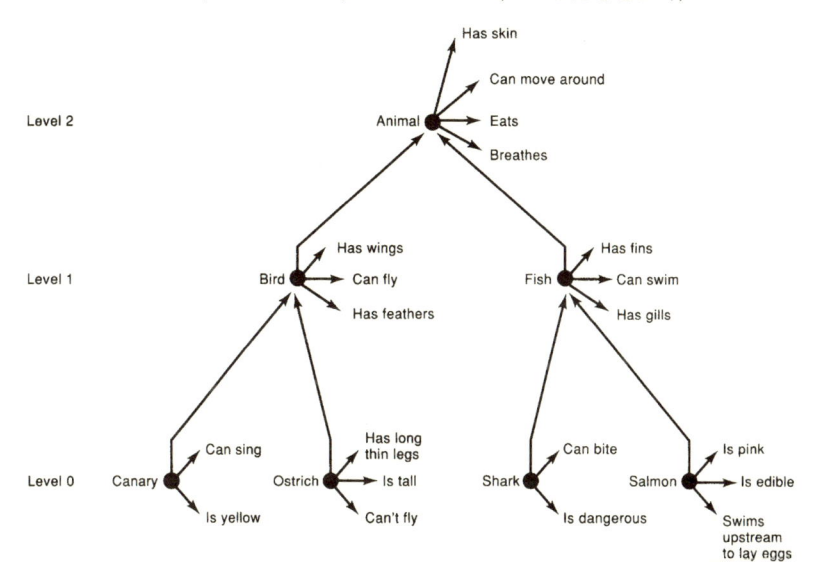

図 11.2　階層的ネットワークモデル
(Reeves, Hirsh-Pasek, and Golinkoff, 1998 にもとづく)

差が大きいほど、語彙項目間の関連性の把握の速度も遅くなると仮定された。すなわち、①"A canary is a bird.(カナリヤは鳥である。)"と②"A canary is an animal.(カナリヤは動物である。)"では、②の方が①よりも反応潜時が遅いという、カテゴリー水準効果については、①ではレベル 0 からレベル 1 へと 1 水準だけあがればよいのに対し、②の方では 2 水準あがる必要があることで説明できるという。また、①"An ostrich has feathers.(ダチョウには羽がある。)"と、②"An ostrich has skin.(ダチョウには皮膚がある。)"では、②の方が反応潜時が長い。これは、②の"skin(皮膚)"という"animal(動物)"に関する属性の把握まで、①の"bird(鳥)"の属性である"feathers(羽)"の把握に比べて、2 レベルというさらに多くの水準を越えなければならないことで説明できるという (Reeves, Hirsh-Pasek, and Golinkoff, 1998)。

しかしながら、この階層的ネットワークモデルについては、主に次の 2 つの問題点が指摘できる。

(1) このモデルでは、カテゴリーに含まれる下位語はすべて等しい地位にあることになる。たとえば "robin" "canary" が "bird" としては、"chicken" や "ostrich" よりもさらに「鳥らしい」鳥であるという、先に述べた典型性効果が説明できない。

(2) さらに、このモデルで前提としている階層の水準数の多少が、必ずしも真偽性判断の容易性を反映していないというデータもある。たとえば、"A chimpanzee is an animal.(チンパンジーは動物である)" といった文の方が、"A chimpanzee is a primate."「チンパンジーは霊長類である」といった文よりも、"chimpanzee" と "animal" は2水準異なり、"chimpanzee" と "primate" はたった1水準の違いであるにも関わらず、真偽性判断における反応時間が速いという (Smith, Shoben and Rips, 1974)。これは明らかに階層ネットワークモデルでは説明のつかない問題である。

1.3. 活性化拡散モデル(spreading activation model)

上記1.2でとり上げた階層性にもとづく意味ネットワークモデルの問題点を克服しつつ、メンタルレキシコン内に、意味的関連性(semantic relevance)をもとに、柔軟でダイナミックな語彙ネットワーク構造が形成されるのだとする考え方が、Collins and Loftus(1975)などによって提唱された活性化拡散モデルである。

上記の階層的ネットワークモデルと同様、このモデルでも、各々の語彙項目が表す概念と概念の間は、ノード(node)によって結びつけられている。しかし、それは階層構造を成しているのではなく、任意の2つの単語間の意味的関連性(semantic relatedness)にもとづいて柔軟に組み立てられているという特徴をもつ。各語彙項目間の結びつきの強さは、ラインの長さによって示される。ある語が提示され処理されると、その語の意味概念がメンタルレキシコン内で活性化されるだけでなく、その語と強く結びついた、意味的に関連性の強い概念を持つ語から比較的結びつきが弱い語へと活性化が伝播し、意味的関連性の程度によって活性化の度合いが異なると仮定している。たとえば、このモデルによれば、"鳥(BIRD)" とい

第11章　語彙ネットワークと第一・第二言語のメンタルレキシコン　223

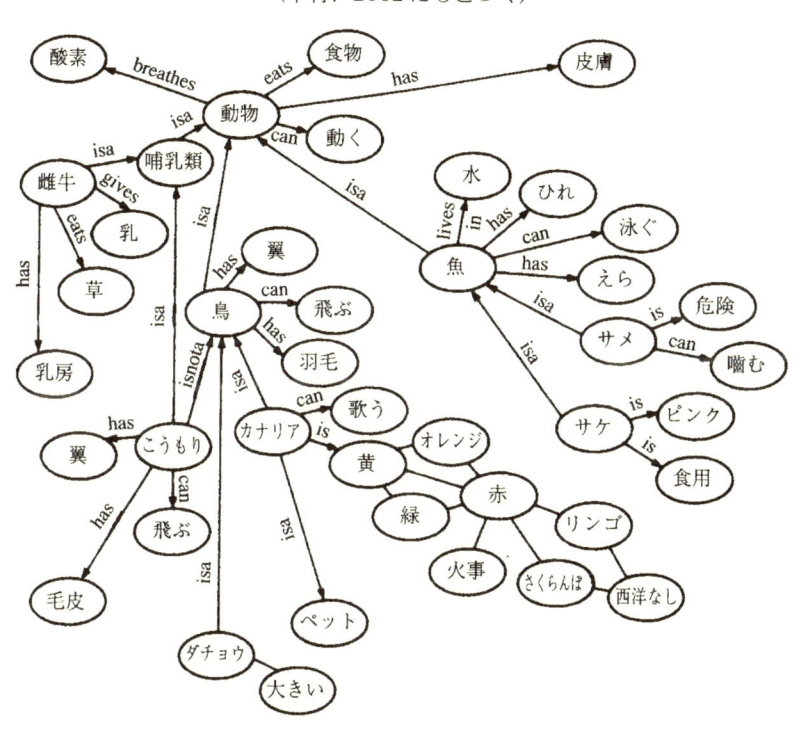

図11.3　活性化拡散モデルにおける意味ネットワーク
（中村、2002にもとづく）

う語が処理されると、"翼(WING)" "飛ぶ(FLY)" "羽(FETHER)" などの語とともに、"ペット(PET)" "赤(RED)" や "魚(FISH)" などの語も同時に活性化されるが、活性化の程度は、"翼(WING)" "飛ぶ(FLY)" "羽(FETHER)" の方が、"ペット(PET)" "赤(RED)" や "魚(FISH)" よりも大きいことを示している。定義的特徴や性格的特徴などの区別も設定しない、かなり柔軟なモデルである。各種多様な意味的関連性をもとに、メンタルレキシコン内の各語彙項目間のネットワークを説明しようとしている。この活性化拡散モデルは、語の意味記憶表象についての、上記典型性効果、カテゴリー水準効果はもとより、継時的に提示した意味的に関連した2語の間に意味的関連性がある場合、関連性がない場合に比べて、2番目に呈示した語に対する語彙性判断(lexical decision)がより速くなる

という意味的プライミング効果(semantic priming effect)(たとえば、"doctor"の後に提示する"nurse"の方が、"butter"の後に来る"nurse"よりも実在する語か否か判断する時間が短い)がみられることなど(第4章参照)、様々な心理言語学実験の結果をうまく説明できるモデルとして、今日までしばしば取り上げられるものである。

2. 語彙連想課題とメンタルレキシコン

「語彙連想」の手法を駆使した研究は、心理学において非常に長い歴史をもつ。梅本(1969)によれば、連想の実験研究は、1879年にF. Galtonによって始められた。以来、被験者に刺激語を与えてその反応語をみるという単純な連想法は、各種の精神病患者や犯罪者に対して、その精神構造を調べるといった目的などにも利用された。与えられた刺激語に対し、自由に連想した語を報告する自由連想と、刺激語に対しその上位概念語や類似語など、特定の連想を指定して報告させる制限連想の2種類がある。さまざまな被験者の連想反応の特異性・異常性を把握するため、また言語学習の研究に供する目的で、1000人単位を対象に、自由連想の目録を作成しておくことが必要である。梅本(1969)もそれまでの研究に従い、日本語における標準的連想反応の一覧表を作成しようとしたものである。関西の7大学の学生計1000人を対象に、計210の刺激語(名詞…142語、形容詞…28語、動詞…40語)に対して、それぞれ反応語4つを記入する欄を設けた用紙を配布し、1個の刺激語を読み上げる毎に、10秒の間隔をあけ、その間に連想語を書かせ、各刺激語に対する反応をまとめて一覧表にした。

他方、連想研究は、幼児の言語獲得における語彙のネットワーキング化(network building)の程度を測定する目的でも利用されるようになった。とりわけ、語彙発達の第3段階である、語彙ネットワーク化(第2章参照)がどの程度成人レベルに近づいているかを調べる目的で利用されるようになった。

外国語としての英語における語彙習得の研究では、母語における語の意

味獲得の3段階のうち、これまで第1段階のラベリングや第2段階のパッケージングに関わる語義やその用法の習得過程にもっぱら関心が向けられてきた。Aitchison(2003)のいう、第3段階の語彙連想ネットワークの構築(すなわち、刺激語からどのような語を連想するか)は、Nation(1990)も指摘しているように(第3章参照)、語彙知識の深さに関係する重要な指標であるが、外国語としての英語における語彙研究の対象になっているのは数少ないというのが現状ではないかと思われる。

　Meara(1984)によるバークベック語彙プロジェクト連想テスト(the Birkbeck Vocabulary Project word-association test)は、第二言語学習者を対象にした研究の一つである。母語話者の場合、個々の単語どうしは意味的なリンクで互いに結びついているのに、第二言語のレキシコンでは、意味よりも音韻的なリンクの方が強いという仮説について検討している。対象としたのは、第二言語として仏語を学ぶ英語母語話者で、自由語彙連想の結果、第一言語の場合と異なり、第二言語の場合、刺激語と音韻的に混乱した連想反応が有意に多いことがわかった。このことから、音韻的なネットワークが強固に機能していることを示唆している。しかし、この結果については、仏語の刺激語が、被験者のレベルを超えた、殆ど意味を知らない単語であったからではないかという指摘もある(Singleton, 1999)。

3. 第二言語における語彙習得：バイリンガルレキシコン

　これまで第二言語のレキシコンに関する研究は、既に習得している母語のレキシコンと、第二言語レキシコンとがどのような関係にあるかというバイリンガルレキシコン研究(bilingual lexicon)の枠組みでも行われてきた。第一言語および第二言語のレキシコンが、それぞれ別個の記憶システムに蓄えられ処理されるのか(multiple memory model)、それとも共通の処理システムが存在するのか(common memory model)というのが、主な検討課題である。

　この問題について、初期の研究では、語の音韻・形態的なレベルと意味的概念的なレベルの混同などが原因で、必ずしも十分な結論が得られてい

なかった。日本語の語を提示し、その後意味的関連のある英単語を提示するといった言語間(cross-language)プライミング実験では、2つの言語間で語彙判断を促進させ、プライミング効果がみられることが確認されている。異言語間でプライミング効果が認められなければ、複数の記憶処理システムを仮定する根拠となるが、上記のように促進効果があるということは、共通の語彙の記憶・処理システムの存在を支持する一つのデータになる。このような実験データから、母語・第二言語の語彙項目じたいは、別個の独立した記憶システムに入っているが、それらの意味的・概念的表象は、共通の保持・処理システムがあるのではないかと考えられてきた。実際その後の研究で、語彙処理そのものは第一言語・第二言語で独立して作動するが、意味処理課題などの結果から、一般には意味概念表象の共通性が支持されることが多い。すなわち、語彙表象と語の概念表象とは、互いに独立しているというのが、これまでのこの方面の研究者間でほぼ一致した見方である。図11.4に示すように、語彙どうしを結びつける関係を語彙リンク(lexical links)と言い、語とその意味概念との結びつきを概念リンク(conceptual links)と呼ぶ。

　わが国の英語学習者のように既に母語を習得し、その文化的枠組みの中で、外国語としての英語を学習しようとする場合、新たな語彙を習得する

図11.4　バイリンガルレキシコンのモデル：語彙リンクと概念リンク
(Kroll, 1993にもとづく)

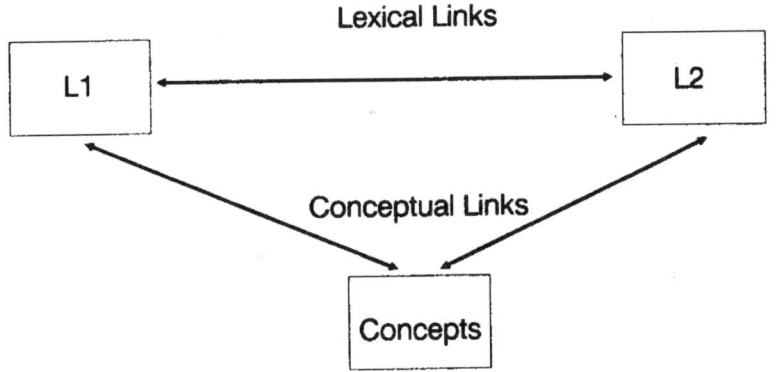

とともにそれに結びついた新たな概念を学習するのではなく、既に持っている概念に外国語の語をいかにマッピングさせるかを学ぶことになる(Kroll, 1993)。語の意味概念レベルでは母語と外国語で共通であることがこれまでも指摘されているが、実際の外国語の単語と意味概念との関係については、語彙的関連づけモデル(word association model)と概念的媒介モデル(concept mediation model)という2つの心的モデルがこれまで提案されてきた(Potter, *et. al.*, 1984)。

前者の語彙的関連づけモデルでは、外国語の語からその語の意味概念にアクセスするには、まず母語に翻訳し、それをもとにはじめて概念の把握が可能になる。それに対し、後者の概念的媒介モデルでは、母語・外国語

図11.5　母語連結モデル(Word Association Model)と
　　　　概念連結モデル(Concept Mediation Model)
　　　　　(Kroll, 1993にもとづく)

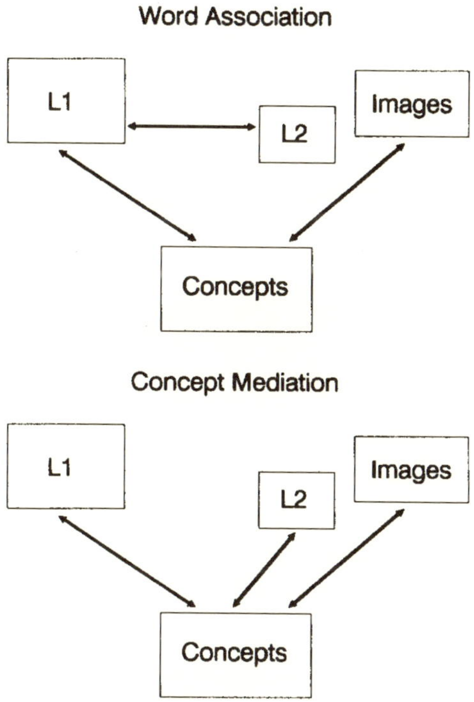

Word Association

```
    L1 ←→ L2      Images
      ↘    ↓    ↙
        Concepts
```

Concept Mediation

```
    L1        Images
      ↘  L2  ↙
        ↓↕↓
       Concepts
```

のそれぞれの言語は、互いに独立して意味概念に結びついており、母語への翻訳は必要ないと考える。これらのモデルの妥当性を検証する方法として、外国語の単語を母語の相当する語に翻訳する課題(translation task)と、外国語で絵の命名をする課題(naming task)のどちらがより迅速に達成できるかを比較するという方法が考えられた。すなわち、語彙的関連づけモデルでは、翻訳課題の方が、絵(=イメージ)の命名課題より迅速であることを予測するのに対し、概念的媒介モデルに従うと、翻訳も絵の命名も、同様に概念を媒介させるため反応時間に差はないことが想定されたのである。事実、Potter, et. al.(1984)は、上記のような課題を与え、翻訳課題と絵の命名課題がともに同様の反応時間であったことから、概念媒介モデルの妥当性を主張した。その後、外国語の熟達度の高い被験者と低い者を比較した研究では、初級レベルの学習者は、翻訳課題の方が迅速であるのに対し、上級レベルの学習者では、両課題間に反応時間の差がみられなかった。以上の実験結果から、第二言語の熟達度が増すにつれて、語彙的関連づけモデルから概念的媒介モデルへと徐々に移行するのではないかということが示唆されている。

　また、その後の翻訳研究では、翻訳が常に1つのルートを経て行われるのではなく、2つの処理ルートが仮定できることを示している(図11.6および図11.7を参照)。Krollほかによる一連の実験では、(1)まず、視覚的に呈示された語の命名(naming: 音読ともいう)課題では、外国語(L2)よりも母語(L1)の方が、学習者の熟達度による違いもなく、一般に迅速に行われるが、(2)「L2からL1」への翻訳と「L1からL2」への翻訳を比較すると、前者の外国語から母語への翻訳は、後者の翻訳に比べて有意に速く行われ、(3)このように「L1からL2」の方が時間がかかるという現象は、とりわけ熟達度の中位から下位の学習者の場合に顕著であることが判ったという(Kroll and Tokowicz, 2001)。

　以上のような翻訳の非対称性は、その他の研究においても広く確認されているものである。次の図11.8が、この理由をかなり明快に説明している。

図11.6 語のネーミング課題(naming task)における反応時間:
L1とL2の比較(L1: English, L2: French)
(Kroll and Tokowicz, 2001にもとづく)

Word Naming Task

[Bar chart: Mean Naming Latency (msec.) vs Fluency (Low, Medium, High)]
- Low: English Naming ~620 (96%), French Naming ~770 (69%)
- Medium: English Naming ~600 (99%), French Naming ~710 (75%)
- High: English Naming ~545 (99%), French Naming ~605 (89%)

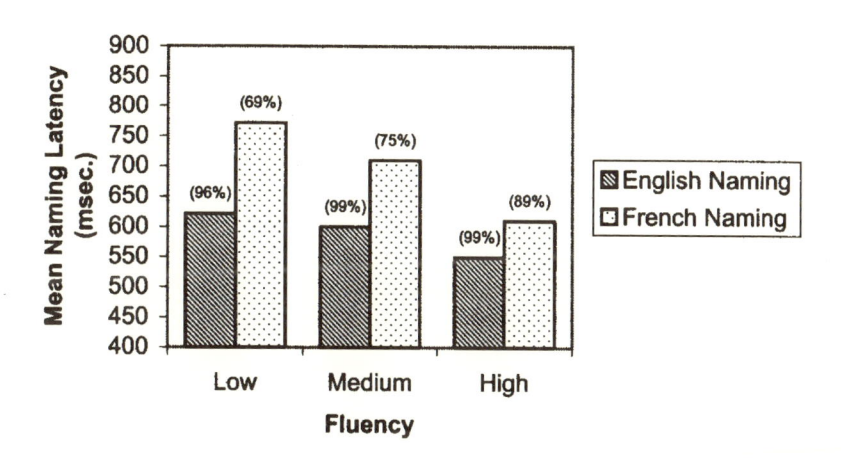

図11.7 語の翻訳課題(translation task)における反応時間:
「L1からL2」および「L2からL1」の比較
(L1: English, L2: French)
(Kroll and Tokowicz, 2001にもとづく)

Translation Task

[Bar chart: Mean Translation Latency (msec.) vs Fluency (Low, Medium, High)]
- Low: English to French ~1520 (44%), French to English ~1225 (65%)
- Medium: English to French ~1295 (51%), French to English ~1070 (67%)
- High: English to French ~945 (65%), French to English ~885 (81%)

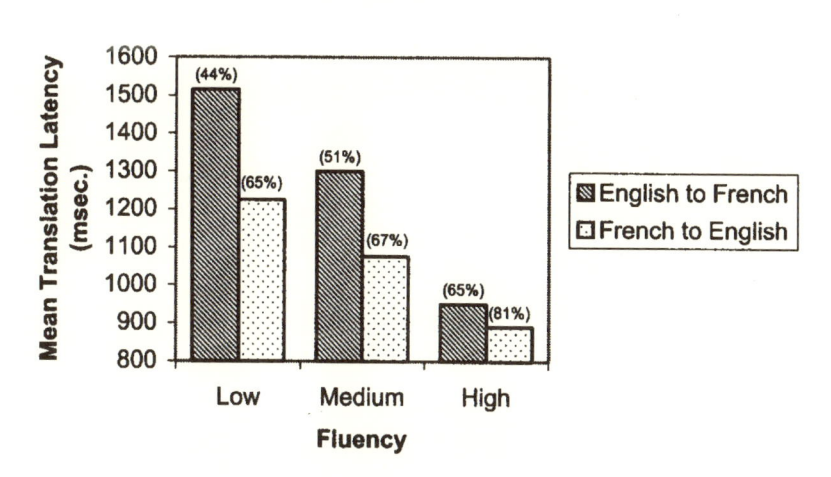

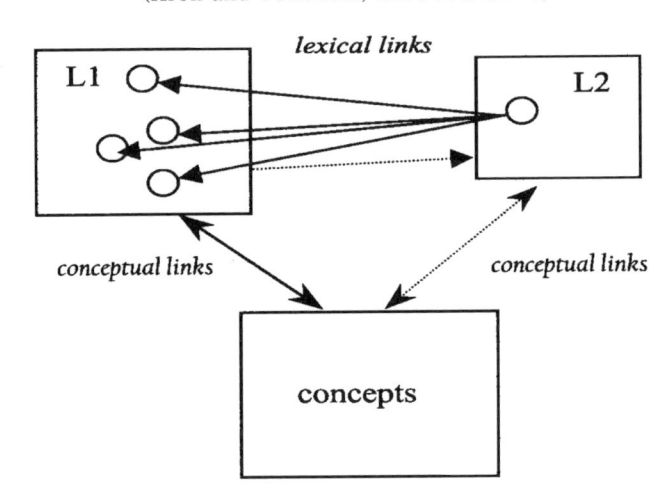

図11.8 バイリンガルレキシコンのモデル：改訂版
(Kroll and Tokowicz, 2001 にもとづく)

　この改訂版のバイリンガルレキシコンモデルでは、これまで述べたような研究結果をもとに、次の3つの結果を表示している。
(1) 外国語(L2)のレキシコンの方が、母語(L1)のレキシコンよりもその中に含まれる語彙数など容量が小さい(四角形のサイズの違い)。
(2) 語と語を結びつける語彙リンクは、「外国語から母語」の方が、「母語から外国語」よりも、リンクの数が多くまた緊密である(母語と外国語間の矢印の数および矢印が実線か点線かの違い)。
(3) 語とその意味概念との結びつきは、母語(L1)との方が、L2との場合よりも、より緊密である(概念との矢印が実線か点線かの違い)。(松見、2002；Kroll and Tokowicz, 2001 を参照)

　外国語から母語への翻訳が容易な理由として、(1)に挙げたように、外国語のレキシコンの方が、母語のレキシコンよりも容量が小さく、その結果より大きな受け皿をもつ母語のレキシコンへマッピングする方がやりやすいのに対し、母語から外国語の場合だと、受け皿が小さいことがあげられる。しかし、もうひとつの理由としては、外国語から母語への翻訳は機械的に語彙リンクベースで行われるのに、母語から外国語への翻訳は、まず意味概念を捉え、概念リンクを経て行われるからではないかとも考えら

れる。

　Kroll and Stewart (1990, 1992)は、意味・概念的カテゴリー別にグルーピングされた語彙リストを翻訳する場合、そのようなグルーピングのない語彙リストと比較して、母語から外国語への翻訳は大幅に遅くなるのに、外国語から母語への翻訳には影響しないことがわかった。語彙リンクを利用する外国語から母語への翻訳が、比較的機械的であるのに対し、母語から外国語への翻訳は、概念媒介リンクを利用するため、意味的操作されたリストについては、混同するのを防ごうとしてより多くの認知リソース(=処理時間)が必要であったからではないかと考えられる。

　母語・外国語間の翻訳課題にしぼって、これまでの先行研究の結果を、外国語能力の高い上級者(fluent subjects)と低い初学者(novice subjects)で比較したのが次の表11.1である

表11.1　母語・外国語間の翻訳の際の反応潜時：先行研究のまとめ
(Kroll, 1993 にもとづく)

先行研究	上級者 (fluent subjects)	初学者 (novice subjects)	RT の差
Kroll and Curley (1988)			
L1からL2への翻訳	1729	2079	350
L2からL1への翻訳	1318	1596	278
翻訳の際の RT の差	411	483	
Kroll and Sholl (1991)			
L1からL2への翻訳	1365	1680	315
L2からL1への翻訳	1204	1156	−48
翻訳の際の RT の差	161	524	
Kroll and Stewart (1989)			
L1からL2への翻訳	1267	1612	345
L2からL1への翻訳	1175	1230	55
翻訳の際の RT の差	92	382	
Roufca (1988)			
L1からL2への翻訳	1010	1446	436
L2からL1への翻訳	884	1152	268
翻訳の際の RT の差	126	294	
Kroll and Stewart (1990, 1994)			
L1からL2への翻訳	1290		
L2からL1への翻訳	1171		
翻訳の際の RT の差	119		

先に、第二言語の熟達度が増すと、それにともなって語彙的関連づけモデルから概念的媒介モデルへ移行すると述べたが、これについては次の2点が指摘できる。
(1) 初学者ほど、外国語から母語への翻訳と比べて、母語から外国語への翻訳時間が長くなる。
(2) 母語から外国語への翻訳では、上級者と初学者の時間の差が大きいが、外国語から母語に翻訳する際には、両者間の時間差は比較的小さい。

これらの結果は、初学者にとって、母語から外国語への翻訳は非常に困難な作業で、外国語から母語への翻訳と顕著な違いがあること、言い換えれば、外国語の語彙とその意味概念との関係がどれだけ緊密になるかが、外国語の習熟度を示すキーポイントになるのではないかということを示している。

4. L1レキシコンとL2レキシコンの関係：自由語彙連想法による検討

4.1. 研究の目的

外国語として英語を学ぶ日本人学習者は、その頭の中のメンタルレキシコンで、どのような意味ネットワークを構築しているのか、また外国語のレキシコンは、母語のレキシコンといかなる関係にあるかについて、自由語彙連想法を使って検討した研究成果について報告する。ここでは、連想のための刺激語として、上位水準のカテゴリー名詞 (categorical nouns) と、具体物や抽象概念を表す通常の名詞 (abstract-concrete nouns) の2種類を用意し、母語および外国語で語彙連想課題を与えた。詳細は、Kikuchi, Yamamoto, Yoshimura, Yabuuchi and Tanimura (2001) および Yokokawa, Yabuuchi, Kadota, Nakanishi and Noro (2002) を参照されたい。

主要な検討課題は次の通りであった。
(1) 刺激語が、階層性の高い上位水準名詞の場合と、通常の抽象概念・具体事物を表す名詞の場合で、連想反応数や反応語のパターンに差があるか。

(2) これら2種類の刺激語に対する連想反応数や反応語のパターンは、英語(外国語)と日本語(母語)でどのように異なるか。
(3) 連想反応の生み出しやすさと、語彙知識の広さの指標であるNation (1990)による語彙レベルテストとの間には有意な相関がみられるか。

4.2. 研究方法

被験者は、関西の7つの大学、短大にて外国語として英語を学ぶ日本人学生計432名で、男女比は差がなるべくなくなるよう配慮した。彼らに対し、外国語としての英語および母語の日本語の両方で、語の自由連想課題を実施した。わが国における連想反応の標準化をめざした梅本(1969)による「連想基準表」ならびに英語の基本語彙の頻度レベルを記載した「JACET基本語4000」(大学英語教育学会教材研究委員会作成)を参照しつつ、英語および日本語で2種類の連想刺激語リスト(すべて名詞)を作成した。英語の刺激語の選択にあたっては、上記「JACET基本語4000」で、特に出現頻度が低く、難易度が高い第4、第5の頻度レベルの語は排除した。また、カテゴリーの比較的上位にある10語の選択にあたっては、高橋・田中(1994)を参考にし、抽象・具象名詞語リストについては、先述の梅本(1969)も参照しつつ作成した。

被験者に与えた課題は、(1)与えられた連想テスト用紙に記された連想刺激語を見て、2分の時間制限内にできるだけ数多くの連想語を書き、

表11.2 刺激語リスト

(*印は抽象語、他は具象語)

① 抽象具象名詞(Abstract-Concrete Nouns)	
(a) 英 語	spirit*, student, peace*, importance*, writer, apple, relation*, sister, religion*, car
(b) 日本語	精神*、学生、平和*、重要*、作家、りんご、関係*、姉妹、宗教*、自動車
② 上位カテゴリー名詞(Categorical Nouns)	
(a) 英 語	science, animal, travel, food, family, education, music, health, environment, job
(b) 日本語	科学、動物、旅行、食べ物、家族、教育、音楽、健康、環境、仕事

(2) 2分経過後、英語の連想テストの場合のみ、刺激語の意味を日本語で書くというものであった。すべての被験者は、①抽象具象連想課題を行ったグループ(272人)と、②上位カテゴリー連想課題を受けたグループ(160人)に2分割されたが、それぞれのグループにおける、(a)英語による連想課題、(b)日本語による連想課題の実施順は、ほぼ半数ずつカウンターバランスし、3週間の間隔をおいて実施した。実際の連想テストの実施前には、30秒間で刺激語に対する連想を書き連ねる練習問題を与え、本番に備えた。また、上記2回の連想テストのうち、初回の連想テスト実施直後に、Nation(1990)によるA Vocabulary Levels Testを別に課した(実施時間：15分)。

門田(2001)による同種の語彙連想研究での区分けを参考に、連想反応語を分類するための新たな枠組みを設定した。この区分けにあたっては、下記表11.3のように、(a)(b)(c)(d)(e)(f)(g)の順にあてはまるか、あてはまらないか(Yes or No)を判定していき、最初に該当したカテゴリーにその連想語を区分けしていった。たとえば、(a)～(e)にはすべて当てはまらないが、それでも何か刺激誤-連想語間に関係があるというのであれば(f)と判定し、それもなければ(g)に分類した。

表11.3 連想反応語の分類基準：改訂版

分類	例
(a) 反対・対語関係 (Antonym-paired : A-P)	peace→war、平和→戦争、 student→teacher、学生→教師
(b) カテゴリー・事例関係 (Category-Examplar: C-Ex)	apple→fruit、りんご→くだもの
(c) 事例・事例関係 (Examplar-Examplar: Ex-Ex)	apple→orange、りんご→みかん
(d) 類義語関係(Synonym)	spirit→mind、精神→心
(e) シンタグマティック関係 (Syntagmatic: Syntag)	apple→eat、りんご→食べる
(f) その他の関係(Others)	精神→一生懸命
(g) 関係不明(Unclear)	(何ら関係が見出せないと判断できるもの全てをここに分類)

4.3. 結果と考察

連想テスト結果の処理にあたり、刺激語が英語の場合、日本語訳が誤っていたものについては、分析データから除外した。

次の図11.9に、英語・日本語のそれぞれに、抽象具象名詞(Abs-Con)、上位カテゴリー名詞(Category)の2つの刺激語リストに対して報告された被験者一人あたりの平均連想反応数を示す。

図11.9 抽象具象名詞・上位カテゴリー名詞別の連鎖反応数：英語および日本語別

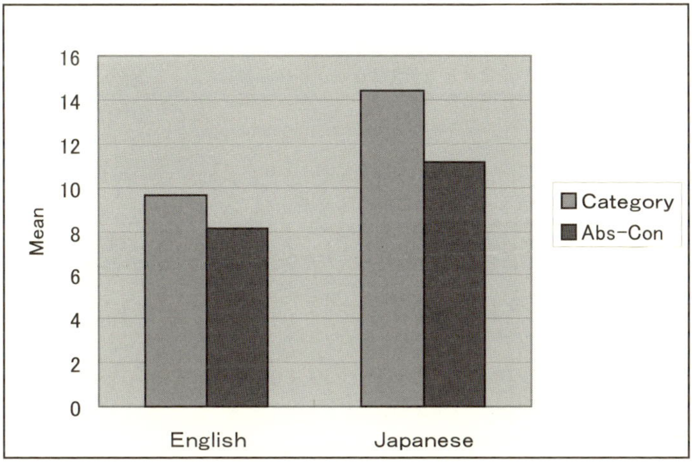

Category：上位カテゴリー名詞
Abs-Con：抽象具象名詞

カイ自乗検定をして、次のような結果が導かれた。

(1) 英語での連想、日本語での連想ともに、上位カテゴリー名詞を刺激語とした方が、抽象具象名詞を刺激語とした場合よりも、連想反応語数が有意に多い。

(2) 上位カテゴリー名詞と抽象具象名詞を刺激語として連想した際の連想反応語数の差は、英語よりも、日本語の方が大きい。

次の表11.4は、Nationの語彙レベルテストの2000語レベル・3000語レベルの得点および両者を合計した点数と、抽象具象名詞を刺激語とした

際の連想反応数との相関係数を示している。同様に、表11.5は、語彙レベルテスト結果と、上記カテゴリー名詞を刺激語とした連想数との相関データを表している。

表11.4 抽象具象名詞を刺激語とした場合の連想数と語彙レベルテストとの相関

	英　語 連想数	日本語 連想数	語　彙 (2000語)	語　彙 (3000語)	語　彙 (合計)
英語連想数	1.00				
日本語連想数	.54 (**)	1.00			
語彙 (2000語)	.12 (**)	.10 (**)	1.00		
語彙 (3000語)	.13 (**)	.07 (**)	.66 (**)	1.00	
語彙 (合計)	.14 (**)	.09 (**)	.90 (**)	.92 (**)	1.00

(* $p<.05$　** $p<.01$)

表11.5 上位カテゴリー名詞を刺激語とした場合の連想数と語彙レベルテストとの相関

	英　語 連想数	日本語 連想数	語　彙 (2000語)	語　彙 (3000語)	語　彙 (合計)
英語連想数	1.00				
日本語連想数	.42 (**)	1.00			
語彙 (2000語)	.18 (**)	.04	1.00		
語彙 (3000語)	.25 (**)	.06 (*)	.63 (**)	1.00	
語彙 (合計)	.25 (**)	.05 (*)	.88 (**)	.90 (**)	1.00

(* $p<.05$　** $p<.01$)

結果は、英語の語彙レベルテストと日本語連想反応数との相関が非常に低いのは当然としても、英語の連想反応数との相関では、さほど大きくはないものの、抽象・具象名詞を刺激語とする場合よりも、上位カテゴリー名詞の方が、明らかに高い相関を示す($r=.25 > r=.14$)ことが分かる。

次の図11.10は、抽象具象名詞を刺激語とした場合の各分類カテゴリー別の連想反応総数を、また図11.11は、上位カテゴリー名詞を刺激語とした場合の各分類カテゴリー別の連想反応総数をそれぞれ示している。なお、先述の分類項目のうち、(f)その他の関係(Others)および(g)関係不明(Unclear)は、データ集計の対象から除外した。

図11.10 抽象具象名詞を刺激語とした場合の
各分類カテゴリー別の連想反応総数

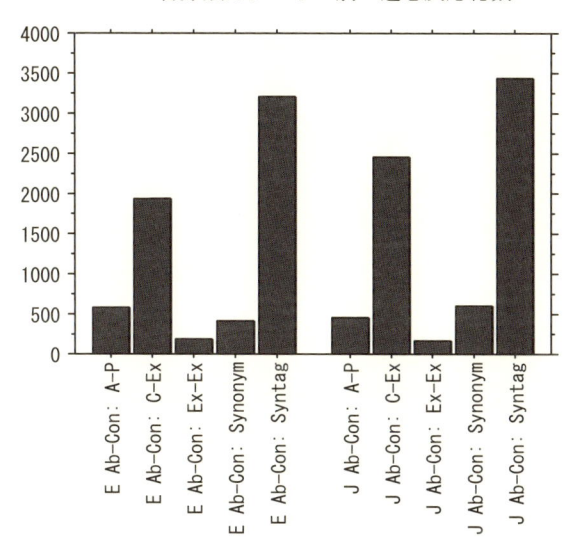

図11.11 上位カテゴリー名詞を刺激語とした場合の
各分類カテゴリー別の連想反応総数

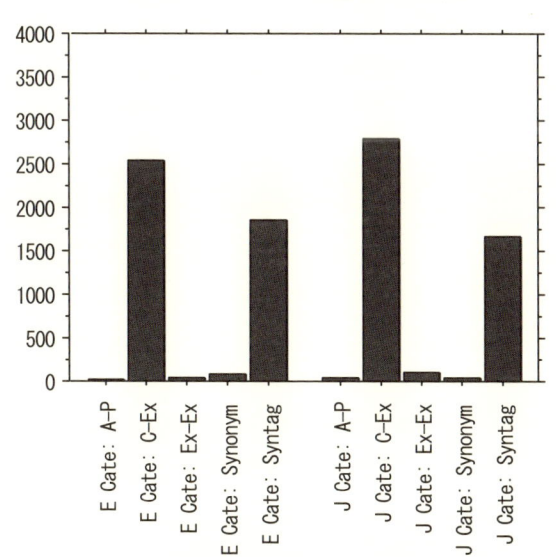

カイ二乗検定および残差分析(residual analysis)の結果、主に次のことが判明した。
(1) 刺激語が通常の抽象・具象名詞語の場合、英語・日本語ともに、(e)シンタグマティックな連想や(b)カテゴリー・事例関係の連想が、他の(a)(c)(d)よりも多い。
(2) またその際には、英語・日本語ともに、(e)シンタグマティック関係の方が、(b)カテゴリー・事例関係よりも有意に連想反応数が多い。
(3) 刺激語が、上位カテゴリー語の場合の連想でも、英語・日本語ともに、(b)カテゴリー・事例関係、(e)シンタグマティック関係が、他の(a)(c)(d)の関係よりも多い。
(4) しかし、(2)とは対照的に、(b)カテゴリー・事例関係の方が、(e)シンタグマティック関係よりも有意に連想語の産出数が上回り、この傾向は、英語、日本語の連想に共通にみられる。

5. シンタグマティックな語彙ネットワークからパラディグマティックな語彙ネットワークへ：総合的考察

これまで述べた、日本人英語学習者を対象にした連想研究にて得られた結果をまとめると次のようになる。
① 2分間という時間内にどのくらいの数の連想語が生み出されるかについては、具体物や抽象概念を表す通常名詞を刺激語とするより、上位カテゴリー語を刺激語として与えた方が、明らかに多い。この傾向は、外国語としての英語および母語の日本語に共通してみられる現象であるが、同時に日本語連想の方が、上位カテゴリー名詞と抽象具象名詞の差がわずかでもさらに大きいことが確認できる。
② 抽象・具象名詞を刺激語とする場合よりも、上位カテゴリー名詞の方が、Nationの語彙レベルテストと、さらに高い相関を示す。
以上の結果は、上位カテゴリー名詞の方が、抽象具象名詞と比べて、より効果的に連想反応を生成し、母語日本語の場合にこの両刺激語に対する連想数の差がさらに拡大することを示している。言い換えれば、レキシコ

ン内の単語間の階層ネットワークがさらに確立した母語の場合には、階層的な単語間の連想(＝語彙項目間の意味的活性化の伝播：spreading of activation)がより容易に行われることを示唆している。また、語彙レベルテストとの相関については、たとえ外国語(英語)でも、通常の抽象具象名詞よりも上位カテゴリー名詞を刺激語とした方が高い傾向を示す。このことから、母語でも外国語でも言語の熟達度が増し語彙のサイズが増えると、それにつれてレキシコン内の階層的ネットワーキング化が進行し、その結果、カテゴリー名詞の方が容易に連想反応を生みだし、語の意味の活性化伝播が生じやすくなるのだと推察できる。

③ 通常の抽象概念や具体的事物を表す名詞語の場合は、主語＋述語、動詞＋目的語、複合名詞、形容詞＋名詞など、連続して使用されるコロケーション関係にある語が多く連想される(シンタグマティックな連想)傾向がある。これに対し、階層性の水準が上位のカテゴリー語の場合、生み出される連想は、その語が包含する下位の水準にある語(パラディグマティックな連想)が多い。さらに、このような刺激語の種類によって、生み出される連想語のパターンが異なるのは、英語(外国語)でも日本語(母語)でも共通して観察できる。

この③の結果からさらに次のような2つの仮説が導ける。

(1) メンタルレキシコン内では、外国語(英語)・母語(日本語)の区別なく、普遍的現象として、(a)パラディグマティックなネットワークと(b)シンタグマティックなネットワークの両方が存在する。そして、提示される刺激語によって(a)(b)いずれかの語彙ネットワークが活性化される。ただその際、Aichison(2003)も報告しているように、母語獲得の途上にある子供はシンタグマティックな連想が主であるのに対し、大人の場合パラディグマティックな連想を生み出す傾向が強い(第2章第2節参照)。このことから、外国語(英語)の場合でも、シンタグマティックなネットワークがまず形成され、語彙サイズが徐々に拡大するにつれ、今度はパラディグマティックな語彙ネットワークが後で形成されていくといった、語彙ネットワークの発達順序が仮定できるのではないか。上記研究において、語彙レベルテストとの相関が、上位カテゴリー名詞を刺激語としたパラディグマティッ

クな連想において高い傾向を示すこと、また外国語(英語)よりも母語(日本語)の方が、パラディグマティックな階層的連想の割合が多くなることが、その裏付けになるのではないか。少なくとも(a)シンタグマティックな語彙ネットワーク構築から、(b)パラディグマティックな語彙ネットワーク構築へ移行するといった発達プロセスを仮定することができるのではないかと考えられる。

同時に、中学から高校までといった英語学習の入門から中級の段階では、パラディグマティックな語彙ネットワークよりも、シンタグマティックな語彙ネットワークの方が先に形成されることから、共起する確率の高い語と語がセットになった語彙チャンク(lexical chunks)やコロケーションチャンク(colocational chunks)といった言語単位が実はすでに一定の役割を果たしていることが推察できる。事実、本研究でも、連語などシンタグマティックな連想反応の方が、通常の抽象具象名詞の場合には、多くみられた。すなわち、学習者の頭の中でのことばの組立て(=学習)が、教授法のいかんにかかわらず、このような語彙チャンク単位でなされることが、言語に十分習熟するまでは、多いということを示唆している。レキシカルアプローチなどの教授法を意識的に採用していないわが国の現状を考慮すると、この現象は非常に興味深いのではないかと思われる(第12章および第14章参照)。

本章のまとめ

(1) メンタルレキシコンにおいて語彙がいかに蓄えられているかについては、これまで、意味特徴モデル、階層的ネットワークモデル、活性化拡散モデルの3つが提案されている。
(2) 意味特徴モデルは、語の意味を個々の意味特徴(素性)の集合だとする考え方で、語の意味処理に関するカテゴリー水準効果や典型性効果についてそれぞれが生じるメカニズムをうまく説明できる。
(3) 階層的ネットワークモデルは、レキシコン内の各語彙項目が、意味的ネットワークによって互いに結びつけられているという考え方で、上

位語、基礎的水準語、下位水準語といた階層構造を前提とする。しかし、この階層的ネットワークモデルでは、①典型性効果が説明できない、②前提としている階層水準数の多少が、真偽性判断の容易性を必ずしも反映しないという問題点がある。
(4) 意味ネットワークモデルの問題点を克服しつつ、柔軟な語彙ネットワーク構造を仮定するのが活性化拡散モデルである。このモデルでは、任意の2つの単語間の意味的関連性にもとづいてネットワークが柔軟に組み立てられる。典型性効果、カテゴリー水準効果はもとより、意味的プライミング効果など様々な心理言語実験の結果をうまく説明できるモデルである。
(5) 語彙連想を各種被験者に実施し、その反応の特異性を把握するため、および言語学習の研究に利用する目的で、基準となる反応語目録を作成する試みがこれまでなされている。
(6) 母語と外国語のレキシコンが、どのような関係にあるかについては、語彙処理は、別々に作動するが、語の概念表象は、共通の貯蔵庫があると考えられている。
(7) 一般に外国語の熟達度が増すと、それにともなって語彙的関連モデルから概念的媒介モデルへ移行する。
(8) 語と語を直接結びつける語彙リンクは、「外国語から母語」の方が、「母語から外国語」よりも緊密であるのに対し、語とその意味概念との結びつきは、母語の方が外国語よりもさらに緊密である。
(9) 日本人英語学習者に対し、具象抽象名詞という通常の名詞と、上位カテゴリー名詞という2種類の刺激語を用意し、自由語彙連想課題を、日本語および英語で与えると、上位カテゴリー語の方が、明らかに連想反応数が多い。また、日本語連想の方が、両刺激語間の差がさらに大きい。さらに、上位カテゴリー名詞の方が、Nationの語彙レベルテストとより高い相関を示す。
(10) 外国語(英語)の場合でも、シンタグマティックなネットワークからパラディグマティックなネットワークへという語彙ネットワークの発達段階が仮定できる。

(11) 外国語としての英語の学習の入門から中級の段階では、共起する確率の高い語と語がセットになった語彙チャンクやコロケーションチャンクといった言語単位が一定の役割を果たしている。

さらに研究する人のために

――● 関連文献紹介 ●――

① 海保博之、柏崎秀子(編著) 2002『日本語教育のための心理学』東京：新曜社

② 森　敏昭(編著) 2001『おもしろ言語のラボラトリー』京都：北大路書房

外国語など言語の学習や教育に、認知心理学などの知見がいかに関係しているかを知るには格好の書。本章の内容との関連では、①②とも松見法男氏執筆によるバイリンガルレキシコンに関する章がとても分かり易い解説を与えている。これから外国語と母語のレキシコンの研究を始めたい人には格好の書。

③ 御領　謙、菊地　正、江草浩幸 1993.『新心理学ライブラリ7 最新認知心理学への招待：心の働きとしくみを探る』　東京：サイエンス社

認知心理学全般について網羅した入門書であるが、その中でも長期記憶内の意味ネットワークに関する記述はかなり詳しく、初学者には参考になる。

④ Nicol, J. L.(ed.) 2001. *One mind, two languages: Bilingual language processing.* Malden, Massachusetts: Blackwell.

バイリンガルレキシコンのみを問題にした書物ではないが、最新の研究成果を知るには格好の書。とりわけ、Kroll, J. F., and N. Tokowicz による The development of conceptual representation for words in a second language の章は、英文ではあるがこれまでのバイリンガルレキシコン研究の成果をコンパクトにまとめた格好の

入門になる。
　⑤ Schreuder, R. and B. Weltens (eds.) 1993. *The Bilingual Lexicon*. Amsterdam: John Benjamins.
　言わずと知れたバイリンガルレキシコン研究のバイブルとも言うべき書物。少し古くなったが、本格的にこの方面の研究を志す人には必読の書である。

──────● 卒論・修論のための研究テーマ ●──────

① 外国語としての英語における絵の命名(naming)課題と翻訳(translation)課題における反応時間の比較研究
　外国語としての英単語を日本語に翻訳する課題と、絵を英語で命名する課題の際の正答率や反応時間を測定する研究も、入門期から上級レベルの学習者など様々な被験者を対象にしてさらに積み重ねていく必要がある。
② 「外国語から母語」、「母語から外国語」の翻訳における反応時間の比較研究
　英語から日本語への翻訳と、日本語から英語への翻訳の課題を、外国語として英語を学ぶ日本人学習者を対象に実施し、その際の反応時間を測定する研究。本文中でも述べたが、これにより日本人英語学習者を対象にした語彙的関連づけモデルと概念的媒介モデルの妥当性を検討できる。
③ 語彙サイズと語彙連想量と4技能
　語彙サイズと単位時間あたりの連想反応数との相関は、本文中でも述べた通りあまり高くはないが、さらにリスニング、リーディング、スピーキング、ライティングなどの技能とどのような関係にあるのかも今後の検討課題であろう。上位カテゴリー語に対する連想反応数が語彙ネットワークの階層性を示唆するものであるとすれば、語彙のサイズと語彙ネットワークの階層性のどちらが、言語運用能力との関係がさらに深いか調べる研究となる。

第12章

コロケーション、チャンク、語彙フレーズと外国語教育への応用

近年第二言語習得研究において連語項目(multi-word items)の重要性が指摘されている。まず本章の前半では、最近のコーパス研究を紹介し、コロケーションについて解説するとともに、チャンクとはなにか、およびチャンキングの心理的実在性について議論する。後半は英語教育という観点から連語項目をとらえ、語彙フレーズの枠組みや語彙を中心とした教授法としてレキシカルシラバスとレキシカルアプローチを紹介する。

> ● キーワード ●
> コロケーション (collocation)、コーパス研究 (corpus studies)、チャンキング (chunking)、連語項目 (multi-word item)、語彙フレーズ (lexical phrase)、語彙チャンク (lexical chunk)、語用論的機能 (pragmatic function)、レキシカルシラバス (lexical syllabus)、レキシカルアプローチ (lexical approach)、レキシス (lexis)

1. コロケーションとコーパス

　日常の言語生活において、語は単独に独立して用いられることもあるが、たいてい他の語とともに用いられる。もちろん、ある語が別の語と結びついて共起する可能性は無限にあるが、しかし実際には、ある語が特定の語と比較的高い確率で用いられるものがある。たんなる偶然を超えた確率で互いに共起する語の連鎖は「コロケーション (collocation)」と呼ばれる。たとえば、形容詞 romantic は、もちろんさまざまな名詞の前に置かれるが、「非現実的な」という意味では view, idea, notion などの名詞と共起することが多い。こうした言語事実は、膨大な言語資料を電子データ化したコーパス (copus) の構築・発展によって、手っ取り早く、しかもある程度客観的な形で見て取ることができるようになったのである。こうした知見は、学習用の辞書記述にも取り入れられており、romantic の項を見れば、「~ notions 非現実的な考え」（『ジーニアス英和辞典(第3版)』）のように用例として取り上げられていたり、「非現実的な…＜考えなど＞：a romantic idea 非現実的な考え」（『ウィズダム英和辞典』三省堂）のように選択制限の記述がよりきめ細かいものとなっている。

1.1. コロケーションの定義と分類

　すでに述べたように、ある語が別の語と頻繁に共起するフレーズは、一般に「コロケーション」と呼ばれる。Schmitt (2000) は、Cowie and Howarth (1995) に基づいて、表12.1 に示すように、コロケーションの概

表12.1 コロケーションの分類 (Schmitt, 2000: 79 にもとづく)

Level 1	idiom (frozen): *kick the bucket / *kick the pail / *kick a kacket*
Level 2	fixed but transparent: *break a journey*
Level 3	substitution possible with limited choices: *give / allow / permit access to*
Level 4	two slots: *get / have / receive a lesson / tuition / instruction*

念を4つのスケールで分類している。

　ある語の別の語との共起可能性は、別の語と置換不可能な固定した表現から別の語と比較的自由に置換可能なものまで段階的なものである。Level 1 の例としてあげられている「死ぬ」という意味の kick the bucket は、kick を別の語に置き換えて pump the bucket としたり、the を a に変えて kick a bucket などとすることはできない。それとは対照的に、Level 4 に示された get a lesson は、get を have や receive に置き換えることも可能であり、lesson を tuition や instruction などにも置き換えが可能である。

　上述のように、コロケーションは、ある特定の意味をもち、あたかも1つの語 (lexeme) であるかのように振る舞う。とりわけ Level 1 に相当するコロケーションのような語の固まりは、しばしば multiword unit/item (MWU/MWI) とも呼ばれ、Carter (1998: 66) はその例として、as a matter of fact, as old as the hills, if I were you, by and large などをあげている (MWU/MWI については本章の後半で扱う)。

1.2. コロケーションとコーパス研究

　コロケーションが実在することを示す証拠を与えてくれるものの1つにコーパス (copus) がある。*The Oxford English Dictionary* には「コーパスとは、言語分析のための言語資料の集積 ("The body of written or spoken material upon which a linguistic analysis is based")」と定義されており、膨大な言語資料をコンピュータにインプットしたデータベースである。

　電子コーパスには、1964年に Brown 大学の W. N. Francis と Henry

Kučera が中心となってアメリカ英語の資料約 100 万語を集めた *Brown University Corpus* (*Brown Corpus*) をはじめ、*Lancaster-Oslo. Bergen Corpus* (*LOB Corpus*)、*COBUILD Bank of English Corpus*、*The Cambridge International Corpus* (*CIC*)、*The British National Corpus* (*BNC*)、*The Bank of English Corpus* (*BOE*) などが有名である (第3章第2節参照)。

　コーパスそれ自体は、言語資料のデータベースにすぎないため、それを分析するためのツールが必要である。ある語 (句) がどのような文脈で用いられているかを示すものを「コンコーダンス」と呼び、それを出力するコンコーダンサー (concordancer) には WordSmith Tool などがある。このコンコーダンサーを利用すると、ターゲットとなる語を中心にして、その左右の文脈をあわせて表示することができる (この表示形式をとくに KWIC (key word in context) コンコーダンサーと言う)。

　電子コーパスを利用することによって、ある語は意味的に定義可能な語の集合と collocate することを明らかにすることができる。表 12.2 は CIC Copus を利用して cause と provide をターゲット語に検索したコンコーダンスの一部である。Stubbs (1995) は、cause および provide と共起する語を調査してみると、cause は *problem / troubles / damage / death* のような愉快とは言えない否定的な語と共起するのに対して、provide は *facilities / information / services / aid* などの肯定的な語と頻繁に共起することがわかったと言う (Schmitt, 2000)。

　やはりこうした言語事実は、辞書記述にも反映される。赤野 (2003: 7-8) では、その一つの例として、上例と同様に動詞 cause を取り上げて、動詞 cause の意味は、おおよそ「<出来事>の原因となる、を引き起こす」と定義でき、語そのものの意味は無色・中立的であるが、コーパスを活用してコンコーダンサーを診れば、ほかの語と連結して実際に使われると、「<好ましくない事態>を引き起こす」という文脈を形成すると述べている。

第12章　コロケーション、チャンク、語彙フレーズと外国語教育への応用　249

表12.2　ICI コーパスによる cause および provide のコンコーダンス
(Schmitt, 2000: 80 より引用)

have searched for a single	cause	of aging–a critical gene, hor
s in property lending will	cause	a serious credit crunch – compa
lit second nobody moves?	Cause	we're looking at the dolly-bird
ith in the fast lane is no	cause	for driving without due care and
ion so far available gives	cause	for concern about the circumstan
of 70–90 mph expected to	cause	structural damage. The forecaste
aming. If untreated it can	cause	permanent damage to hearing."
urder came not from any	cause	worth the name but from the very
e in prison without good	cause	, he says. The Foreign Office has
es of martyrdom ina noble	cause	. He said they had been granted "
South West Water] did not	cause	the problem is no defence at all
obviously bleeding, could	cause	blood to seep from veins and art
justice is the Palestinian	cause	and right of the Palestinian
d the relevant details may	cause	an underpayment and perhaps resu
onous toxins which could	cause	kidneys to fail. This could happ
e of the information liable to	cause	serious injury to the nation wi
ity and its strength gives	cause	for optimism for the prospects
ng legislation which could	cause	considerable problems for compan
t in a situation likely to	cause	unnecessary suffering, and permi
on of schools is likely to	cause	ministers more problems than it
ffice staff, said the main	cause	of recruitment problems was low
inspectors are the biggest	cause	of poor reading standards. "Some
mmit criminal damage, and	cause	public disorder, yesterday were
dence in you is total. Our	cause	is just. Now you must be the thu
in 1987 for conspiracy to	cause	explosions, was yesterday refuse
e opportunity, rather than	provide	it. The House of Lords amended
and Outdoor World might	provide	the breath of fresh air that i
t horrendous, a swap can	provide	a route into areas where there
and the venues which can	provide	such facilities will no doubt
major car-hire companies	provide	cars with mounted phones. Amer
ed out. The motion was to	provide	an access gate into the city
show is being prepareed to	provide	training throughout England an
he said. The bill aims to	provide	the first coherent framework
said: "What we earn and	provide	for ourselves is only one part
er international action to	provide	places for safety for refugees
BARCLAYS Bank is to	provide	a year's paid maternity leave,
s to encourage people to	provide	their own pensions, by offerin
Plans to	provide	power for the southwest of
mming pool operators, to	provide	lifeguards or any other
any occasion declined to	provide	the resources that are require
st time in British history	provide	statutory guarantees for the
tish Constitution does not	provide	for an Act of War to be approv
0 vehicles. We have had to	provide	a site for them. It has just
a litre would be needed to	provide	enormous killing power."
oops, the specialists will	provide	support to medical and nursing
ns are run by BR staff to	provide	tourist trips and do not compe
hedules will be cleared to	provide	continuous news coverage for
(1,770–2,017m), which can	provide	skiing from December until ear
says. The government will	provide	extra hostel beds if necessary
million every two years to	provide	safe storage facilities for th

2. チャンク

　前節では、コロケーションと呼ばれる言語単位を、コーパスによる実証的観察データも交えながら紹介した。しかし、このコロケーションと呼ばれるものは、あくまでも記述的(discriptive)なレベルでの言語単位である。本節では、人間の脳内にあると仮定されているメンタルレキシコンの観点から、その心理学的な実在性について考察する。

2.1. チャンキング

　人間の言語および非言語情報処理は、一般に「符号化(coding)」、「貯蔵(storage)」、「検索(retrieval)の3段階から構成されていると考えられているが、「符号化」の段階では、入力情報が処理可能な内部形式に変換され、ある一定の操作単位で処理されることが知られている。この操作単位に分割することを「チャンキング(chunking)」と呼んでいる(「処理単位(processing units)の形成」や「フレーズ化(phrasing)」などと呼ぶこともある)(門田、2002などを参照)。なお、チャンキングは、次節で扱うMWU/MWIの心理言語学的背景とも考えられている。

　人間の言語情報処理は、記憶のメカニズムと密接に関係しており、ある程度一度に記憶できる容量には限界があるため、できるだけ要領よく記憶しようとする。一度に記憶できる容量をメモリスパン(memory span)と言うが、アメリカの心理学者ミラーは、数であれば平均約7個程度であるとし、これを「魔法の数 7 ± 2 (magical number 7 ± 2)」と呼んだ(Miller, 1956)。そして、0897679837のように10桁の一続きの数の連鎖だと記憶しにくいが、089-767-9837といったまとまりをもつと3つから4つの数字が一つの単位を形成し、記憶しやすくなる。これは一般に、再符号化(recoding)やチャンキング(chunking)と呼ばれる。

　Aitchson(2003)は、コロケーションを「(心理的に)強力かつ永続的な語と語の結びつき」であると述べているが、本書では、言語学的な単位と区別して心理的な意味で用いる場合は、チャンクないしはチャンキングという用語を用いることにする。このような単位が、言語獲得、言語使用や

言語学習においても重要な役割を果たしている可能性があるという主張がしばしばなされるが(Ellis, 2001なども参照)、チャンクという単位は心理的実在性(psychological reality)をもつのだろうか。

2.2. 言語処理単位としてのチャンク

このチャンキングが心理的に実在することを示す証拠がいくつかある。子どもの言語獲得の初期においては、耳から入力される語を認知し、識別し、分析するという能力にはすぐれていないため、個々の単語をメンタルレキシコン内に格納するのではなく、とりあえず丸ごと記憶したり、ある程度のチャンクでとりあえず記憶し、その言語単位で発話する。

また、Ellis(2001: 38)は、チャンキングは長期記憶における恒久的な連合的結合の集合体が発達したものであり、言語にかかわる自動性(automaticity)および流暢性(fluency)を達成する基盤となる過程であると述べている。

自由連想課題を用いた心理実験では、ある刺激語に対して最も反応が多いcoordinateに次いで多い反応である(Jenkins, 1970など)。また、失語症患者であっても、コロケーション(ないしはチャンク)に関する言語情報は比較的保持されていることが多いようである。さらに、加齢とともに、コロケーションとしての語と語のリンクが次第に失われるという証拠は今のところないと言ってよい(Schmitt, 2000などを参照)。こうしたことから、コロケーションは心理的にかなり強固に実在すると言ってよいだろう。

これまでみてきたように、チャンキングという処理操作が心理的に実在する可能性は十分にある。Nation(2001)やEllis(2001)などが指摘するように、チャンキングの大きな利点は、処理の効率性(processing efficiency)にある。言語処理過程において、一つ一つの語に注意を向けるのではなく一つの単位(unit)として処理されることによって、それを認識したり産出したりするのに要する時間を節約することができるのである。

しかし一方で、チャンクという単位でメンタルレキシコン内にそのまま存在すると考えた際の一つの問題は、その数が膨大になった際に「いかに

貯蔵しているか」である。つまり、あるフレーズが一つのチャンクという単位で貯蔵されていると仮定するならば、かなりの数のチャンクを記憶していなければならず、余剰性(redundancy)も高くなるため、記憶の観点からみれば、あまり効率的とは言えない。たとえば、Please help yourself at home. というフレーズが1つのチャンクとして、つまり全体として非分析的(unanalysed)に学習された場合、このフレーズの一部を取り出して、*Make yourself* confortable とか I really *feel at home* here などと別のフレーズの中で使うことが困難である。

　チャンキングという処理操作が心理的に実在することはこれまでの心理言語学研究からほぼ立証されているが、あるコロケーションが1つのチャンクの形式でそのままメンタルレキシコン内に格納されていると考えるのは難しいであろう。言語習得のプロセスにおいて、最初は全体的・非分析的に1つのチャンクとして聞き覚えたものが、新たな言語入力によって、やがて部分的・分析的に処理され、基本的には語(word)ないしは形態素(morpheme)の形式でメンタルレキシコン内に格納されるのであろう。直感的にチャンキングが心理的に実在するように思うのは、コロケーションはメンタルレキシコン内である語とある語のリンクが非常に強いためであると考えることもできる。コロケーションがメンタルレキシコンにおいてどのように貯蔵されているかは今後の研究によって明らかにする必要がある。

3. 連語項目(multi-word item: MWI)の役割

　近年語彙研究において、連語項目(multi-word item: MWI)の重要性が指摘されるようになった。Moon(1997: 43)によれば、MWIの定義、分類については研究者によって異なり確立したものはないが、一般的にはコロケーションの固定化した極端なケースと考えられるもので、2語以上の語からなり意味的にまた(あるいは)統語的に特定の意味を有する連続体と説明している。また Moon は MWI である基準として、①慣例化(institutionalization)、②固定性(fixedness)、③非構成性(noncomposition-

表12.3　MWIの具体例(Moon, 1997: 44にもとづく)

連語項目(MWI)	例
複合語(compounds)	freeze-dry, Prime Minister, long-haired など。
句動詞(phrasal verbs)	go, come, take, put などの単音節動詞と前置詞 (up, out, off, in, down) などからなるもの。
イディオム(idioms)	kick the bucket, rain cats and dogs, spill the beans など。
固定フレーズ (fixed phrases)	of course, at least, in fact, by far, good morning, how do you do など上の3つの分類に入らないものを含む一般的なカテゴリーであり、dry as a bone のような直喩や it never rains but it pours のようなことわざもここに入る。
プレハブ(prefabs)	the thing / fact / point is, that reminds me, I'm a great believer in... のような決まり文句。個々のプレハブがどの程度固定化されたものかは異なるが、多くの場合特定な談話機能を果たすという点で慣習化されている。

ality)の3つの特徴をあげている。慣例化とはそのMWIが連続体としてどのくらい言語共同体で繰り返し慣例的に使われているかであり、固定性とはたとえば、on the other hand は on another hand や on a different hand などの言い換えができないように、そのMWIがどの程度固定化されているかに関する指標である。非構成性とはMWIを構成する個々の語のレベルでどの程度そのMWI全体の意味を理解できるかを表しており、たとえば kick the bucket は個々の単語からでは「死ぬ」(die)という集合体の意味をとらえることはできない。同様に take care! も特定の談話機能があり非構成性が強いといえる。以上の3つの基準は絶対的なものではなく、あくまでもそれぞれのMWIによって程度が異なると考えられる。

　MWIの分類についても研究者により様々であるが、Moonは 'multi-word item' とはいわゆる上位語にあたる一般的な名称だと前置きした上で次のような分類をしている(表12.3参照)。

　複合語から固定フレーズまでの表の上から4つのMWIは語彙学習の点からも従来から指摘されているものであるが、プレハブのような談話機能をもつMWIの存在が特に近年多くの研究者によってその重要性が指摘さ

れるようになってきている。

　Pawley and Syder(1983)は成人の英語母語話者は言語の規則を知っているばかりでなく、おそらく何千個もの、いわゆる語彙チャンク(lexicalized sentence stems)を記憶しており、それを場面に応じて自在に使うことで流暢に話すことができるのだと指摘する。チャンキングの心理学的裏付けについては前節で述べたが、母語話者は実際の言語使用の場での限られた言語処理能力を補うために、頻繁に使用する語彙チャンクを1つのまとまりとして各々を長期記憶に貯蔵していると考えられる。そうすることによって言語使用の場で語彙チャンクを簡単に引き出すことができ、適切な語の選択や統語的に正しい文生成をオンラインでする必要がなくなり言語処理の認知的負担が軽くなると考えられる。またこのような語彙チャンクがよく用いられる理由の一つは、それらが機能的な言語使用と結びついているからである。たとえば to make long story short は話を要約するときに使われるなど、語用論的機能がはっきりしている。したがって、語彙チャンクを使える能力は言語運用上重要であり、Pawley and Syder は母語話者の流暢さと適切な語彙選択はまさにこのような語彙チャンクによるものだと結論づけている。

　上述のような考え方は、言語能力とは言語使用者が無限の統語的に正しい文を理解し、生成できる能力とするいわゆるチョムスキー的言語観とは相反するようにみえる。しかし、この点に関しては Sinclair(1991)の分析が一つの見地を与えてくれる。Sinclair は長年にわたるコーパス研究からのデータを踏まえて、どのようにテクストが構成されるかについては2つの原理が働いていると説明している。一つは自由選択原理(open-choice principle)であり、基本的にはチョムスキー的言語観をさし、文生成は基底の規則体系システム(underlying system of rules)に基づき創造的になされるとするものである。もう一つは非選択原理(idiom principle)で、自由選択原理ではカバーできない制約が談話における語彙選択にはあり、そのため言語使用者は単独で使える多数の半固定的フレーズ(semi-preconstructed phrases)を記憶して使っているとするものである。非選択原理は語と語の結びつきには規制があるということを説明しており、コ

ロケーションや MWI はこの概念をカバーしている。Sinclair は、言語学者は伝統的には自由選択原理を研究の基礎としてきたが、非選択原理もテクスト構成やその理解という点で同様に大切だと述べている。

4. 語彙フレーズ

　Nattinger and DeCarrico (1992) は、語彙フレーズ (lexical phrase) という新しい枠組みを用い、全節で述べた MWI を体系的にまとめ英語教育への応用を示唆した。語彙フレーズとは、たとえば as it was, on the other hand, as X would have us believe のように長さは異なるが、形と機能を有する語彙チャンクをさし、今までのような語彙と文法という2極的な考え方ではなく、その中間に位置するものである。ここで大切なのは、語彙フレーズにはそれぞれが何らかの語用論的機能 (pragmatic function) があるということである。この点から、rancid butter のように共起性はあるが特別な語用論的機能がないコロケーション であるとか kick the bucket のようなイディオムも語彙フレーズには含まれない。したがって Nattinger and DeCarrico によれば、言語項目は以下の3種類に大別される。①統語的連鎖 (syntactic strings)：言語のすべての文法構造の基礎となるものであり、統語能力によって生成される。②コロケーション：共起性はあるが語用論的機能はない。③語彙フレーズ：語用論的機能を持つ。

　さらに語彙フレーズには、非生産的 (non-productive) な特定な語句 (例 by and large, what on earth) と、語の入れ替えが可能な生産的語句 (例 a year ago, a month ago, Could you shut the window?) の2種類がある。以下語彙フレーズの分類を具体例とともに示す。

表12.4 語彙フレーズの分類(Nattinger and DeCarrico, 1992にもとづく)

語彙フレーズ	説明	例
ポリワード (polywords)	種々の機能をもつ固定化した短いフレーズ	by the way (topic shifter), so to speak (fluency device), so long (parting) など
慣用的表現 (institutionalized expressions)	ことわざ、格言、社会的相互活動に必要な言い回しを含む比較的長い固定化した表現	nice meeting you (greeting), give me a break (objection), there you go (approval) など
制約付き句 (phrasal constraints)	中程度から長い句まであり1、2ケ所が様々な語や句で埋められるようになっている	a [day/ year/ long time] ago, as far as I [know/ can tell/ am aware], the [sooner] the [better] など
センテンスビルダー (sentence builders)	スロットをうめることで文を生成できるような枠組みとなるもの	I think (that) X (assertion), not only X, but also Y (relators), let me start by/with (topic marker) など

　上記の Nattinger and DeCarrico の語彙フレーズの分類を3節の Moon(1997) の MWI のそれと比較してみると、Moon の固定フレーズとプレハブが語彙フレーズにあたると考えられる。語彙フレーズはそれぞれが語用論的機能を持っていることが条件だが、それらの機能は、①社会的相互作用(social interactions)、②必要なトピック(necessary topics)、③談話方策(discourse devices)のいずれかに分類される。したがって、以上のような機能をもたないものは語彙フレーズとは言えない。

　語彙フレーズは談話において語用論的機能を果たす役割があり、私達の言語理解や表出を特徴付けるという点で言語運用の基本となるものである。また本章1節で述べたように、最近のコーパス研究によっても談話における語彙フレーズなどの MWI の出現パターンが明らかになるにつれ、それらが文法と語彙との間に位置する重要な中間的役割を果たしていることが認められるようになった。このことは言語が語単位で構成されているのではなく、キーワードごとに独自のパターンに基づき構成されていることを示しており、従来の言語へのアプローチがパラディグマティックと意味に

基づくものであったのに対し、Nattinger and DeCarrico のアプローチは、言語をシンタグマティックな体系として捉えることの重要性を強調していると言える。

　また言語学習における語彙チャンクの重要性を主張する裏付けとしては、第二言語習得研究で指摘されるいわゆる 'prefabricated chunks' (Hakuta, 1974) や 'formulaic speech' (Wong-Fillmore, 1976) を挙げることができる。これらの語彙チャンクはこどもの第二言語習得では顕著に見られる現象で、たとえば what-is-this? のような固定されたものから、this-is-a X のようなスロットを埋めていくような半固定的なものまで様々な形がある。こどもたちはコミュニケーションの場でこのような語彙チャンクを記憶して使うというだけではなく、それが後に言語規則の内在化につながると Hakuta や Wong-Fillmore は主張した。これに対し、Krashen and Scarcella(1978)は、これらの語彙チャンクは言語習得には二義的な役割しか果たさず、基本的にいわゆる創造的文生成のプロセス (creative construction process) とは異なるとしている。Clark(1974)も語彙チャンクは単なる模倣であり、言語学習における記憶の必要性を物語っているに過ぎず言語の本質ではないとしている。チャンキングが言語の内在化につながるかどうかはさらなる研究成果を待たなければならないであろう(本章2節、第14章参照)。

　Nattinger and DeCarrico は以上のような言語観、言語習得観に立ち、コミュニカティブアプローチと伝統的な構造的アプローチの中間に位置する言語学習アプローチを提唱している。なぜなら構造的アプローチは統語規則の獲得を重視するあまり適切な言語使用能力の習得にはつながりにくく、また一方でコミュニカティブアプローチは言語使用を重視するあまり言語の分析的理解がおろそかになり、統語知識がつかないと考えるからである。彼らの提唱するアプローチは語彙フレーズを一つの基本的な言語単位としてとらえ、それを基に第二言語の理解、発話、分析の仕方を学ぶという点で従来にない新しい言語学習アプローチと言える。語彙フレーズという枠組みを理論的に体系づけ英語教育への応用を示唆した意義は大きいが、いまだ具体的な指導法を示すには至っていないのが残念である。

5. 語彙を中心とした教授法

　言語教育における語彙の重要性を強調し、それを具体的に指導法やシラバスに具現させたパイオニア的研究としては、まず第一に Willis(1990) の *The Lexical Syllabus* を挙げることができる。Willis はコンピューターを利用した大規模な言語コーパスの分析による語彙項目の研究が効果的なシラバスデザインに重要な役割を果たすと述べ、言語教育を語彙的 (lexical) な視点でとらえることの重要性を強調した。具体的には、当時 John Sinclair らを中心に英国のバーミンガム大学の研究チームによって開発された COBUILD の2千万語のコーパスの中から、もっとも頻度の高い語を順番に3つのレベル (700語、1,500語、2,500語) に分け、それぞれを Collins COBUILD English Course のレベル1～3のテキストの基礎とした。また指導法としてはタスクを用いたコミュニケーション活動が中心となるのが特徴である。このシラバスの背後にある言語学習観は、学習者を意味のある言語環境に置くこと (meaning exposure) がまず出発点としてある。意味のある言語環境とは、すなわちコーパスに基づく自然言語に近い言語材料を、学習しやすいような形で段階づけ、選択し、実際の言語使用の場で起こるパターン (コロケーションなどを含む) を学習することで、学習者は自然に生得的に備わった言語習得装置 (language acquisition device) を働かすことにより、言語習得がなされるとするものである。したがって指導法も従来の提示 (present)、練習 (practice)、産出 (produce) といったパターンを排除し、タスクを用いたコミュニケーション活動が中心となる。タスクの目的はその活動によって得られる結果 (outcome) であり、焦点は言語に向いていない。実際われわれが言語を使用するのは何らかの結果を得るためであり、このような学習環境こそが言語学習には不可欠だとする考え方である。

　これに対し Lewis(1993) は *The Lexical Syllabus* を次の3つの点から批判している。
① もっとも頻度が高いとされる語 (例えば to, with, have など) は主に意味的内容 (semantic content) の低い語であり、幾つかの意味を持ち、

そのパターンも複雑である。したがって内容語に比べて学習が比較的難しい。

② 語を一つの単位と考えるがために、コーパスで頻度の高い語の稀な意味が、頻度の低い語のよく使われる意味より重んじられている。

③ 連語項目(multi-word item)が重視されていない。

Lewis は言語教育での語彙の重要性を強調するという点では Willis と共通するが、特に③の MWI の役割の重要性を唱え、自ら *The Lexical Approach*(Lewis, 1993) を提唱した。Nattinger and DeCarrico(1992)が理論的に構築した語彙フレーズの枠組みをさらに具体的に言語教育に発展させたアプローチだと言える。レキシカルアプローチの言語観は、言語は基本的にレキシス(lexis)すなわち語彙チャンクから成るとするものである。Lewis は「言語の第一の目的は意味の創造(creation)と交換(exchange)であり、言語の基本は統語的というよりむしろ語彙的である。また言語は語彙化された文法(lexicalised grammar)からではなく、文法化された語彙(grammaticalised lexis)から成る。(p51)」と述べている。これはレキシカルアプローチが文法を否定しているということではなく、文法中心の言語教育からレクシス中心の教育への転換を唱えているに過ぎない。実際、彼自身文法の重要性を著書の中で認めている。がしかし、文法知識の獲得に終始する現行の文法指導を強く批判し、意識喚起(awareness-raising)のタスクに基づく受容的な文法学習を推奨している。

レキシカルアプローチの言語の基本はレクシスであり、それらが母語話者の流暢さ、的確さ、談話における自動性の基になっていると考える(本章3節参照)。Lewis(1997a)は言語の基本となるレクシスを multi-word lexical item と呼び、何度か改定をくり返した後、①語と polywords、②コロケーション、③固定表現、④半固定表現に分類している。Nattinger and DeCarrico(1992)の語彙フレーズが何らかの語用論的機能を担っているのに対し、Lewis の分類には単一の語やコロケーションが含まれているという点からむしろ Moon の分類により近いもので、レクシスを広義にとらえる一般的な分類と言える。

Lewis(1993)は著書の冒頭でレキシカルアプローチの19項目の基本原

理を示している。それらの原理の一つ一つが彼のアプローチのエッセンスと考えられる。そのうち主なものを幾つか以下に示す。

(1) 文法と語彙の二分化は根拠がない。言語は主に語彙チャンクから成る。
(2) 言語教育で重要なことは学習者の語彙チャンクに対する意識を喚起し、うまく言語を「チャンク」できる能力を養うことである。
(3) シラバスや指導順序にはコーパス言語学および談話分析による見地を取り入れる。
(4) 書くことより話すことを第一とする。書きことばは話しことばの文法とは大きく異なり二次的符号とみなす。
(5) 社会言語学的能力(伝達能力)は文法能力に先行し、その基礎となるが、その産物とはならない。
(6) 類似点や相違点を理解できる受容能力としての文法が優先される。
(7) タスクやプロセスが練習や産出より重視される。
(8) 受容能力、特にリスニングを重視する。

　レキシカルアプローチは、①正確さより流暢さを重んじる、②学習者中心、③コミュニケーションを必要とするタスクを使用、④受容能力に重きを置く、などの点で基本的にはコミュニカティブアプローチの基本原理に準じるものである。しかしコミュニカティブアプローチとの大きな相違点は、コミュニケーションにおけるレクシスの役割を重視し、それを言語教育に応用しようとすることにある。具体的には語彙チャンクをタスクに用いながら実際の言語使用の場で学んでいくというコミュニカティブな学習と同時に、観察-仮定-検証(observe-hypothesis-experiment)というステップを踏む分析的な学習も推奨している。従来のオーディオリンガルメソッドなどによる提示-練習-産出(present-practice-produce)の学習法を強く批判している。Lewis(1997b)には30の練習問題のサンプルと50の活動例が載っており参考になる。図12.1は一例で、このタスクではfoodというトピックで3つの学習活動が含まれている。Aはコロケーションに関するもの、BはAで学習したコロケーションを用いコミュニケーション活動を行う。さらにCでは学習した語やそのコロケーションを実際に使

第12章 コロケーション、チャンク、語彙フレーズと外国語教育への応用

図12.1 レキシカルアプローチのタスクの例（Lewis, 1997b にもとづく）

Food

A. What nouns form strong word partnerships with all the words in each line below? Try to find the partners yourself, then check and see if you have used each of the words at the end of the lists once.

1. salad   chicken   cheese   freshly-made   club
2. rare   medium   well-done   rump   fillet
3. mixed   green   side   fruit   potato
4. delicious   light   heavy   three-course   evening
5. light   full-bodied   robust   fruity   complex
6. dry   medium   sweet   crisp   fruity
7. Indian   fast   plain   spicy   rich
8. traditional   Thai   vegetarian   fish   trendy

food   meal   white wine   red wine
steak   salad   sandwich   restaurant

B. Now complete these so that they are true for you.

1. How would you like your steak?/..., please.
2. I (don't) really like ... wines, (but) I prefer....
3. I don't dislike ... food, but I'd never choose it. I prefer ... food.
4. There's a very nice ... restaurant near my ... but it is rather....
5. At lunchtime I usually have quite a ... meal, but my evening meal is is usually quite a lot....

C. You are having a meal at home with a friend. One of you will probably say all these things during the evening. Mark each G=Guest or H=Host. Number them in the most likely order.

No thanks, it's lovely but I'm fine.
Oh, go on then, just a drop.
This looks lovely. Did you do it yourself?
Shall we eat?
Sugar?
Now what can I get you?
Would you like a bit more....?
Don't wait for me.
Make yourself at home.
Goodness, is that the time?

©Language Teaching Publications

う際に必要とされる関連した語彙フレーズや慣用表現を学習するようになっている。

さらにレキシカルアプローチの指導法の特徴としては①初期の段階で受容能力、とくにリスニングを重視する、②長いライティングはできるだけ遅らせる、③教師は常に基本的に学習者の言語の内容に反応し、誤りも内容に準じて行う、④受容能力としての文法の役割を認める、などを挙げることができる。

レキシカルアプローチは個々の単語よりむしろより大きな単位の語彙チャンクに焦点をあて、言語インプットから談話における語彙パターンを帰納的に習得させる学習を提唱しているという点で新しいアプローチと言える。また Nattinger and DeCarrico と同様に言語教育における連語項目(multi-word item)の重要性を強調した点も高く評価されるが、どちらも実際の教育現場での効果については現時点においては実験的に証明されていない。今後の研究の成果が待たれる。

本章のまとめ

(1) ある語と別の語が偶然の確率以上に共起するフレーズをコロケーションと言う。
(2) コロケーションは、言語学的な記述単位であり、コンコーダンサーによるコーパス分析によって、有益な情報が得られるようになった。
(3) このような単位は心的にも存在し、ある程度のまとまりに区切って(チャンキング)、それを一つの処理単位(チャンク)とする。
(4) 連語項目(multi-word item)とは慣例化、固定性、非構成性の3つの特徴をもつ語の連続体、いわゆる語彙チャンクを指し、母語話者はこれらを一つのまとまりとして記憶しているために、言語使用の場で適切な語彙選択や流暢に話すことができると考えられる。
(5) Sinclair によれば、言語には自由選択原理と非選択原理が働いている。自由選択原理では文生成は基底の規則体系システムに基づいて創造

的になされる。非選択原理は、語と語の結びつきには一定の規制があり、言語使用者は単独で使える多数の半固定フレーズを記憶して使っていることを説明できる。語彙チャンクは非選択原理による。
(6) 語彙フレーズとは社会的相互作用、必要なトピック、談話方略のいずれかの語用論的機能をもつ語彙チャンクのことを指し、言語習得において重要な役割を果たすと考えられる。子どもの言語習得研究ではこのような語彙チャンクの存在がよく指摘されるが、子どもは言語習得過程で語彙チャンクを記憶して使うばかりでなく、それが言語の内在化につながると考える研究者もある。
(7) 語彙を中心とした教授法にはレキシカルシラバスとレキシカルアプローチがある。レキシカルシラバスはコーパスによる語彙情報を基にシラバスを作成しようという試みである。レキシカルアプローチの言語観は言語の基本はレクシスであり、言語は語彙化された文法でなく、文法化された語彙から成ると考える。教授法の主な特徴は①受容能力、特にリスニングを重視する②タスクやプロセスが練習や産出より重視される③観察-過程-検証に基づく分析的な学習もコミュニカティブな活動と共に重視される。

さらに研究する人のために

●── 関連文献紹介 ──●

① 斉藤俊雄・中村純作・赤野一郎(編) 1998『英語コーパス言語学―基礎と実践―』東京：研究社出版
本章では詳しく述べられなかったが、コーパス、コーパスの編纂・検索・分析など基本的な技術の解説、コーパスにもとづく語彙・文法・英語史研究など実践的応用まで紹介した基本文献である。心理学的手法を用いた実証的研究をおこなう際にも、コーパスにもとづくデータの分析は参考になる。

② Nattinger, J. and J. S. DeCarrico. 1992. *Lexical Phrases and language Teaching.* Oxford: Oxford University Press

英語教育における語彙フレーズの重要性を理論的、かつ実践的に解説した良著である。理論面では第二言語習得に関する言語観、学習観が参考になる。また、実践面では語彙フレーズが体系的にまとめられており分かりやすい。

③ Willis, D. 1990. *The Lexical Syllabus: A new approach to language teaching.* London: Collins ELT

コーパスに基づく語彙情報を中心にしたシラバスの実践書である。具体例が多く載っており参考になる。

④ Lewis, M. 1993. *The Lexical Approach: The State of ELT and a Way Forward.* Hove: Language Teaching Publications

語彙チャンクを中心にした教授法を提唱した本である。裏付けとなる言語観、学習観は説得力がある。

⑤ Lewis, M. 1997. *Implementing the Lexical Approach: Putting Theory into Practice.* Hove: Language Teaching Publications

The Lexical Approach (Lewis, 1993)の続編で応用編と言える。豊富な実践例(練習問題30と活動例50)が載っており参考になる。

●卒論・修論のための研究テーマ●

① 学習者のコロケーションの知識に関する研究

学習者のコロケーションの知識を調査する。方法としては受容知識であれば、コロケーショングリッド、L1の訳、cloze tasksなどを使う方法が考えられる。また表出知識であれば、sentence elicitation taskなどを用いることができる。

② レキシカルアプローチの学習効果に関する研究

レキシカルアプローチの実践例にあるタスクを用いた場合どのような学習効果があるのかをレキシカルアプローチ採用の実験群と従来からの文法・訳読法やコミュニカティブアプローチ採用の統制群を用いて調べる。

第13章

外国語の語彙学習と指導法

　指導要領の改訂ごとに中・高等学校の教科書に使用される語彙数は減少している。一方、「試験をするから覚えてきなさい」と言うだけで、語彙習得を促進する指導をあまりしてこなかった教師もいるだろう。まず、どのような語を何語教えたらよいかを提案する。次に、意図的学習と付随的学習の違いについて触れ、意図的学習として、認知心理学の知見を踏まえ、既知語と未知語をペアにする方法、反復練習、キーワード法、単語カードの利用、接辞の知識の活用等について考察する。付随的学習については、文脈や注釈の働きについての検討を含め、4技能を通しての語彙習得を考察する。最後に、学習者が使用可能な語彙学習方略、実際よく使われる方略、方略訓練の効果について言及する。

> ● キーワード ●
>
> 付随的学習 (incidental learning)、意図的学習 (intentional learning)、語彙習得 (vocabulary acquisition)、語彙学習方略 (vocabulary learning strategies)、処理水準 (levels of processing)、リハーサル (rehearsal)、記憶保持 (memory storage)、キーワード法 (keyword method)、注釈 (glossing)、反復 (repetition)、衰退 (attrition)、体制化 (organization)、精緻化 (elaboration)、接辞 (affixes)、接頭辞 (prefixes)、接尾辞 (suffixes)

1. どのような語を何語教えたらよいか？

　英語にはワードファミリー (word family：屈折形と派生形は基本形と同じ語として数える数え方) で数えて54,000以上の単語があり、教養ある大人の母語話者でおよそ20,000のワードファミリーを知っていると言われている (Goulden, Nation and Read, 1990)。外国語学習者がそれだけ身につけるのは不可能である。役に立つ語彙を選定して学ぶのが効率的である。選定には、まず学習の目標が必要である。例えば、海外旅行をするのが目標で外国語を学ぶ際には、食事を注文したり、物を買ったり・値切ったり、標識を読んだりする等、生き抜くために最小限120語程の単語が必要であるという (Nation and Crabbe, 1991)。日常会話で自分の意見を述べるには、およそ2,000語が必要である (Schonell, Meddleton and Shaw, 1956)。将来大学や大学院へ進み、専門的な職業に就く学生には、もっと大きな語彙量が必要である。

　語彙選定には明確な判断基準が必要である (Nation, 1990; Schmitt, 2000)。判断基準として、使用頻度 (frequency)、ある単語リストがテキストに占める占有率 (coverage)、どれほど多くの異なるテキストに出現するかという使用範囲 (range) の3点が主として考慮されなければならない。

　高頻度のリストには、1930年代の資料を基に作成された Michael

表13.1 Brown, LOB, GSL で重複する単語数、テキストでの占有率、100語のテキスト占有率(Nation and Hwang, 1995にもとづく)

下位グループ	単語数	テキスト占有率(%)	100語ごとのテキスト占有率(%)
3つのリストに現れる語			
Brown / LOB / GSL	1331	78.3	5.90
2つのリストに現れる語			
Brown / LOB	250	2.4	0.96
Brown / GSL	226	1.3	0.58
LOB / GSL	138	1.4	1.01
Total	614	5.1	0.83
1つのリストに現れる語			
Brown	333	1.8	0.54
LOB	91	0.5	0.55
GSL	452	1.3	0.29
Total	876	3.6	0.41
UWL(LOBのすべて)	833	4.5	0.54
(アカデミック・テキスト)	833	8.5	1.02

West(1953)の *General Service List for English Words*(以後GSL)がある。ワードファミリーで2,000語が含まれており、その内およそ165語が機能語で、残りが内容語である。Nation and Hwang(1995)の研究によると、それぞれ約1,000,000語がインプットされているBrown corpus(Francis and Kučera, 1982)とLancaster-Oslo / Bergen corpus (LOB) (Johansson, 1978)の宗教、小説等の15の部門で10回以上出現する語を高頻度語とし、Brownで2,410語とLOBで1,810語を選び、GSLの2,000語と比較した。3つのどのリストにも現れる高頻度の語の割合は約80％であった(表13.1参照)。GSLだけに使われる語が452語あるが、100語ごとのテキスト占有率(0.29)は一番低いので、それらの語を別の語に置き換えても、その新しいリストの占有率はほんの1％増えるに過ぎない。教育を目的とした語彙リストは頻度と占有率だけが十分な選定基準ではなく、①覚えやすさを考慮して、知っている語と全然関係のない語よりは意味的に関連のある語、②異なる考えを説明したり定義づけたりするのに使われる語、③他の語では表現できない考えを表す語、④偏らない中立的な語、を取り入れ

ていると West (1953) は述べている。GSL だけに使われる語が 452 語もあるのは教育的配慮がなされているからであろう。West の GSL は古すぎると言う指摘もあるが、GSL は、頻度、テキスト占有率、使用範囲、それに教育的配慮を考慮すれば、現在でも学習者にとって役に立つリストと言えるであろう。

　それではどの様な語を何語教えればよいのであろうか。使用頻度の高い単語から教える方が効率的であるのは言うまでもないことである。まず高頻度の GSL の 2,000 語を教え、その後 Academic Word List (Coxhead, 2000) の 570 語を教えるとよいであろう。第 7 章の表 7.6 (Nation, 2001: 17) からも分かるように、このリストを加えると、話しことばで 92.1％、書きことばで 85.3％から 89.1％の占有率を示している。Hirsh and Nation (1992) が示すように、十分理解して読めるには学習者の既知語の占有率が 95％から 98％、ワードファミリーで 2,600 語から 5,000 語が必要である。彼らの分析に使用したテキストは十代向きの短編小説であったが、テキストがそれより難しくなれば、3,000 語から 7,000 語を必要とするかもしれない。Hazenburg and Hulstijn (1996) は第二言語としてオランダ語を学ぶには 10,000 語近い単語が必要であると言う。スピーキングやライティングの発表語彙としてはワードファミリーでおよそ 2,000 語から 3,000 語が必要となろう。

　中学校の学習指導要領は必修単語 100 語を含め 900 語程度を学習するように定めている。高等学校の新語数は「英語 I」で 400 語程度、「英語 II」で 500 語程度、「リーディング」では 900 語程度に制限されている。必修単語 100 語以外、どの語を使うべきか指定していない。これらを合計すると 2,700 語程度となるが、杉浦 (2002) は平成 12 年度用高校用教科書、計 128 種類を分析し、「英語 II」の 81％、「リーディング」の 45％にあたる 411 語が共通して使われていることを明らかにした。「英語 II」と「リーディング」の総語数は 1,007 語で、中学校と高等学校で学習する語数は約 2,300 語になる。杉浦は単語をレマ (lemma：屈折形は基本形と同じ語として数える数え方) で数えているので、West (1953) の GSL で使っているワードファミリーで数えると、さらに語数は少なくなる。

中学校の必修単語100語以外に指導要領に語彙に関する制約はない。教科書編集者は教科書に使用する語彙に関してどのような選定基準を持っているのであろうか。また、どれほどの編集者が語彙リストを提示して、教科書を書かせているのであろうか。欧米の出版社から出された段階別読み物はGSLを使って書かれたものが多い。また、現在出版されている教科書に高頻度の語がどれほど使われているのか調査をする必要がある。将来英語を必要とする学生には2,300語では十分でない。ワードファミリーで5,000語の語彙を習得するにはどのような指導が必要かを考える必要がある。

2. 付随的学習と意図的学習

　語彙習得の方法は大きく付随的学習(incidental learning)と意図的学習(intentional learning)に分けられる(Hatch and Brown, 1995; Huckin and Coady, 1999; Gass, 1999, Nation, 2001)。他に直接学習(direct learning)と間接学習(indirect learning)を、明示的学習(explicit learning)と非明示的学習(implicit learning)を対比して考える場合もある。意図的学習とは教師または学習者が計画したり、意図した学習であり、付随的学習とは何か他のことをしたり、学習した後、副産物として生じる学習のことである(Hatch and Brown)。何か他のこととは、リーディングのような理解を伴う認知活動のことである(Hucking and Coady)。Nation(2001: 232-233)によれば、リーディングやリスニングから普通の言語使用に至るまで、学習者の注意はテキストのメッセージに向けられているが、文脈での意味処理を通して語彙を学ぶことがある。これが付随的学習である。意図的学習は言語項目に焦点をあてて直接学習することである。Nagy and Harman(1985)は教授による学習(instructional learning)を付随的学習の対立概念として挙げている。第一言語話者は25,000語から50,000語も語彙を習得すると言われているが、これほどの多くの語彙を授業で教えることは不可能であるので、付随的に習得されると考えた。読書を通しての習得は大きな語彙発達を促進する最も容易で最も強力

な方法である、と言う。また、Haynes(1998)は注意を向けた学習(attended learning)を付随的学習と対比し、「第二言語のリーディングにおいて、付随的学習ではなく注意を向けた学習、すなわち、個々の語に注意を焦点化することが語彙発達を引き起こす」と主張する。しかし、たとえ付随的学習でも何らかの注意が向けられなければ、学習が起こらないと考えられる。結局、違いはメンタルな処理の質、つまり処理水準の違いによると考えるのが適切かもしれない。付随的であろうと、意図的であろうと、「語の形態的、書記的、音韻的、意味的、語用論的な特徴や単語間や単語内の関係に学習者の注意がより多く払われるほど、新しい語彙情報の保持率は高くなるであろう(Hulstijn, 2001: 285)」。

3. 意図的語彙学習

教室で効果のある明示的な語彙指導の方法や原理について、Sökmen(1997)は次の7点について言及している。①自動的に意味を認知できる語(sight vocabulary)を増やす、②良く知っている語と新しい語を組み合わせる、③単語に出会う機会を多くする、④深い処理を促進する、⑤語の意味をイメージ化・具体化する、⑥様々な教授方法を使う、⑦自分の力で学習方略を使う。最後の語彙学習方略に関しては節を改めて、4節で詳述する。

3.1. 自動的に意味を認知できる語を増やす

読み手がテキストをすらすら読めるようになるには、自動的に単語の意味を認知できる語(sight vocabulary)を増やす必要がある。それは何故なのか。読みのトップダウン・モデルを支持する研究者は、読み手はスキーマを利用してテキストの意味の多くを推測できるので多くの語を飛ばして読むことができると主張したが、眼球運動の研究はテキストのほとんどの語が注視されていることを明らかにした。内容語の約80%、機能語の40%が注視されているし、その上、内容語の5%から20%が2度以上の注視を受けるという(Rayner and Balota, 1989)。これらの数値は平均で、

テキストが難しくなれば、注視される語も多くなり時間も長くなる。すなわち、優れた読み手の場合、上位の文脈情報が使われるよりも速く、正確にほとんどの語は認識され、意味にアクセスされる。単語の意味の認知には2経路があると考えられている。文字列を書記素―音素対応規則に従い音韻符号化する間接経路と文字列から直接意味にアクセスする直接経路である(第6章参照)。練習を積むことによって認知は一層速く、正確になるが、単語の意味を知っていなければ認知したことにはならない。本章1節で述べたように、なんとか理解して読めるにはテキストの95％、かなり理解して読めるには98％以上の単語を知っていなければならない。語彙レベルで、ワードファミリーで数えて、高頻度の2,000語と*Academic Word List*を含めた5,000語以上知っていることが望ましい。

　自動的に意味を認知する単語が増えれば、単語の意味をあわせて関係づけ、統合して意味を構築するのに読み手の注意資源を使うことができるので、より速く、正しくテキストの理解ができるようになる。当然、読む量も増える。読む量が増えれば、新しい語に出会う頻度が高くなり、付随的に語彙を習得する可能性が増えることが予想される。

3.2. 良く知っている語と新しい語を組み合わせる
(1) 語彙項目のグルーピングと干渉

　意味的、音韻的に、文法的に類似しているという観点から語彙項目をグルーピングすると整然とした状態で項目を内在化できるとよく言われる(Gairns and Redman, 1986: 69-71)。それで、熱意のある若い教師は、学習者の語彙力を伸ばそうと、形式的にまたは意味的に同じような新出単語を一緒に教えようとすることがある。たとえば、*right* と *left* を同時に教え、かなり練習を行い、授業の最後に、「左手を挙げましょう」と言うと、多くの学習者が右手を挙げるということが起こることがある(Schmitt, 2000)。形式や意味がよく似た語を同時に学ぶと、どちらの形式がどちらの意味か混乱してしまうのである。このように形式的にまたは意味的に似ているために、学習者が思い出す際に干渉が起こるのである(Higa, 1963; Tinkham, 1993; Waring, 1997b; Nation, 2000)。新しい語を導

入するとき、その語と形式的に似ているが全く知らない語またはあまり知らない語、反対語、同意語、自由連想語、zebra, giraffe のような同じグループに入る語を一緒に教えないように注意することが必要である。

　干渉を避けるには、初級の学習者にはセットにしないで、別々に教えることである。ペアにして教える場合には、Sökmen が主張するように、一方の語を良く知っている語にし、新出語と組み合わせれば干渉を避けることができる。たとえば、形容詞＋名詞の連語で特に形容詞を覚えさせたい場合、名詞を良く知っている語にすればよい。Nation(2001)は干渉を避ける2つの方法を提案している。1つは、2つの関連ある単語を新語として教えたい場合に、時間をずらして、まず頻度・必要度の高い語を提示し、レキシコン内に十分意味が確立してから、別の語を導入する方法である。もう1つは、たとえば *hot* と *cold* のような反対語が同じ授業時間に出てくる場合、異なる文脈の中で提示することが効果的である。たとえば、hot を weather, water や summer と、cold を morning, meal や drink と連結させる。視覚的補助物が使われれば、違いがもっとはっきりする。違いが大きくなればなるほど、干渉の程度が少なくなる。

　なぜ良く知っている語と新しい語を組み合わせると効果的なのか。人間のレキシコンは蜘蛛の巣のように相互に関連した意味ネットワーク構造を持っていると考えられている(Aitchison, 2003)。新しい語をその意味ネットワーク内の関係のある語と結びつけ、新しい語に意味的関連性を持たせることができる。心理学的には、学習しようとする新情報の概念を既習の知識体系の一部に当てはめて関連づけをする過程は(客観的)体制化(organization)と言われる。この体制化によって、一貫性のある秩序が生まれ、新情報を効果的に保持し想起できるようになる(二谷、1999: 130-131)。

(2)　セマンティック・マッピング(semantic mapping)

　セマンティック・マッピングは良く知っている語と新しい語を組み合わせる一つの方法である。セマンティック・マッピングとは教師と学習者がテキストの主題となるような語を取り上げ、その語について思いつく連想語を黒板に書き挙げ、次に関係が深いと思われる語をグループ分けした

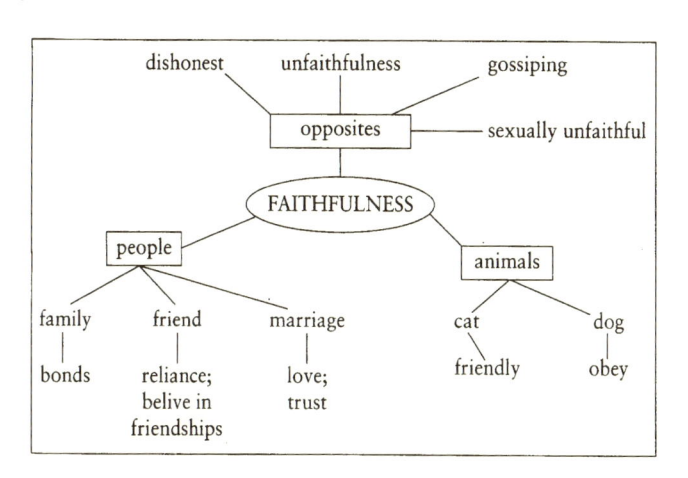

図13.1 セマンティック・マッピングの例(Sökmen, 1992, 1997)

```
        dishonest   unfaithfulness   gossiping
                  ┌──────────┐
                  │ opposites │────── sexually unfaithful
                  └──────────┘
                       │
                    ╭───────╮
                    │FAITHFULNESS│
                    ╰───────╯
              ┌────────┐     ┌────────┐
              │ people │     │ animals│
              └────────┘     └────────┘
         ┌──────┼──────┐      ┌────┴────┐
       family friend marriage  cat     dog
         │      │       │       │       │
       bonds reliance; love;  friendly obey
             belive in trust
             friendships
```

　後、上記の図13.1のように語の関係を図示する方法である。この方法をプレリーディング活動とかプレリスニング活動に使えば、テキストに出てくる語句をうまく導入できるし、スキーマを活性化することができる。また、連想語を引き出したり、取りあげられた語を分類する際に、教師と学習者は議論や相互交流を行うことが必要になる。このようなブレインストーミングによって、学習者は語彙を覚えるようになる(Stahl and Vancil, 1986)。教師は学習者と相互交流を行い、自分がモデルとして使った語彙項目を学習者に気づかせ、使わせることもできる。さらに、学習者が表現しようとした語句を教師が適切に言い換えてやることによって、学習者の語彙発達を促進することができる(Gibbons, 1998)。しかし、第二言語学習者の場合、新語や頻度の低い単語を導入するのにセマンティック・マップを使いすぎることは学習者の負担が大きすぎるので注意が必要である(Stoller and Grabe, 1993)。

　また、セマンティック・マッピング活動を通して、発表語彙を習得させることも可能である。その条件として、Nation(2001)は次の4点を指摘している。

① 教師は学生にセマンティック・マップで取り上げられた語彙を想起させ、使わせる。

② セマンティック・マップ上の語彙項目の関係を学習者に説明させたり、分類の正当な理由を述べさせたりする。
③ 教師はセマンティック・マップに取り上げられた語彙を取りあげ、重要な単語を繰り返し、語彙項目間の関係を強化する。
④ セマンティック・マップを作成するだけが目的ではない。マップを利用して、スピーキング活動やライティング活動を行う。

3.3. 単語に出会う機会を多くする

(1) 衰退(attrition)

　比較的によく知っている語でも、長い間第二言語を使わなかったり、その言語の学習を止めてしまったりすると、忘れてしまうことがある。このような忘却を衰退(attrition)という。一般的に、語彙知識は音韻や文法に関する知識より忘れやすいようである(Schmitt, 2000)。受容語彙は急に大きくは忘れることはないようだが、忘れる場合は、低頻度語と非同族語のような周辺的な語彙にみられるのが普通である(Weltens and Grendel, 1993)。他方、発表語彙の方が受容語彙より忘れやすいと言われる(Cohen, 1989; Olshtain, 1989)。また、忘却率は言語の熟達度と関係なく、同じ割合で減少するようである。Weltens, Van Els and Schils (1989)によると、彼らの実験の被験者の場合、ほとんどの忘却は2年以内におこり、その後は一様であった。

(2) 間隔的反復(spaced repetition)

　新しいことを学習した後、たいていの場合、すぐに忘れ始めるものである。忘れるのを減らすには反復することが効果的である。どの様な反復方法を取れば、効果があるのだろうか。一定時間内に語彙項目を集中的に繰り返すより、時間的に間隔をおいて反復する方が記憶保持にも再生にも優れているということが実証されている(Dempster, 1987)。間隔をおく反復の方法には、図13.2のような3通りのパターンが考えられる。(a)は間隔拡大型の反復(expanding rehearsal)、(b)は間隔縮小型の反復、(c)は均等間隔型の反復である。

図13.2　間隔的反復の3方法（二谷、1999: 116-117）

```
(a)   PP.P...P......P.........P............P................P
(b)   P................P............P.........P......P...P.PP
(c)   P.....P.....P.....P.....P.....P.....P.....P.....P
```

　Pimsleur(1967)は間隔拡大型の反復を次のように説明する。文字や単語は読んだ直後なら100％再生できるが、時間が経過するにつれて急速に忘れていく。図13.3が示すように、教師は学生がまだ60％以上思い出せる時に再生反復させなければ、忘れてしまう。学生が正しく反復できれば、p2のように100％記憶が回復する。このp2も同じように忘れていくが、p1よりは忘却の勾配が緩やかになっていく。p1からp2、p2からp3、p3からp4へと再生反復とフィードバックを繰り返していくと、だんだんとその間隔は拡大していく。その拡大は指数関数的である。最初の間隔が5秒だと、次の間隔は5^2＝25秒、次の間隔は5^3＝125秒のように拡大していく。100日以上覚えておくようにするには10回以上の反復再生が必要になる（5^{10}＝9,765,625秒＝113日）。

図13.3　間隔拡大型反復によって再生を向上させる方法
　　　　（Pimsleur, 1967／二谷、1999にもとづく）

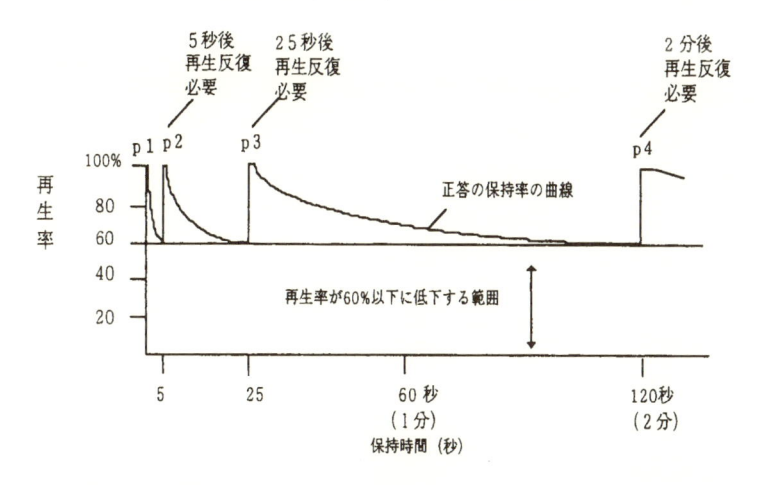

(3) 反復の方法と回数

　反復の間隔だけでなく反復の仕方も学習に影響する。すなわち、語の形式を提示した後、意味の提示までの時間を遅らせるだけでも、その単語の意味を推測したり、思いだそうとしたりする心的努力が必要になる。Royer (1973)の実験で、1回目は各々の外国語の形式とその英語訳が学習者に同時に提示された。その後、その外国語の単語を見てその意味を思い出すことが求められた。形式と意味を同時に見て学習したグループより、意味の提示を遅らせて思い出すことを求められたグループの方が学習を終えた後のテストで正答率がより高く、有意差があった。うまく思い出すことで、意味を長く記憶する機会が増える。Baddeley(1990: 156)は、単に言語項目をもう一度見るよりも想起するほうが想起するルートを強化する、と言う。想起することはより大きな心的努力が必要だし、想起は普通の言語使用にしばしば必要とされるメカニズムによく似ているからである(Landauer and Bjork, 1978: 631)。

　反復は語彙習得に影響する要因の一つに過ぎない。それらの要因の中で、反復と語彙習得の相関は約 .45 で中くらいであった(Saragi, Nation, and Meister, 1978)。様々な要因が関係するので、何度繰り返すのが一番効果的なのかを決定するのは難しい。Kachroo(1962)によれば、彼が使った教科書で7回以上繰り返した場合、ほとんどの学習者はその語を再生できた、という。Crothers and Suppes(1967)の実験では、6回か7回繰り返したらほとんどの語彙項目は習得された。反復に関する他の多くの研究と同様に、Tinkham(1993)の研究では、単語を身につけるのに必要な時間や繰り返す回数は学習者によって大きく異なっていた。6つの連想ペアを覚えるのに、ほとんどの学習者は5回から7回の繰り返しで身につけたが、ある学習者は20回以上も繰り返すことが必要であった。

3. 4. 深い処理を促進する

(1) 処理水準(level of processing)仮説

　Craik and Lockhart(1972)は、新情報の記憶はその情報が処理されたときの深さの度合いによって決定される、という処理水準仮説を提案した。

すなわち、処理が深くなればなるほど、記憶保持がよくなるという考え方である。また、処理水準は、入力情報の知覚的・形態的な分析を行う浅い水準から、抽象的・意味的な処理を行う深い水準への幾つかの階層的構造を持っている、という。さらに、それぞれの処理の深さの水準に応じて記憶痕跡が残り、より深い処理が行われるほど、より持続的な痕跡が残るという。Craik and Tulving (1975)は、浅い表面的な形態的処理よりは音声的処理の方が、音声的処理よりはより深い意味的処理がなされた単語の方が記憶の保持が高くなる、と主張する。

　学習者が単語を学習する際に、より深い認知処理を行うにはどうしたらよいか。Sökmen (1997: 243)の示す3つのタスクを紹介する(第9章3.2参照)。

① 目標語(ここでは *stirrup* という語)の意味がはっきり分かるまで、表現を変えて説明する。Nation (1990: 67)はこの手法を *What is it?* 法と呼んでいる。

> A stirrup is silver. A stirrup is strong. A stirrup is made of iron. A stirrup has a flat bottom. We can find a stirrup on a horse. A stirrup is used to put your foot into when you ride a horse.

② 学習者は、ある単語(下記のタスクの場合 order)がよく似た他の単語とどの様に異なるかを説明し、単語グループに入れておくには相応しくない語を抜き出すこと、が求められる。

　　(a)　order　　command　　advise　　demand
　　(b)　order　　tell　　　　instruct　 suggest
　　(c)　order　　ask　　　　obey

③ 学習者は、ある多義語(下記の例の場合、saturate)が与えられ、文脈に相応しい詳細な意味理解を求められる(Visser, 1990)。

> (a) If people or things *saturate* a place or object, they fill it so completely that no more can be added.
>
> (b) If someone or something is *saturated*, they are extremely wet.

処理水準に関する基本的な枠組みと深い処理が必要なタスク例を示したが、定義が曖昧であり、各々の水準を明確に説明しきれないところがある。また、上記のタスクからも分かるように、注意深く、じっくり単語の意味を検討すること、単語を慎重に分析したり、精緻化すること、文脈を利用して単語の意味を推測すること、単語の意味を意識的に自分の経験と結びつけること、キーワード法のようなイメージを使うこと、注釈をつけて単語に注意を向けること、など明示的学習法だけでなく非明示的学習法を含め様々な深い処理を必要とするタスク活動が考えられる。

(2) 精緻化と自己関与効果

深さの概念は精緻化(elaboration)と組み合わせて考えられなければならないという(Craik and Tulving, 1975)。深さという概念は処理の質的形態の違いについて使われてきたのに対し、精緻化という概念は同じ水準内で行われる処理の集中度あるいは多さという量的な違いについて使われる(小谷津・大村、1985)。単語を覚えるために繰り返す場合、ただ単に繰り返す(維持リハーサル)のではなく、学習者が復唱するたびに関連する新情報を追加して繰り返しをする方法は認知的処理が深く、効果があることになる。このような復唱を精緻化リハーサルという。

二谷(1999)は、処理水準の考え方の一つとして自己関与の効果を取り上げている。これは、学習者が覚えようとする情報を、自分自身か親しい友人か親戚の人の体験に関連づけて覚えようとすると、その語の保持・再生が向上するという効果のことである(Brown, 1986; Katz, 1987等)。

(3) 記憶保持とかかわり度

Laufer and Hulstijn(2001)は、処理の深さを段階づけたり、測定することは困難であるので、語彙の保持を説明するために、処理の深さという概念より"かかわり度(involvement)"という構成概念を提案した。"かかわり度"とは「必要度(need)」、「探索度(search)」、「評価(evaluation)」という動機的そして認知的な点における程度と関係するものである。言語学習タスクを「必要度」、「探索度」、「評価」の観点から分析すれば、タスクを"かかわり度"で段階付けが可能になる。表13.2は各タスクの「かかわり」の程度を表している。

表13.2 タスクによって引き起こされる「かかわり度」
(Laufer and Hulstijn, 2001: 18にもとづく)

タスク	目標語の取り扱い	必要度	探索度	評価
1. 読みと読解問題	テキストに注釈があるが、タスクと無関係	−	−	−
2. 読みと読解問題	テキストに注釈があり、タスクと関係あり	＋	−	−
3. 読みと読解問題	注釈はないが、タスクと関係あり	＋	＋（語と文脈による）	−/＋
4. 読みと読解問題 空所補充	読解と関係あり テキストの最後に注釈のリストあり	＋	−	＋
5. 原文を書く	注釈リストあり	＋	−	＋＋
6. 作文を書く	教師が選んだ構想（L1で）、L2学習者・書き手がL2の形式を探す	＋	＋	＋＋
7. 作文を書く	L2学習者・書き手が構想を選ぶ(探す)	＋＋	＋	＋＋

−＝かかわり度無し、＋＝中程度のかかわり度、＋＋＝強いかかわり度

- 「必要度」：タスクをし終えるのに目標語彙が必要でなければ、必要度は存在しない。目標語彙がタスクに必要なら必要度は「中」である。学習者がその語彙の必要性を感じているなら、必要度は「強」である。
- 「探索度」：タスクの一部として、単語の形式かその意味が与えられれば、探索は存在しない。学習者が単語の意味を探さなければならないなら探索度は「中」である。意味を表すのに形式を探さなければならないなら、探索度は「強」である。
- 「評価」：評価とは単語の選択が適切かどうか決定することである。文脈が提供されていれば、評価は「中」である。文脈を創り出さなければならないのなら、評価は「強」である。

　Laufer and Hulstijn は「かかわり度」にてらして、幾つかの実証研究を検討している。Newton(1995)による実験結果、Joe(1995)の結果の一部は、「かかわり度」の高いタスクに使われる単語ほど保持率が良いという仮説を支持するものであった。今後、さらに実験を重ね、「かかわり度」という構成概念が適切なものか検討する必要がある。

3.5. 語の意味をイメージ化・具体化する
(1) 二重符号化モデル(dual-coding model)

　身振り、実物、絵、図表を使うことは単語の意味理解を助けるだけでなく、意味を記憶するのに最も効果のある方法である。何故そうなのか。絵と語の記憶の違いに関して、Paivio(1986)の提唱した二重符号化モデル(dual-coding model)を使って、情報が長期記憶にどのような様式で表象されるかについて説明する。このモデルによると、連続的に入力される情報を知覚し、それを脳に表象する際、言語記号による表象(verbal representations)の様式と非言語的な心象表象(imagery representations)の様式の二通りがある。

> 外国語の語彙の学習では…(具体的な)単語の(形式と意味の)ペアを初めに学習し、その後その語の訳語を想起しようとする際に言語的表象と非言語的なイメージ表象が連続して活性化される。(Clark and Paivio, 1991: 157)

　抽象的な概念や語のようにことばを借りてしか表現できないものは、言語コードを用いて表象・保持されるのに対して、具体的な絵とか物体などのように、視覚化できるものの場合は、言語と心象(イメージ)で二重に表象されるという。語の意味の二重符号化は、想起の手がかりが単一の形態で表象される情報より多くなるため、記憶再生が向上するという。

　二重符号化説から他に言えることは、意味情報が学習者の概念の中で具体化されるとき学習は促進されるということである。これは、個人的な実例を思いだし、単語に個人の経験を当てはめてみること、単語と現在の出来事や自分の生活と比較したり、関係づけることである。つまり、過去の経験のイメージと一緒に単語の意味が蓄えられるとき、その記憶再生は強力なものになる(Sökmen, 1997: 244)。

(2) キーワード法(keyword method)

　キーワード法は目標言語の未知語と母語の音声的なつながりと各々の語が持つイメージのつながりを利用することによって、未知語の形式とその意味を強くリンクし、記憶させようとする方法である。下記の図13.4、図13.5と図13.6を使ってもう少し詳しく説明する。インドネシア人の英

図13.4 キーワード法のプロセス （Nation, 2001: 311 にもとづく）

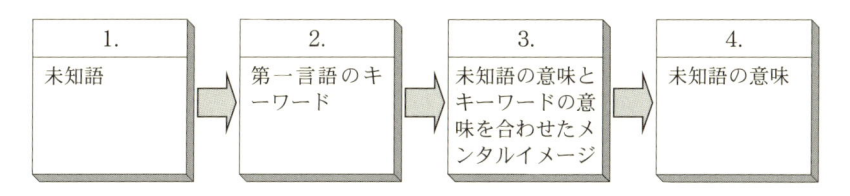

| 1. 未知語 | → | 2. 第一言語のキーワード | → | 3. 未知語の意味とキーワードの意味を合わせたメンタルイメージ | → | 4. 未知語の意味 |

図13.5 キーワード法のプロセスの具体例
（Nation, 1990: 166; Nation, 2001: 312 にもとづく）

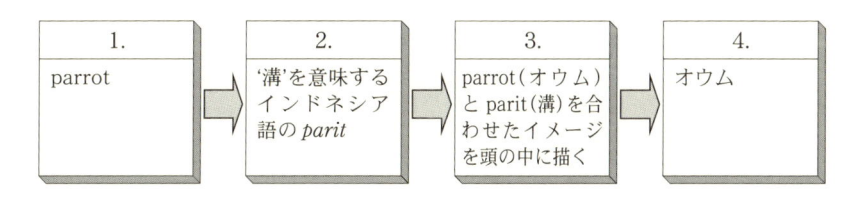

| 1. parrot | → | 2. '溝'を意味するインドネシア語の parit | → | 3. parrot（オウム）と parit（溝）を合わせたイメージを頭の中に描く | → | 4. オウム |

図13.6 parrot（英語）と parit（インドネシア語）のイメージ図
（Nation, 1990: 166 にもとづく）

語学習者が parrot という語の意味（オウム）を覚えようとしていると仮定してみよう。図13.4と図13.5が示すように、まず、学習者は英語 parrot と語全体又は一部の発音が同じような語（parit）をインドネシア語の中か

ら見つける。図13.5の場合、この「溝」を意味する *parit* がキーワードである。次に、学習者は図13.6のような「オウムが溝に横たわっている」状況をイメージする。このイメージがより印象的で、より変わっているほど、再生により効果があると言われる。

　キーワード法の効果については相当な数の研究が行われている。その研究は様々なレベルの学習者、学力の異なる被験者や広範囲な言語に関して行われている。またキーワード法の評価をするため、機械的な暗記法(Atkinson, 1975; Avila and Sadoski, 1996)、絵を利用する覚え方、文脈中に未知語とその意味を提示する方法(Brown and Perry, 1991; Moore and Surber, 1992)、文脈の中で未知語の意味を推測する方法(McDaniel and Pressley, 1984)、他の同意語を伴う方法等との比較研究がなされている。田辺(1997: 65)はキーワード法とその他の語彙導入方法の効果に関する13編の実証的研究を一覧表にしていて、参考になる。これらの国外でなされた研究の結果は、一般的に、他の方法に比べて、キーワード法による方がより速くより確実に学習がなされることを示している。またキーワード法は直後の記憶保持にも長期の記憶保持(1週間から10週間)にもプラスの効果があるようである(Nation, 2001: 313)。しかし、実験の結果は必ずしも一定ではない。特に、長期記憶保持に関する結果は一貫性に欠ける(Wang and Thomas, 1992, 1995)。

　国内におけるキーワード法を使った実証研究は多くない。平野・姉崎(2000)は中学生を被験者にして、キーワード学習、機械的学習と(推測を伴う)文脈学習との比較研究を行った。その結果は下記の通りである。

> 具象語には機械的学習が、抽象語には機械的学習かキーワード学習が効果があるという結果が示唆された。機械的学習の成績が全般的に良かった。機械的学習をテスト別に見てみると、直後テストでは文脈学習より良く、1週間後、2週間後の遅延テストでは、文脈学習とキーワード法のいずれよりも成績が良かった。キーワード法は直後のテストのみが文脈学習よりも良かった。文脈学習はどのテストにおいてもほかの学習方法より成績が悪かった。(平野・姉崎、2000: 169)

この実験だけで結論を下すのは無理であるが、日本語をキーワードとして、日本人学習者を被験者としたこの姉崎の実験から判断する限りでは、キーワード学習の方が機械的学習よりも記憶保持率は不確実で低い。キーワード学習の場合、直後から1週間後に急速な忘却が見られ、長期記憶保持には効果が低いことが実証された。抽象語と具象語のテスト結果にあまり差が見られないが、キーワード法は目標語とキーワードのイメージを重視する記憶法であることを考慮すれば、この結果をどの様に理解すればよいのであろうか。三浦(2002)の中学生を被験者とした実験では、手で何度も書く方略、口で何度も繰り返す方略とキーワード法を比較した。統計的に有意ではなかったが、直後テストにおいても、1週間後の遅延テストにおいてもキーワード法の方が多くの語を学習できた。また、どの方法においても抽象語より具象語の方が多く学習できた。三浦が言うように、平野・姉崎との結果の違いは刺激材料の品詞、刺激材料の数等によるのかもしれない。

　抽象語の利用の問題を含め、キーワード法には弱点、限界があることをEllis(1997: 137)は次のように指摘する。キーワード法は、①抽象語やイメージ化できる可能性が低いキーワードにはほとんど役に立たない、②第二言語の受容語彙に比べ、発表語彙を習得するにはずっと効果が少ない、③スペリングや発音を身につける助けとなる記憶術の手法が組み込まれていない。もう一つの弱点は、Paivio and Desrochers(1981)が指摘するように、キーワード法で訳語を覚えても実際のコミュニケーションですぐに役に立つ知識になり得ないことである。また、平野・姉崎(2000)が指摘するように、英語の目標語と音韻的類似性の高い日本語のキーワードを見つけるのは非常に難しい。実験に使うキーワードを探すのに苦労するぐらいであるから、学習者が単語学習方略として使う可能性は低くなる。これらの点を踏まえた上で更なる追実験が行われる必要がある。

3.6. 様々な教授方法を使う

　Sökmen(1997)はその他の意図的な指導方法として、辞書の活用、語形成の分析、記憶術の手法、意味の精緻化、連語と語彙連結、口頭発表活

動の6方法を挙げているけれど、ここでは紙面の都合で、単語カードの利用、語形成に関する知識の活用を取り上げる。

(1) 単語カードを使った語彙習得

単語カードを使った単語の覚え方は外国語の形式とその意味の連想関係の形成を目指すものである。頻度の高い必須の単語を覚えるにはカードを使った方法が適している。この直接的な学習方法にはこのほかに次のような利点がある。①学習にかけた時間と努力に対して習得した単語の数を考えると効率的である。②文脈や辞書に頼っていてはたやすく学べない単語の知識に焦点を当てることができる。③学習を確実なものにするため、学習者が単語の繰り返しや処理を統制できる。

単語カードの作り方は普通次のように行われる (Nation, 2001: 303-305)。①再生を促すため、カードの一面に単語を書き反対側にその意味を書く。②学習者の母語で意味を書く。③語の意味を可能なら絵で表す。④連語など多くのことを書き入れたい気持ちになるけれど、累積的発達の一つのステップにすぎないので簡潔なものにする。⑤単語の難易度に応じて一組のカードの枚数を調整する。

カードの使い方として、Nation (2001: 306-310)は次の点を指摘する。①単語の形式を見て意味を想起する。②最初は形式を見て意味を再生し、次に意味を見て形式を再生する。③絶えずカードの順番を変え、難しい語を始めの方に置く。④単語を声に出して言う。⑤単語を語句や文の中で、また連語にして覚える。⑥単語の意味をよく考え、深い処理をする。

カードを使った覚え方は、ノートの左側に英語、右側にその訳語を書いて覚える方法、語呂合わせによる覚え方、文脈を利用する方法などと比較し、各々の方法の効果について実証的実験を行う必要がある。

(2) 語形成の知識と語彙力

英単語の内容語に接辞 (affixes) を加えることによって語形式を変えることができる。語根の前につくのが接頭辞 (prefixes)、後につくのが接尾辞 (suffixes) である。接辞は屈折形接辞 (inflectional affixes) と派生形接辞 (derivational affixes) に分けられる。屈折形接辞は *-s* (複数、3人称現在、所有格)、*-ed* (過去、過去分詞)、*-er* (比較級) のような接辞で、すべて

接尾辞である。この場合、品詞は変化しない。派生形接辞の、ほとんどの接尾辞と少しの接頭辞については、それらの接辞が加えられると、単語の品詞は変化する。

　第一言語では小学校4年生ぐらいから急激に語彙が増加し始めるが、一つには接辞に関する知識が増えるからだと言われている。第二言語において接辞の知識が増えると、新しい語を学ぶ場合その語に含まれる接辞と自分の知識と関係づけて記憶を強化できるし、文脈から推量した未知語の意味が正しいかを確認することができる(Nation, 2001: 264)。英語の語彙を分析してみると、頻度の高い基本語を身につけた後は、接辞の知識が語彙習得にいかに大切であるかよく分かる。Bird (1987, 1990)の行った7,476語の高頻度の語彙の分析によると(表13.3)、頻度から見て最初の100語はゲルマン系の語が97％を占めているが、1,000語を越えると60％以上の語がラテン語、ギリシャ語等の語源を持つ単語である。しかも、そのようなラテン語、ギリシャ語の大多数の語が接辞をつけて、ワードファミリーを形成するのである。

　Bauer and Nation(1993)は接辞分類のための8つの判断基準を設け、7レベルの接辞に分類した。この分類は、どの様な接辞がよく使われるのかが、どの様な接辞から学ぶ必要があるのかについて示唆を与えるものである。その判断基準とは①頻度(frequency)、②産出力(productivity)、③予測可能性(predictability)、④語根の書記形式の規則性(regularity)、⑤語根の音韻形式の規則性、⑥接辞の綴りの規則性、⑦接辞の音韻形式の規則性、⑧機能の規則性である。7つの接辞レベルに関して言うと、第1

表13.3　7,476語の高頻度英単語の語源(Bird, 1987 / Nation, 2001: 265にもとづく)

	最初の100語	最初の1,000語	次の1,000語	2,000語以上
ゲルマン系	97％	57％	39％	36％
ラテン系	3％	36％	51％	51％
ギリシャ系	0％	4％	4％	7％
その他	0％	3％	6％	6％

表13.4　1,000,000語のコーパス中の3レベルの接辞とその異語数と延べ語数(Bauer and Nation, 1993にもとづく)

レベル3			レベル4			レベル6		
接辞	異語数	延べ語数	接辞	異語数	延べ語数	接辞	異語数	延べ語数
-able	155	685	-al	213	3,064	-able	22	53
-er	705	4,003	-ation	451	4,463	-ee	25	136
-ish	54	124	-ess	26	174	-ic	221	1,086
-less	124	408	-ful	84	951	-ify	14	134
-ly	1,227	12,789	-ism	105	312	-ion	475	6,748
-ness	307	1,059	-ist	143	697	-ist	10	48
-th	30	356	-ity	243	1,788	-ition	25	459
-y	265	994	-ize	69	158	-ive	177	1,633
non-	98	171	-ment	129	2,678	-th	12	511
un-	538	1,867	-ous	121	948	-y	94	457
			in-	180	610	pre-	70	135
						re-	225	881
合計	3,503	22,456	合計	1,764	15,843	合計	1,370	12,281

レベルは各書記形式が異語である場合、第2レベルは屈折形接尾辞の場合である。第3レベルは最も頻度が高く、規則的な派生形を持つ接辞、第4レベルは頻度が高く、正書法が規則的な接辞、第5レベルは規則的だが低頻度の接辞、第6レベルは頻度は高いが不規則な接辞、第7レベルは文語的な(classical)語根と接辞である。このうち学習者に役に立つと思われる頻度の高い第3レベル、第4レベル、第6レベルの接辞を1,000,000語のコーパスに出現する異語(type)数と延べ語(token)数と一緒に表13.4にまとめてみた。

　Mochizuki and Aizawa(2000)は、日本人の高校生と大学生を被験者にして、Bauer and Nation(1993)の作成した接辞レベルのレベル3からレベル6までの接辞の中から選んで疑似単語を作り、接頭辞の場合は日本語で接辞の意味を、接尾辞の場合は品詞を問うテストを実施して、習得しやすい接辞の順序を調べた。接頭辞の場合は、一番よく習得されていたものは *re-, un-, pre-* で、2番目が *non-, ex-*、3番目が *anti-*、4番目が *semi-, en-, post-*、5番目が *inter-, counter-, in-* で、最後が *ante-* であった。最もよく習得されていた接尾辞は *-ation, -ful, -ment* で、2番目が *-ist, -er, -ize*、3番目が *-ous, -ness, -ism, able*、4番目が *-less, -ity* で、最後が *-sh,*

-y であった。接尾辞はすべてレベル3、レベル4に含まれるもので頻度の高いものである。一方、接頭辞は半分以上がレベル5に属する規則的だが頻度の低いものであった。*anti-, inter-, semi-, post-, counter-* 等の接辞から分かるように、外来語の影響を受けていると思われる。

　Mochizuki and Aizawa が、Nation(1990)の語彙サイズテストを修正した自作の語彙サイズテストで測定したテストの結果と接辞テストの結果との関係を調べたところ、その相関は.65であった。Noro(2002)は読解テストのテキストから取った単語の意味とその語の品詞、それにそれらの単語から接辞を省いた場合の品詞を問う接辞テストを作成し、その接辞テストの結果とNation(1990)の語彙サイズテストと読解テスト各々の結果との関係を調べた。それぞれの相関は.69と.66であった。Schmitt and Meara(1997)の研究でも、接尾辞の知識と語彙サイズテストの結果との間には弱い相関(.27〜.41)があった。日本人学習者の語彙サイズと接辞の知識との関係はかなり関係が深いと言える。

4. 付随的語彙学習

　この節ではリーディング、ライティング、リスニング、スピーキングにおける付随的語彙学習について考察する。

4.1. リーディングと語彙習得
(1) 文脈からの未知語の意味の推測

　文脈から単語の意味をどれほど推測することができるのか、文脈からの推測によって語彙はどれほど習得されるのか、推測がうまくいく要因は何か、等の問題について考察する。

　未知語の意味が正しく推測される場合、その未知語の割合はどれくらいなのか。Seibert(1945)の実験では、フランス語を知っている学習者が文脈中でスペイン語の推測を行ったところ、正しい推測率は約70%であった。これは、フランス語とスペイン語という密接に関係した言語間で行われたことが推量を促進したものと思われる。Bensoussann and Laufer(1984)

の研究では、学習者は未知語が全語数の約12％ある難しいテキストに取り組み、推量できた未知語の割合はたった13％であった。Parry(1991)の4人の大人を被験者とする縦断的研究でもほぼ同じような結果がみられた。文脈から正しいと判定される推量は12％から33％の範囲で、部分的に正しい、あるいは正しいと見られる推量は51％から69％であった。

　文脈から推測された語がどれほど習得されるのか。自然なテキストを使用した英語母語話者に対する研究では、リーディング後15分経ってからの試験では10語に1語の割合で未知語を習得した(Nagy, Herman and Anderson, 1985)。リーディングをして6日後の遅延テストでは20語に1語の割合で未知語を習得した(Nagy, Anderson and Herman, 1987)。Nation(2001)は母語話者の研究のまとめとして、文脈中に出会う未知語について次のように4点に要約している。①推量がある程度正しくなされる場合には、少なくとも部分的に習得される。その割合は5％から10％である。②推量はある程度正しいが、何も習得されない。このようなことは多くの語に起こる。③正しく推量されない。④テキストのメッセージをつかむには大切でないので、無視される。第二言語話者に関する研究はほとんどが段階別読本を使った多読指導と関係があるので、4.3.で詳しく考察する。

　正しく推測がなされるかどうかに影響を及ぼす要因として、上記の未知語の割合以外に、以下の点が挙げられる(Schmitt, 2000; Huckin, Haynes and Coady, 1993)。①文脈は語の意味を推測するのに十分な手がかりを含んでいなければならない。②離れたところにあるグローバルな手がかりよりも、未知語に近いところにあるローカルな手がかりの方が良く利用できる。③未知語をスペリングや音声が似た既知の語と間違える。④同族語は意味を推測する助けになる(日本語における外来語は音声、意味が変化しているので注意が必要である)。⑤テキストの話題や文化について議論をして背景的知識を活性化することが推測する助けとなる。⑥学習者は文脈から推測する体系的方法を身につけていなければならない。⑦文脈から意味を推測することが必ずしも記憶に繋がるわけではない。未知語推測の指導にはこれらの点も十分考慮する必要がある。

文脈から未知語の意味を推測する効果について研究を行うには、幾つか考慮すべき点がある。第7章で述べたように、①テキスト中の未知語の割合が最低5％以下であることが必要である。②学習者の推測できる能力は多様であることを認識しておく必要がある。③自然な文脈で推測することと、特別に作成された文脈での意図的な語彙学習とは区別されなければならない。④文脈から語の意味を正しく推測することと、その語を覚えていることとは異なることを認識しておく必要がある。⑤単語の意味を正確に推測できなくても、その単語の一部の知識をつかんでいるかもしれない。その意味で感度の良いテストが使われることが望まれる。

(2) 読解と語彙学習における注釈の効果

　注釈(gloss)とは、第一言語か第二言語でテキストに加えられる短い定義か同義語・類義語のことである。時には本文中の単語に注釈があることを示す印が付けられたり、注釈をつけたい単語を太字、イタリック、下線によって目立たせることがある。

　注釈が好まれるには幾つかの理由がある(Nation, 2001: 175)。①注釈をつければ難しいテキストも扱うことができるようになる。②正しく推量されないかもしれない単語に、注釈によって正しい意味を提供できる。③注釈によって、読解プロセスへの妨害を最小限に押さえることができる。④注釈によって、学習者は単語に注意を向けることになり、語の習得が促進されるようになる。

　次に注釈の種類とその効果について考察する(Nation, 2001: 175-177)。注釈を学習者の第一言語でつけるのがよいのか、第二言語でつけるのがよいのかという問題について、Jacobs, Dufon and Fong(1994)では、どちらも読解と語彙学習に影響はなかった。Myong(1995)の研究によると、第一言語による注釈は語彙習得により効果があったが、読解に対する影響に関しては第二言語の注釈と変わらなかった。どちらの言語を使おうと、分かることが大切だと言えるであろう。

　どこに注釈をつけるかについては、4つの方法が考えられる。①注釈が加えられる語のすぐ後に、②注釈が加えられる語と同じ行に、③注釈が加えられる語のあるページの下に、④テキストの最後に、つける方法である。

Watanabe(1997a)は、注釈が与えられる語のすぐ後に注釈を入れるのは効果がなかった、と報告している。語彙習得と読解に及ぼす注釈の効果に関しては、Holley and King(1971)は、ページの余白、ページの下、テキストの最後であろうと差がなかったと言う。しかし、Jacobs, Dufon and Fong(1994)は、学習者は余白に書かれた注釈を好むと報告している。

　注釈を多肢選択式にするのがよいのか一語にするのがよいのかの問題については、Hulstijn(1992)の実験では、第二言語の多肢選択式注釈の方が第二言語による一語の注釈より語彙学習に効果があった。彼は多肢選択式注釈の錯乱肢に目標語の意味と異なる語を使っている。お互いに意味が適度に近い選択肢が与えられると、より処理が深くなるので語彙習得が向上する可能性が高いことが予想されるが、学習者によっては誤った選択をして、学習を混乱させてしまうので危険であると考えたからである。Watanabe(1997a)は、第二言語の多肢選択式注釈であろうと第二言語の一語の注釈であろうと有意な差がなかったと報告している。この場合の錯乱肢は目標語の意味とよく似た語であった。Watanabe(1997b)は、更なる実験で多肢選択式注釈の錯乱肢に目標語の意味と異なる語を、一語の注釈に母語を使った。結果は、上位群は単語単独テストで第二言語の多肢選択式注釈の保持率が高かった。下位群では単独であっても文脈中であっても母語による一語の注釈が最も保持率が高かった。文脈中のテストでは有意差がなかった。永山・森(2002)は被験者を上位群と下位群に分け、第二言語の多肢選択式注釈の錯乱肢が目標語の意味と同じような語の場合と、異なる語の場合、第二言語の一語の注釈の場合と比較した。上位群では目標語の意味と同じような錯乱肢を使った多肢選択式注釈の場合保持率が一番高かった。下位群では3者間で有意な差がでなかった。結果が必ずしも一致しないが、上位者には多肢選択式注釈を、下位者には一語の注釈を与えるのが無難と言えそうである。

　多くの研究で、注釈は語彙学習に効果があるという結果を出している(Jacobs, Dufon and Fong, 1994; Myong, 1995; Watanabe, 1997a; Hulstijn, Hollander and Greidanus, 1996)。Hulstijn(1992)によると、注釈のあった被験者も注釈のなかった被験者も事後のテストで変わりがな

かったけれど、注釈のなかった被験者はより多くの間違った訳をした。すなわち、注釈がないと文脈から誤った推量をすることがあることを示している。Hulstijn, Hollander and Greidanus(1996)は、第一言語で余白に注釈をつける場合、辞書を使用する場合、どちらでもない場合の付随的語彙習得に及ぼす影響を調べた。その結果、余白に注釈をつけたグループは他の2つのグループよりもより多くの語彙を習得することが分かった。

　読解に対する注釈の効果についての研究結果は一致していない。注釈によって未知語の割合が何パーセントになるのかによって読解は影響を受けるからである。注釈を加える語をよく吟味し、未知語の割合を2%から5%にして、精緻な実験が行われる必要がある。

(3) 多読による語彙習得

　英語を母語とする話者の場合、単語認知が自動化される小学校3、4年生頃から急激に語彙力が伸びる。この膨大な量の語彙を直接的な語彙指導だけで習得するのは無理であり、様々な談話的文脈の中で何度も繰り返し触れることによって、大多数の語は徐々に付随的に習得されると考えられている(Nagy and Herman, 1985; Nagy, Herman and Anderson, 1985)。多読はこのような語彙獲得には有効な方法である。

　第2言語話者に関しても同じように、高い読解力を身につけた学習者は多読を通してほとんどの語彙を習得するという。リーディングを通して理解可能な(comprehensible)インプットを受けることによって、語彙やスペリングを最も効率的に習得すると、Krashen(1989)は主張する。この考えを肯定する実証実験にはSaragi, Nation and Meister(1978)、Pitts, White and Krashen(1989)、Day, Omura, and Hiramatsu(1991)がある。Saragi, Nation and Meister と Pitts, White and Krashen の研究は"nasdat"と呼ばれる人工語を含んだ"A Clockwork Orange"というテキストを読ませ、その人工語の習得率を測定した。Day, Omura, and Hiramatsuは日本の高校生と大学生を被験者にして"Mystery of American Mask"を短く書き換えたテキストを読ませ、語彙の事後テストを実施した。どの実験においても実験群は何もしなかった統制群に比べ、僅かだけれど有意な語彙習得を示した。Nation(2001: 155)は、それらの実験の問題点とし

て、①僅かな学習を測定できるテストを使用していない、②テキストの難易度を十分統制していない、③実験方法に問題点がある、ことを指摘している。実験方法の問題点として、Coady(1997: 226-227)は、①統制群は目標語彙を含むテキストに触れていない、②被験者のほとんどは中級の学習者で、上位と下位の学習者が含まれていない、③記憶がどれほど持続されるのかを調べる遅延テストが実施されていないことを指摘している。

　上記の実験と異なり、段階別読み物(graded readers)を使った多読が語彙習得には効果が無いという実証実験がある。Tudor and Hafiz(1989)は段階別読み物を使った3ヶ月にわたる多読指導を実施した。統制群に比べ実験群はリーディング力とライティング力、特にライティング力において大きな進歩を示したが、語彙力は相対的に変化しなかった。Hafiz and Tudor(1990)においても同様に有意な語彙知識の伸びは見られなかった。

　Haynes and Baker(1993)やKnight(1994)の研究は、Saragi, *et al.*やPitts, *et al.* 等の研究と同様に、僅かな語彙の習得を示しているけれど、注目すべき点は初級者の英語力と語彙習得量には低い相関が見られ、英語力が上がるにつれ相関が高くなっていることである。英語の熟達度が上がるにつれて、ボトムアップの処理が自動化され、ワーキングメモリの処理資源を単語認知、統語処理等に使用する割合が少なくなる。テキストの統合的理解、新しい単語や既知の単語の新しい面に一層注意資源を使えるようになり、語彙知識を広く・深く処理できるようになると想像される。

　また段階別読み物を使った多読指導において、語彙習得の効果を上げるには未知語の割合を5％以内に押さえる必要がある。そうでないとテキストの理解ができなくなってしまう。Ellis(1994a)が主張するように、理解可能なインプットより理解された(comprehended)インプットが習得には重要である。

　段階別読み物を使った付随的な語彙習得において、新しい単語に触れる度に加えられ、強化される要素はほんの僅かであり、その知識は非常に脆弱なものである。維持するには間隔をあけずに何度も触れるように、多くのテキストを読むことが必要になる。僅かな伸びを測定するには敏感な測定方法が使われることが望まれる。

以上のことから、学習者の英語熟達度、測定方法、多読の量と頻度、テキストの未知語の割合等を考慮して更なる実証実験が実施されることが期待される。

(4) リーディングの授業における語彙指導

　新出単語や未知語の意味を学習者に尋ねたり、教師が説明したりしてテキストの内容を理解するだけで終わってしまうリーディングの授業が多いのではないだろうか。新出単語を長く記憶できるように、また使えるようにする練習はあまりなされていないのが現状であろう。(1)から(3)で見てきたように、第二言語学習者の場合、ただテキストを読んだだけで付随的に習得できる語彙数はほんの僅かである。「覚えておきなさい」と学習者に押しつけるのではなく、さまざまな直接的な、また間接的な語彙の学習法・指導法を取り入れ、学習者の語彙増強をはかる教師の取り組みが必要である(林, 2002: 49)。次に紹介するリーディングにおける語彙の指導方法は日本のリーディング授業にも十分利用できるものである。

　Paribakht and Wesche(1996)は、リーディング活動に語彙を増強する練習をプラスしたクラスがリーディングだけのクラスよりも有意に語彙量が増加したことを実証している。この練習プログラムの指導の原理は次の5点である。①目標語彙項目へ選択的注意(selective attention)を払わせる〔テキストの始めに目標単語のリストをあたえる／目標単語をイタリックや太字にしたりして目立たせる〕。②単語の意味を認知(recognition)させる〔目標単語を定義や同意語と結びつけさせたり、多肢選択形式の意味から選択させたり、絵と結びつけさせたりする〕。③語形変化の操作(manipulation)をさせる〔目標単語の派生形を作らせる／接辞を利用して語を作らせる〕。④他の語と関連させて目標語の意味的・統語的判断(interpretation)をさせる〔コロケーションとして適切でない語を見つけさせる／テキスト中の目標単語の意味と文法機能を理解させる／語の談話的機能に従って単語を分類させる／文脈の中で意味を推測させる〕。⑤目標単語の産出(production)練習を行う〔目標単語を、絵を見て言わせたり、クローズにして使わせたり、質問の答えとして使わせたり、訳語や同意語句を提示して言わせたりする〕。

これらの原理はGass(1988)の唱える身近にある言語データやインプットを選択して、内在化するという習得の5段階、すなわち、①学習者が「気づき」、学習者の先行知識と関係するインプット(apperceived input)、②理解されたインプット(comprehended input)、③内在化(intake)、④統合(integration)、⑤アウトプット(output)に基づくものである。
　また、Zimmerman(1997)もリーディングに相互作用をプラスする語彙指導の効果を実証した。相互作用を行う語彙指導の要点は、①語にふれる頻度を多くする、②意味のある文脈で語にふれさせる、③語についての多様で豊富な情報を与える、④目標語と学習者と経験や知識と関連させる、⑤学習者に活動に積極的に参加させる、の5点である。

4.2. リスニングと語彙習得

　教師が読み聞かせを行う際、学習者はどれほど新しい単語を習得することができるかという第一言語の研究がある(Elley, 1989; Brett, Rothlein and Hurley, 1996)。Nation(2001, 118-122)は、単語の習得がよりなされるには、教師が話をする時、次の条件が含まれることが必要であるという。①学習者に興味のある話をする、②話の内容がよく分かる、③未知語を理解させ、まだ強く確立していない単語の意味を繰り返し想起させる、④脱文脈化した方法で未知語の理解を手助けする、⑤異なる文脈で目標語に触れ・処理する機会を多くする、ことである。この条件とその特徴をリストにした表13.7は教師の読み聞かせを評価する場合にも使用できる。
　Elley(1989)は、ニュージーランドの小学生に物語を読み聞かせをして、どれほど語彙を習得するか2度実験をした。両実験において、1週間の内に3回繰り返して読まれ、話の展開に応じて絵が見せられた。最初の実験では、7歳の児童に物語を読み聞かせた結果、目標語の15％の語彙が習得された。次の8歳の児童を被験者にした実験では、2種類の話が使われた。一つの話しに関する実験では、読み聞かせただけのグループは15％、読み聞かせに目標語の説明を加えたグループは40％の語彙の習得率を示した。3ヶ月後の遅延テストの結果は、話を聞いて付随的に習得された単語の忘却率は少なく、高い保持率が維持されていることを示した。他の話

表 13.7 読み聞かせによって、語彙学習を促進する条件とその特徴
(Nation, 2001: 122)

条件	特　徴		
	1 役に立つ	2 大変良い	3 非常に優れている
興味	聞き手を夢中にさせる	続き話しにする	面白い教材を使う
理解	易しい語を選び焦点をあてる	速度を制御する 表現を簡約化する	易しい教材を選ぶ 絵を使う
想起の反復	すぐに注釈を与えない 話しの間隔をあまりあけない	長い話を続き物にする 同じ話題のテキストを使う	同じ話を繰り返し話す
脱文脈化	黒板に単語を書く 黒板上の語を指し示す	意味の交渉を促進する	簡単に定義する 母語に訳す
深い処理	文脈上の定義を使う	絵を使う	続き話しにする 内容を変えて再度話す

の場合の語彙習得率は上記の半分以下で、話の内容に学習者が夢中になれる要素が欠けていたことに起因すると結論づけている。第二言語学習者の場合、ワーキングメモリの処理資源は音声認識、単語認知、統語処理、意味の統合などにほとんど使われてしまうので、Elley の実験結果のような語彙習得率が得られないことが予想される。

　野呂(2001)は、多読に使われる段階別教材を使って、リーディングを併用したリスニング活動を行い、語彙習得の調査をした。教師が音読し、学習者はテキストを目で追いながら読む。数行読み終えてから、教師はテキストを伏せさせ、内容を要約させる。話を理解するうえで重要だけれど無視した単語、気づかなかった単語に注意を向けさせ、推測させたり、注釈を与えたり、説明したりして理解させた。事前と事後のテスト間で20の目標語の内17語が有意な語彙知識の伸びを示した。3語に関してはテストに選んだ語が易しくて伸びる余地がなかった。第二言語学習者にも視覚情報を加えて2重の認知処理を行い、効果的に単語に注意を向けて理解させることができれば付随的語彙習得も可能であることを示唆している。

　Rod Ellis と彼の仲間達は幾つかの実証研究 (Ellis, Tanaka and Yamazaki, 1994; Ellis, 1995; Ellis and Heimbach, 1997; Ellis and He, 1999) で、前もって修正されたインプット (premodified input) や意味交

渉(negotiation)が語彙習得にどのような役割を果たすかを調べた。これらの研究から言えることは次の3点である(Nation, 2001: 124)。①前もって修正されたインプットや意味交渉は語彙の習得に効果がある。②優れた簡易化、適切な注釈、効果的な意味交渉といったインプットやアウトプットの質が①の方法による習得の量に影響する。③前もって修正されたインプットや意味交渉は本来習得に影響する条件ではなく、学習者に想起や生成的な言語使用(generative use)や、例示化(instantiation)を行わせる条件となるものである。

4.3. ライティングと語彙習得

ESLやEFL学習者が書いた英作文の評価には語彙分析が取り入れられる。それは語彙の選択の仕方が目標言語の作文における約束事を最もよく反映しているからである。Astika(1993)はJacobs, Zingraf, Wormuth,

表13.8 Jacobs等によるESL作文力プロフィールから取った語彙評価尺度(Nation, 2001: 181)

得点(満点20点)	評価基準
20−18	優秀〜大変良い： ・広範囲にわたる洗練された語彙使用 ・効果的な単語・熟語の選択と使用 ・語形式についての十分な知識 ・適切な言語使用域
17−14	良い〜平均的： ・ある程度広い範囲にわたる語彙の使用 ・単語・熟語の形式、選択、用法に関する間違いが少しある ・意味は不明瞭ではない
13〜10	中程度〜悪い： ・限られた範囲の語彙使用 ・単語・熟語の形式、選択、用法に関する間違いが多い ・意味が混乱していて、不明瞭
9−7	大変悪い： ・作文と言うよりは翻訳に従事 ・英語の語彙、熟語、語形式についてほとんど知らない ・評価するには及ばない

Hartfiel and Hughey (1981) の作成した ESL 用の作文評価尺度 (表 13.8 参照) を利用して、語彙部門が英作文力に一番関係が深いことを見つけた。

標準的な発表語彙の測定法が確立していないことも一つの原因かもしれないが、第二言語のライティング活動と発表語彙の習得との関係についての実証研究は見つからない。Nation (2001) は受容語彙を産出的に使えるようにする活動—リーディング後の種々の完成問題、パラフレーズ、母語から目標言語への翻訳、既に読んだテキストの要約を基に作られたクローズ、聞いた話の内容を書いて再生する方法、スピーキング・タスクの結果を書いて報告する方法、等を提案している。このような活動が発表語彙の習得に効果があるかどうかの実証研究がなされる必要があるだろう。

4.4. スピーキングと語彙習得

情報転移活動 (information transfer activities)、ロールプレイ、問題解決ディスカッション、ミニ・レクチャー等のスピーキング活動は語彙習得を目標としていると普通は考えられない。しかし、スピーキング・タスクを設計する際、目標とする語彙を必ず使わなければならないとか、何度も使う機会を与えるようにするとかで語彙習得の可能性が高くなる。語彙学習を促進する活動として Nation (2001: 135-138) はリテリング (retelling)、ロールプレイ (role play)、順位付け (ranking) 等を挙げている。

リテリング活動では、学習者は 100 語か 200 語のテキストを読んで、その内容を語ることを求められる。Joe (1998) の研究は、話している時テキストがなければ、生成的に単語を使用することになるが、話しをする時テキストがあれば、より多くの目標語彙が使用されることを示唆している。手元にテキストがあることは想起するには良い条件ではないので、語彙の習得という観点からすれば、テキストを与えないのが一番良い方法であろう。リテリング活動を通して新出語彙を習得するには、テキストを与えるのがよいのか、与えないのがよいのか、実証的研究が行われる必要がある。

5. 語彙学習方略

　学習者に使ったらよい語彙学習方略を勧める時、多くの変数を考慮する必要がある。学習者の英語熟達度レベル、第一言語とその文化、第二言語学習の目的や動機付け、使われる教材やタスク、等を考慮する必要がある。Schmitt(1997)は58の異なる方略を挙げているが、Schmitt(2000)から簡約版リスト(表13.9)を例示する。方略グループのDET(determination strategies)とは、人の力を借りないで新しい語の意味を発見する時に使われる「決定方略」のことである。SOC(social strategies)は、言語学習を改善するため他の人と相互作用する「社会的方略」のことである。MEM(memory strategies)は、何らかのイメージを使ったり、記憶保持したい語を前に学んだ知識と関係づけたりする「記憶方略」である。COG(cognitive strategies)は、学習者が目標言語を操作したり、変形したりする「認知的方略」である。MET(metacognitive strategies)は、学習のプロセスを意識的に概観して最良の勉強法を計画し、その結果をモニターしたり、評価したりする「メタ認知的方略」である。

　Schmitt(1997)はこのリストの完全版を使って、600人の日本人被験者にどの様な方略を使ったか、どの様な方略が役に立つか尋ねたところ、①英和辞典を使う方略、②書いて又は声に出して繰り返す方略、③形式に焦点をあてた方略が学習者の好む方略であった。しかし、各々の方略が好まれる割合は英語の熟達度や年齢によって異なることも確かめられた。この研究は、方略使用パターンは学習者の年齢が上がるにつれ、また目標言語の熟達度が高くなるにつれ変化しうるものであることを、支持するものである。これらの結果は日本人に特有のものであり、他の文化に育った学習者は幾分違った傾向を示すという(Schmitt, Bird, Tseng, and Yang, 1997)。Gu and Johnson(1996)の研究では、学習者が非常に高く評価する「書いて又は声に出して繰り返す」記憶強化方略は熟達度や語彙サイズとはっきりとした相関はなかった。

　学習者は語彙方略を実際使うし、役に立つと分かっているようである。しかし、語彙方略の訓練がどれほど効果をもたらすかは別である。かなり

表13.9 語彙学習方略の簡約版リスト(Schimitt, 2000: 134 にもとづく)

方略グループ		方略
新しい語の意味を発見するための方略		
	DET	品詞を分析する
	DET	接辞(接頭辞、接尾辞)と語根を分析する
	DET	第一言語に同族語がないか調べる
	DET	テキストの脈絡から意味を推測する
	DET	辞書(英和・和英辞典または英英辞典)を利用する
	SOC	教師に新しい語の同意語、パラフレーズ、母語訳を求める
	SOC	同級生に意味を尋ねる
一度出会った語の記憶保持を強化するための方略		
	SOC	グループの人と一緒に学習し練習する
	SOC	第二言語の母語話者と交流する
	MEM	語を以前の個人の経験と結びつける
	MEM	語をその同等な表現と関連づける
	MEM	語をその同意語、反意語と結びつける
	MEM	セマンティック・マッピングを使う
	MEM	語の形式のイメージを思い浮かべる
	MEM	語の意味のイメージを思い浮かべる
	MEM	キーワード法を使う
	MEM	覚えやすいように単語をグループに分ける
	MEM	学ぶ際に新しい語を声に出して読む
	MEM	語を学ぶ際に身体を動かす
	COG	声に出して何度も繰り返す
	COG	手で文字を何度も繰り返して書く
	COG	単語リストを利用する
	COG	有形の対象物に英語のラベルをつける
	COG	単語帳を作る
	MET	英語の伝達媒体(歌、映画、ニュース放送、等)を使う
	MET	間隔をあけて単語の練習をする(間隔拡大型反復)
	MET	単語テストをやって、自分の単語力を試してみる
	MET	新しい単語をとばすとか無視する
	MET	時間をかけて単語を学び続ける

成功したという研究もあるし、ほんの限定された効果を報告している研究もある。ある時には学習者が抵抗する場合もある(Schmitt, 2000: 136)。Sasaoui(1995)は、語彙学習に構造化された方法をとる学習者とそうでない学習者を比較して、構造化された方法をとる学習者の方が良く上達したようだと報告している。Kern(1989)によると、多くの場合、学習者の熟達度によるという。Chamot (1987)は、教師が方略について知識を持っているかどうか、また方略訓練を受け入れるかどうかによるという。McDonough(1995)は方略訓練の研究を再調査し、方略訓練による上達はわずかで、文化特有の面があり、初級の学習者には効果があるかもしれないと結論づけている。

語彙学習方略は大いに可能性があるが、カリキュラムの中に方略指導を取り入れるには、教師が学習者の気持ちと学習者のニーズに敏感であることが必要である(Schmitt, 2000: 136)。その上で、学習者に語彙学習の本質と目的を十分理解させ、一連の適切な方略を教える教師の役割が重要である(Moir, 1996)。

本章のまとめ

(1) 受容語彙としては、ワードファミリーで、3,000語から5,000語、発表語彙としては2,000語から3,000語が必要である。
(2) 関連する新しい語彙項目をセットにして覚えると干渉が起こる。よく知っている語と新しい語をセットして覚えると効果がある。学習した語を忘れないようにするには、徐々に間隔をあけて繰り返す、間隔拡大型反復が最も有効である。繰り返しの頻度は最低5回から7回が必要である。
(3) 処理水準を明確に示すことができないが、深い処理が持続的な記憶保持に有効であることは確かである。
(4) キーワード法の効果については、国内と国外で研究の結果に違いがある。

(5) 単語カードを使った覚え方は有効な意図的な指導法であるが、他の方法と比較した実証実験がもっと行われる必要がある。
(6) 接辞の知識と語彙サイズや読解力の間にはかなり相関がある。
(7) 未知語が文脈から正しく推測されるには未知語の割合が大切である。第二言語において、文脈から推測された語がどれほど習得されるかについてはさらに研究が必要である。
(8) 注釈の効果については必ずしも一致しないが、ページの余白に英語力のある学習者には多肢選択式注釈を、低い学習者には一語の注釈を与えるのがよいように思える。使われる言語は母語であろうと目標言語であろうと分かることが大切である。
(9) 未知語が5％以内の段階別読み物を多読させ、新語に何度も触れさせることができれば、僅かではあるが付随的な語彙の習得が可能である。
(10) リスニングにおいて語彙が習得されるには、興味のある話でよく分かることが大切である。そのためには、未知語を易しく言い換えたり、意味の交渉をしたりして理解させ、異なる文脈で反復使用することである。
(11) 語彙方略には大いに可能性がある。方略訓練の成果を上げるには、学習者の気持ちやニーズを考えた教師の指導が重要である。

さらに研究する人のために

● 関連文献紹介 ●

① 投野由紀夫（編著）1997『英語語彙習得論―ボキャブラリー学習を科学する』東京：河源社
　英語語彙習得の理論的、実証的研究が第一言語を含め幅広く概観されていて語彙習得研究の現状を知るのに役に立つ。語彙に関する実証研究をしようとする研究者、毎日の実践を発表しようとする教師には、リサーチ・デザイン集は研究内容が異なっても大いに役に立つ。
② 二谷廣二　1999『教え方が「かわる・わかる」―認知心理学の

動向から―』東京：学芸図書株式会社

語彙習得のみならず、言語学習全般について認知心理学の観点から分かりやすく解説されている。内容的には専門性の高い参考書であるが初心者にも読めるよう工夫されている。理論的背景を知ろうとするのに絶好の書である。

③ 林洋和 2002『英語の語彙指導―理論と実践の統合をめざして』広島：溪水社

著者の40年にわたる中・高等学校、大学での英語の語彙指導の研究と実践の集大成である。国内外の理論研究と実践研究を踏まえた具体的な実践の説明と種々の辞書を駆使した記述は説得力があり、現場の教員は言うまでもなく、語彙研究を行うものにとっても多くの示唆を与えてくれる必読の書である。

④ Schmitt, N. and M. McCarthy (eds.). 1997. *Vocabulary: Description, acquisition and pedagogy*. Cambridge: Cambridge University Press

語彙サイズや語彙リスト、文脈の役割、受容語彙・発表語彙、語彙モデル、語彙習得、語彙学習方略、語彙指導、語彙テスト等についてその分野の専門家が書いた論文が集められている。各分野について詳しく知りたい人には有益な書である。

⑤ Nation, I. S. P. 2001. *Learning vocabulary in another language*. Cambridge: Cambridge University Press

Nation (1990) を全面的に書き換え、語彙研究のあらゆる分野について膨大な資料を使って、語彙の教え方・学習に関する研究と理論を詳細に概観している。語彙研究を志す人には必読の書である。

⑥ Coady, J. and T. Huckin (eds.) 1997. *Second language vocabulary acquisition*. Cambridge: Cambridge University Press

語彙研究の第一線の研究者が語彙研究の理論的背景、実証的研究、ケーススタディー、教授法を幅広く扱っているので語彙研究を概観しようとする人には必須の一冊であろう。

卒論・修論のための研究テーマ

① 教科書に使用されている2,700語の語彙に含まれる高頻度の割合

General Service List や最新のコーパスを使って、どれほど高頻度(1,000語レベル、2,000語レベル)の語、*Academic Word List* の語、その他が高等学校の教科書でどれほど使用されているか調査をする。

② 語彙項目のセットの違いが記憶の干渉に及ぼす影響

自由連想語、反対語、類義語、等位語(fruit に対する apple, pair のような下位概念語)、主題的に関係のある語(例 frog, pond, slimy)、無関係な語、等で干渉の強さに違いが見られるかを調査する。

③ ノートを使う方法とカードを使う方法の効果に関する研究

ノートの左側に英語、その右側にその日本語訳を書いて覚えるのが日本人学習者の最もよく行う覚え方である。カードを使った方法とノートを使った方法と、どちらが効果のある覚え方かを実証する。

④ 日本人英語学習者におけるキーワード法の効果に関する研究

キーワード法は国内と国外で効果に関する結果が一致していない。語呂合わせを使った記憶法、文脈を利用した覚え方、機械的な暗記法の記憶保持に関する実証実験を行い、結果が一定しない理由を考察する。

⑤ 多読における語彙習得の研究

未知語の割合を5%以内におさえ、英語力の上位者、中位者と下位者の間で付随的語彙学習に違いがあるのか、未知語に出会う頻度がどれくらいあると習得が可能なのかを調べる。

⑥ 語彙学習に効果がある語彙方略訓練に関する研究

語彙方略訓練の効果に関しては必ずしも結果が一致しない。学習者や教師のどの様な要因が方略訓練の成果に影響するのかを調査する。また、被験者の年齢や英語力で使用する方略にどの様な違いがあるのか調査を行う。

⑦ 接辞の習得に関する縦断的研究

Mochizuki and Aizawa(2000)の研究は高校生、大学生が被験

者であるが、まだ接辞に関する方略の訓練を受けていない学生の接辞に関する知識はどうであるかを調査する。また、彼らに接辞に関する方略訓練を行いどのように接辞に関する知識や語彙サイズが発達するかを調査する。

第14章

第二言語習得理論の構築に向けて

　本書のしめくくりとして、これまで提案されてきた言語学習理論について検討する。まず、行動主義的アプローチ、生得論的アプローチ、その他のアプローチといった第一言語の習得理論について概説し、その上で、全体的、分析的処理から自動的処理へ移行するという第二言語学習の3段階モデル（仮説）を提案し、語彙チャンクやコロケーションなどをもとにしたアプローチが、第一の全体的処理段階において関係することを示唆したい。

> ● キーワード ●
>
> 行動主義(behaviorism)、生成文法(generative grammar)、言語のモジュール性(linguistic modularity)、規則に支配された活動(rule-governed behavior)、全体的処理(holistic processing)、分析的処理(analytic processing)、自動的処理(automatic processing)

1. 学習理論にもとづく行動主義的アプローチ

　行動主義的な言語獲得観では、その創始者である Watson 以来、研究対象を客観的に観察可能な範囲に絞り、先行刺激に対する外的な反応のみを扱うという具合に研究方法を限定した。可能な限り、それまでの内観心理学で扱った「認知」「推論」「意図」といった目に見えない現象は、対象からはずすことにしたのである。そうして、以下に述べる古典的条件付け(classical conditioning)やオペラント条件付け(operant conditioning)をはじめとする学習理論(learning theory)で、動物から人間まで、言語も含めたあらゆる学習行動(learning behavior)を説明できるとした。

　まず、古典的条件づけでは、刺激と反応間の新たな連合(association)を形成することに、学習の基本があると規定した。1920年代に行われたロシアの Pavlov による条件付け(conditioning)の実験では、最終的にベルの音に対して唾液を分泌させるという新たな連合の形成に至ったが、その手順は次のとおりである。

表14.1　古典的条件づけの手順

①	UCS	(meat powder)	→	UCR	(salivation)
②	UCS	(meat powder) + CS (bell)	→	UCR	(salivation)
③	CS	(bell)	→	CR	(salivation)

　まず、犬に対し肉粉(meat powder)を見せると自然な唾液の分泌(salivation)がなされるが、これは条件付けの前の自然な行動なので、無条件刺激(unconditioned stimulus: UCS)に対する無条件反応(unconditioned response: UCR)と呼ばれた(①)。次に、ベル(条件刺激: conditioned stimulus (CS))を肉粉(無条件刺激 unconditioned stimulus (UCS)の呈示と同時に鳴らす(すなわち、無条件刺激と条件刺激を対提示する)と、やはり無条件反応としての唾液分泌が生じる(②)が、この②の操作を繰り返していくと、やがてベル(条件刺激)のみで、条件づけられた反応(conditioned response: CS)である唾液の分泌が生じるようになる(③)。これは、それまで存在しなかった刺激に対する新たな反応の学習で、この条件付け理論では、これこそがすべての学習の要(かなめ)であると考えた。

以上の古典的条件付けが、刺激を操作することで新たな学習反応を生みだそうとしたのに対し、Skinner によるオペラント条件付け(operant conditioning)では、反応に対するフィードバックを操作することで、反応をコントロールしようとした。自発的に生じた行為者の反応に対し、食べ物をあげる、称賛するなど報酬(reward)を与えると、その反応(行動)は強化され、さらに頻発するようになる。逆に、もし行為者の反応が、電気ショックやまわりの批判などによって罰(punishment)を受けると、その反応(行動)は弱化され、出現頻度は減少する。Skinnerは、このような反応(行動)に対する、フィードバックを操作して、上記の古典的条件づけにより新たに生み出された学習を定着させたり、棄却させたりでき、これが動物から人間まですべての学習活動に当てはまる基本原理であるとした。このような刺激-反応-強化の枠組みで、幼児の言語獲得を説明しようとしたのが、行動主義的言語習得理論である。養育者の発話(=刺激)を子供が模倣し(=反応)、うまく言えれば誉めてあげ(=報酬)、間違えれば承認しない(=罰)という具合に、上記の学習理論の枠組みが、ある程度のバリエーションはあるものの、作動しているというのである。

2. 普遍文法にもとづく生得論的アプローチ

以上のような模倣を中心とする、行動主義的な言語習得観では、一度も聞いたことのない文でも理解でき、また一度も話したことのない文でも発

することができるという、人の言語能力(competence)の創造的側面が説明できない。また、英語の母語獲得で、動詞の不規則変化の過去形でも、"-ed"をつけてしまう過剰一般化の誤りを幼児が犯すことを説明できない。一般に子供の言語獲得において、最終的なアウトプットとして獲得することになる、すべての母語話者に均質的な個別言語の文法と、まったく構造化されていない、幼児が経験するインプット(一時的言語資料)との間には、大きな隔たりがあるという。つまり、習得される個別言語の文法能力は、子供が晒される「言語経験」からでは決して帰納し得ない内容を含んでおり、これまで認知心理学者が一般に人に生得的に備わっていると仮定した「知識習得機構」や「問題解決機構」だけでは説明しきれない特性を含んでいるというのである。これが、「刺激の貧困(poverty of stimulus)」問題と言われるものである。この問題を解決するため、生成文法では、子供は、①人間のことばの文法とはどのようなものか、その可能な成立範囲を規定した、すべての個別言語の文法の基礎となる普遍文法(universal grammar)と、②普遍文法から、言語経験を経て個別言語の文法を生み出すためのパラメータ(parameter)など、経験との相互作用のあり方を規定した言語獲得関数(language acquisition function)の両方から成る言語獲得装置(language acquisition device)を生得的に持っていると仮定した。

　たとえば、よく引用される研究に、子供に英語の間接疑問文をつくらせた実験(Crain and Nakayama, 1986)がある。3〜5歳までの子供にスターウォーズに出てきたジャバの人形を見せて、"Ask Jabba if the boy who is unhappy is watching Mickey Mouse."(つまらないと思っている男の子がミッキーマウスを見ているかどうか、ジャバに聞いてごらん)と尋ねた。すると、子供は喜んでそのような質問をする疑問文をつくるが、"Is the boy who unhappy is watching Mickey Mouse?"というような誤りは決して行わず、"the boy who is unhappy"を一つの句として意識し、正しく "Is the boy who is unhappy watching Mickey Mouse?" という疑問文を作ることができたというのである。主語の句の中に助動詞要素を含む複雑な疑問文を、親が子供に言って聞かせているとは考えられな

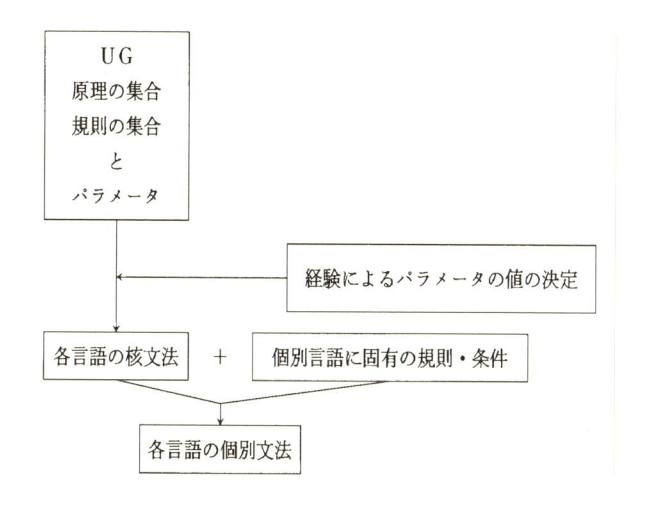

図14.1 UGにもとづく言語獲得理論概略(白畑、1994にもとづく)

```
        ┌─────────────┐
        │    U G      │
        │  原理の集合  │
        │  規則の集合  │
        │     と      │
        │  パラメータ  │
        └─────────────┘
              │  ←──── ┌──────────────────────┐
              │        │経験によるパラメータの値の決定│
              │        └──────────────────────┘
              ↓
        ┌──────────┐    ┌──────────────────┐
        │各言語の核文法│ + │個別言語に固有の規則・条件│
        └──────────┘    └──────────────────┘
              ↓               ↓
              ┌──────────────┐
              │  各言語の個別文法  │
              └──────────────┘
```

い。従って、この疑問文への変形規則は、経験を通して習得したものではなく、生得的に備わった普遍文法内にその規定があるからだという。

　また、子供が決して模倣や反応・強化により言語を獲得するのではない証拠として、McNeill(1966)は、次のような母親と子供の会話の例を挙げている。ここでは母親による強化がまったく機能していない。

　　　Child: Nobody don't like me.
　　　Mother: No, say "Nobody likes me."
　　　Child: Nobody don't like me.
　　(同じやりとりが8回繰り返される。)
　　　Mother: No, now listen carefully: say *Nobody likes me.*
　　　Child: Oh! Nobody don't likes me.

　生得論者の言語獲得理論はほぼ次のようにまとめることができる(Ellis, 1985)。

① 言語習得は人間固有のものである。
② 言語の発達は知能とは独立しており、知能の発達に関係なく、言語の発達がみられる。
③ 母語の習得を左右する主要素は、子供が生来もつ言語獲得装置で、こ

れにより母語の文法が生成される。
④ 言語獲得装置は年齢とともに機能が低下する。
⑤ 子供は普遍文法のプログラムを、母語の文法体系に準じて組み立てる。これは仮説－検証という過程で行われ、この作業を繰り返すことにより言語が獲得される。

　言語獲得モデルに関する議論とともに、他方、言語の獲得や処理において、言語機構が他の認知機構とは独立して、自律的に作動するモジュール(module)を形成しているのではないかということが、しばしば議論されている。すなわち、言語は、脳(＝精神)の内部に表現されたモジュールとして、他の精神機能と区別して捉えることが可能であるという。このモジュール論の立場に従えば、「言語」「推論」「空間処理」など一つ一つの心的モジュールは、それぞれ固有の役割をもち、互いに独立して、人の認識・精神作用の中で役割を果たすと考えられ、言語もそのようなモジュールとして位置づけられるのではないかというのである(図14.2参照)。そしてこの立場をとることで、生成文法的な見方では、生得的な「知識習得機構」や「問題解決機構」が作動する中でその一部として言語獲得が生じるのではなく、言語は「普遍文法」を手掛かりに、他の認知・処理機構とは独立して、発達するという考え方の妥当性を主張した。

図14.2　脳・精神内部のモジュール仮説(Aichison, 1996にもとづく)

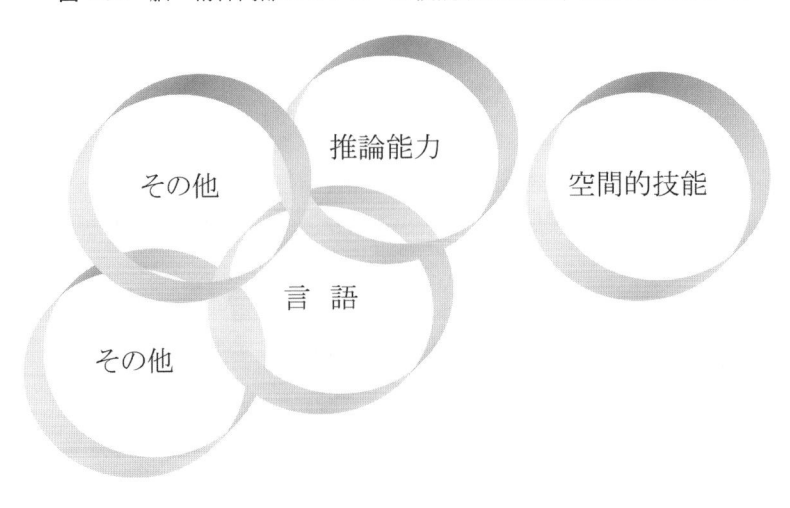

しかしながら、この言語モジュール論を支持する資料は、実はさほど多くはない。ウィリアム症候群の患者がしばしば貴重な証拠として、取り上げられている(Pinker, 1994)。Pinkerによれば、ウィリアム症にかかった小児は、「IQは五〇前後と低く、靴紐を結ぶ、いきたいほうへいく、食料棚から必要なものを取り出す、左右を区別する、二つの数を足す、自転車を押す、他人に抱きつきたいという自然な衝動を意志の力で押さえる、といった日常的な行動ができない。」(椋田訳, 1995:69)しかしその一方で、正常な子供と同じように複雑な文を理解し、文法的に間違った文を訂正することができることを指摘し、言語がモジュール性をもつ証拠であるとした。しかしながら、ウィリアム症児が、IQが同じ程度の他の発達障害と比較して、言語能力が「劣っていない」ものの、健常者と比べるとやはりかなり劣るという指摘がある(正高、2001)。さらに、ウィリアム症児は、耳で聞いた音声刺激を、ワーキングメモリ内の音韻ループにとり込み、追唱することはできるものの、目で見た視覚刺激を、視空間スケッチパッドに保持して、その後模写することが困難であるという報告がある(正高、2001)。このことから、ウィリアム症児は、人の動作なども含め、とり込んだ視空間イメージを心の中で操作・処理することに困難を覚えるので、上記のような認知能力と言語能力が乖離(かいり)したかのような症例が生じるのではないかとも考えられる。言語のモジュール性については、さらに慎重な検討が必要である。

3. その他のアプローチ

これまで述べた2つの極端な考え方にこだわらず、それらとは独立して、生得的要因は、環境的要因と相互作用関係にあり、他にも社会的、生物学的、認知的要因など様々な変数が関与するという考え方をもとに、言語発達を捉えようとする流れがある。

一つは、認知神経科学の大幅な発展と、人の神経システムについての計算機理論の進展を受けて、近年ブームになりつつある並列分散処理モデル(parallel distributed processing model: PDP)(神経回路モデルやコネク

ショニストモデルともいう)をもとにしたコンピュータシュミレーションモデルである。PDP は当初、Rumelhart, McClelland and PDP Research Group(1986)などによって提唱されたもので、人の神経細胞レベルに相当する処理ユニットを仮定し、それらがいかに「並列・分散」の形をとりながら、人の認識・記憶を形成するかを理論化している(詳しくは、守(1996)、井狩(1998)、Rumelhart, et. al.(1986)等を参照)。このモデルを土台にして、データにもとづき帰納的な処理をしながらみずから「学習する」計算機システムが構築されている。ここでは、あらかじめ学習過程をプログラムしておかなくても、また仮説-検証過程が必ずしも厳密でなくても、与えられたデータに基づいて学習できるというシステムが可能であることを示唆しており、言語獲得理論にとっても貴重な比喩を与えてくれる。Elman, et al.(1996)は、計算機理論と脳神経科学のこれまでの知見を参考にしつつ、人の「生得性を問い直す(rethinking innateness)」という立場から、人の遺伝的な神経的認知的要素が、成長とともにいかに変化していくかといった、相互作用論の新たなモデルを構築した。このモデルでは、神経の発達と認知・言語の発達がいかに連動した形で成長するかが示唆されている(表14.2参照)。

　以上のような理論化の試みをもとに、生成文法のような「言語習得装置(LAD)」を仮定するのか、あるいはより一般的な「知識習得機構」や「問題解決機構」といったものを仮定するのか再度検討することが必要である。さらに、演繹的にでも、言語獲得がうまく機能するためには、生得的にどういった変数を設定しなければならないか考察し、理論化する必要もある。文法獲得のみならず、音声、語彙、語用論などの言語的側面およびジェスチャーなど非言語的側面の獲得も視野に入れ、親子の関わり、文化的環境、言語以外の認知能力などさまざまな観点からデータを収集していくことが求められる(小林、1997)。

　もう一つの流れは、子供が聞く発話は、大人の間で交わされている発話とは異なり、実はかなり「構造化された」ものではないかという立場から、子供の言語インプットを分析するアプローチで、先に紹介した「不完全な一次的言語資料」の概念と真っ向から対立する考え方である。子供に特別

表14.2 神経系および言語・認知系の発達の対応
(Elman, et al., 1996にもとづく)

月・年齢 (age)	神経発達 (neural events)	言語・認知発達 (linguistic and cognitive events)
誕生(birth)	神経細胞の形成(formation)と組み替え(migration)を完成する。	言語刺激およびいくつかの非言語刺激に対する左大脳半球の優位性(bias)を確立する。
8〜9ヶ月	(前頭葉、連合野などの)主要な大脳皮質領域間の連結(connection)を確立する。 大脳領域間の、成人なみの代謝活動の分布(adult-like distribution of metabolic activity)を確立する。	単語の理解ができるようになる。 母語以外の言語における、意味の違いを左右する対比(contrast)の知覚ができなくなる。 音声とジェスチャーを使って意図的にコミュニケーションができる。 新たな動作や音声を模倣できる。 カテゴリー化(conceptualization)および記憶の仕方が変わる。
16〜24ヶ月	大脳皮質領域内外のシナプス(synapses)数が急速に増大する。	語彙が急速に増大し、語と語を組み合わせた発話(word combination)が出現し、文法能力が急速に発達する。 カテゴリー化、象徴的なごっこ遊び(symbolic play)、その他の非言語的な領域が付随的に発達する。
48ヶ月	大脳全体の代謝活動レベル(overall level of brain metabolism)がピークを迎える。	大半の文法構造(grammatical structures)を獲得した状態になる。 安定(stabilization)した、自動化した状態(automatization)に突入する。
4才から 思春期	シナプス密度(synaptic density)および大脳全体の代謝活動レベルが徐々に減退する。	複雑な文法形式の利用可能度(accessibility)が徐々に増大する。 第二言語学習(second language learning)能力および失語症からの回復(revovery)能力が徐々に減退する。

に向けられた、「理解可能なインプット(comprehensible input)」としての発話を、一般に、「母親語(motherese)」「子供向け発話(child-directed speech)」「幼児言語(baby talk)」などと呼んでいる。母親語は、基本的には、①発話速度がゆっくりで、②イントネーションの変化が誇張され、③高い基本周波数(fundamental frequency)を持ち、④繰り返しの多い、⑤単純な統語構造を持つ、⑥出現頻度の高い語彙を用いた発話になっていると言われる。なお、ついでながら、このような母親語になぞらえて、第二言語あるいは外国語の学習において、母語話者が外国人学習者向けに特

別に用いる発話を、「外国人向け発話(foreigner talk)」あるいは「教師発話(teacher talk)」などという。

　最後に、子供の発話をデータベースにして、研究に供しようとするCHILDES(child language data exchange system)プロジェクトもはじまっている。これは、MacWhinney and Snowにより1984年より始められたもので、インターネットを通じて、世界中からデータが収集されている。膨大なデータが利用できるようになると、大人と子供の相互作用の実態など、個々の研究者が集めていた従来のデータでは解明できない、新たな成果があげられるのではないかと期待できる。なお、CHILDESのホームページのURLは、2003年5月現在次の通りである。

　　http://childes.psy.cum.edu/

4. 外国語習得の3段階仮説：全体的、分析的から自動的処理へ

　一般に、英語の母語話者は、個々の語の品詞やSVOなどの文型を確認したり、主語や述語を明確にしながら文を理解するといった分析をせずに、言語を全体的にあるがままに即座に把握しようとするアプローチに長けているように見える。これに対し、第二言語・外国語学習者は、とくに日本人の英語学習者の場合、上記のような分析的な処理方法をとるのが当然のようになっている。出現頻度や確率などとは無関係に、すべての文の生成や理解に適用可能な、整然として体系的な文法規則や原則を習得させることに終始しており、これが英語になかなか上達しない理由ではないかという指摘も多い。筆者自身は、次のような3段階を経て、外国語の習得が行われるのが自然、かつ効率的であると仮定したい。

　(1) 全体的チャンク処理(holistic chunk processing)
　(2) 分析的な規則にもとづく処理(analytic rule-governed processing)
　(3) 習慣的自動化処理(automatic manipulation)

　これを、それぞれ段階の処理に必要な主要な知識ベースとともに図示すると、次の図14.3のようになる。

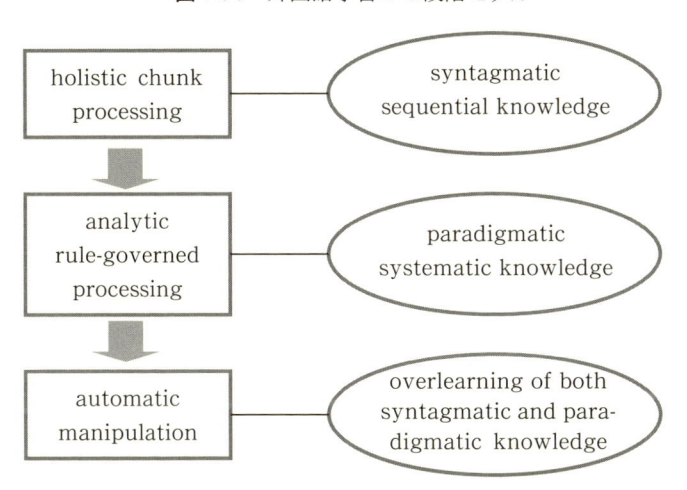

図 14.3　外国語学習の 3 段階モデル

```
┌─────────────────┐      ╭─────────────────╮
│ holistic chunk  │──────│  syntagmatic    │
│   processing    │      │ sequential knowledge │
└─────────────────┘      ╰─────────────────╯
         ↓
┌─────────────────┐      ╭─────────────────╮
│    analytic     │──────│  paradigmatic   │
│  rule-governed  │      │ systematic knowledge │
│   processing    │      ╰─────────────────╯
└─────────────────┘
         ↓
┌─────────────────┐      ╭─────────────────────╮
│   automatic     │──────│ overlearning of both │
│  manipulation   │      │ syntagmatic and para-│
└─────────────────┘      │ digmatic knowledge   │
                         ╰─────────────────────╯
```

　事実、わが国での英語教育では、(1)の全体的学習段階をとばし、最初から(2)の分析的アプローチに入っているように思われる。(1)の全体的チャンク処理は、第12章でも紹介したように、語彙チャンクなど語と語のシンタグマティックなつながり(ネットワーク)を学習する段階である(syntagmatic sequential knowledge の習得)。第11章第5節でみたように、このような結びつきは、特にそれを意識した教育を受けていない日本人英語学習者でも、かなり強い。can や may の位置に代わって使える語(法助動詞)を体系的に学習させる前に、それらがどのような語と共起して生じるか、その生起確率の高い組み合わせを学習することの意義は大きい。

　また、英語母語話者においても、彼らが(1)や(3)の処理レベルで常に言語を操作するかというと答えは No である。適切な接辞を付けて誰も使ったことのない新語をつくったり、Mice catch cats. Mice are caught by cats. など、語順は変わっても構文をベースにして意味の理解ができることや、新たな品詞の転用(例 vacation を動詞として使う)ができることなど、分析的体系的な知識が前提となるような事例は日常的にも多い。やはり母語話者も、普段はあまり使用しないものの、生得論者がいうような「はじめて聞いた文でも理解でき、今まで発したことのない文でも生み出すこと

ができる」きわめて創造的・規則的な言語の運用ももちろん可能である。そこでは、少しでも誤りを含んだ文は排除し、文法的に正しい文のみを産出するような、すべての母語話者に均質的な言語システムも当然のことながら備わっている。たとえば、can、may などの法助動詞などのスロットの代わりに挿入できる項目はどのようなものが可能かリストアップすることなど、これはいわば言語のパラディグマティックなつながりを基軸にした、規則の集合でもある(paradigmatic systematic knowledge の習得)。

　しかしながら、このような「分析的な」運用能力を獲得することで、言語習得の最終目的を達成したというわけではない。これが最終段階ではなく、いわゆる自動化された言語知識の運用レベルに至ることが必要である。この自動性(automaticity)はこれまでも言語処理や学習の研究で、「処理と保持のトレードオフ(trade-off)」や「外国語副作用」との関係でしばしば取り上げられる基本的な概念である(第9章および門田、2002 などを参照)。しかし、その中身や実態についてはこれまでほとんど手つかず状態であった。そこで筆者はここに、少なくとも「処理段階のバイパス」および「情報の活性化・配置換え」という2つの内的機構が関係しているのではないかと仮定したい。

(1) 処理段階のバイパス(bypassing the processing stages)

　たとえば、スピーキングにおいて、伝達意図の形成、メッセージの形成、統語構造の構築、語彙挿入、音韻表象の形成、調音などひとつひとつ文生成のための段階・手順をすべて丁寧に踏んでいたのでは、即座に反応が必要な発話の産出には間に合わない。また、リーディングにおいて、常に正書法(形態)処理、音韻処理、語彙処理、統語処理、意味処理、文脈処理などをすべて経て、それぞれアウトプットとしての正書法(形態)表象、音韻表象、語彙表象、統語表象、意味表象などをひとつひとつ表示しつつ処理が遂行されると仮定することは、その処理のための認知資源もかなりの容量が必要になり、理解した内容を保持し、それに対して批判的に考えたり、反論したりする余裕すらなくなってしまう(処理と保持のトレードオフ)。必ずしもすべての処理段階および心的表象を経由しなくても、不必要な操

作はバイパスし、ショートカット（近道）を形成することがむしろ必要で、これが自動化された処理の1つの前提であると考えられる（図14.4参照）。ここで仮定しているバイパスルートは、単にイメージ図であり、それらのバイパスルートを経ることが、心理言語学的に証明されているという意味ではないことは了解されたい。ただ、たとえば、バイパスAは、第6章の二重アクセスモデルの項でみたように、音韻表象を経由しないで語の意味などの語彙表象にいたる直接的視覚経路の可能性を示唆したものである。また、バイパスBは、語彙アクセスが完了し、語彙の挿入が済んだ段階で、統語処理をバイパスして、すぐに意味処理が可能になるケースを想定したものである。また、バイパスCは、現実的には可能かどうか不明であるが、視覚提示文の音韻表象を形成し、その後語彙アクセスをせずに統語的処理を適用する経路を想定したものである。

(2) 情報の活性化と配置換え (activation and rearrangement of information)

　情報を長期記憶中からワーキングメモリに検索するにあたって、常に長期保存庫内の特定のアドレス（住所番地）から、検索して取り出してくるのではなく、よく使ったり、あるいは使う可能性が高いと予測できるものについては、検索・処理しやすいようにあらかじめ特別の準備状態 (readiness) をつくっておくことも必要である。このための手だてとしてひとつ考えられるのが、あらかじめ必要となることが予想される情報については、それを他の情報よりも幾分活性化した状態にしておくことである。Ericsson and Kintsch (1995) は、ワーキングメモリ内に既にある情報を手掛かりに、長期保存庫中の一部の情報は、たやすく検索・取り出しができるように、長期記憶庫内のワーキングメモリとして活性化された状態にしておくのではないかと仮定し、これを長期的ワーキングメモリ (long-term working memory) として、通常のワーキングメモリ（これを Kintsch (1998) は、短期的ワーキングメモリ (short-term working memory) と呼ぶ）と区別した（図14.5参照）。すなわち、短期的ワーキングメモリとして保持と処理を進行すると同時に、その情報とリンクさせる形で、長期記

図14.4　自動性におけるバイパス概念図

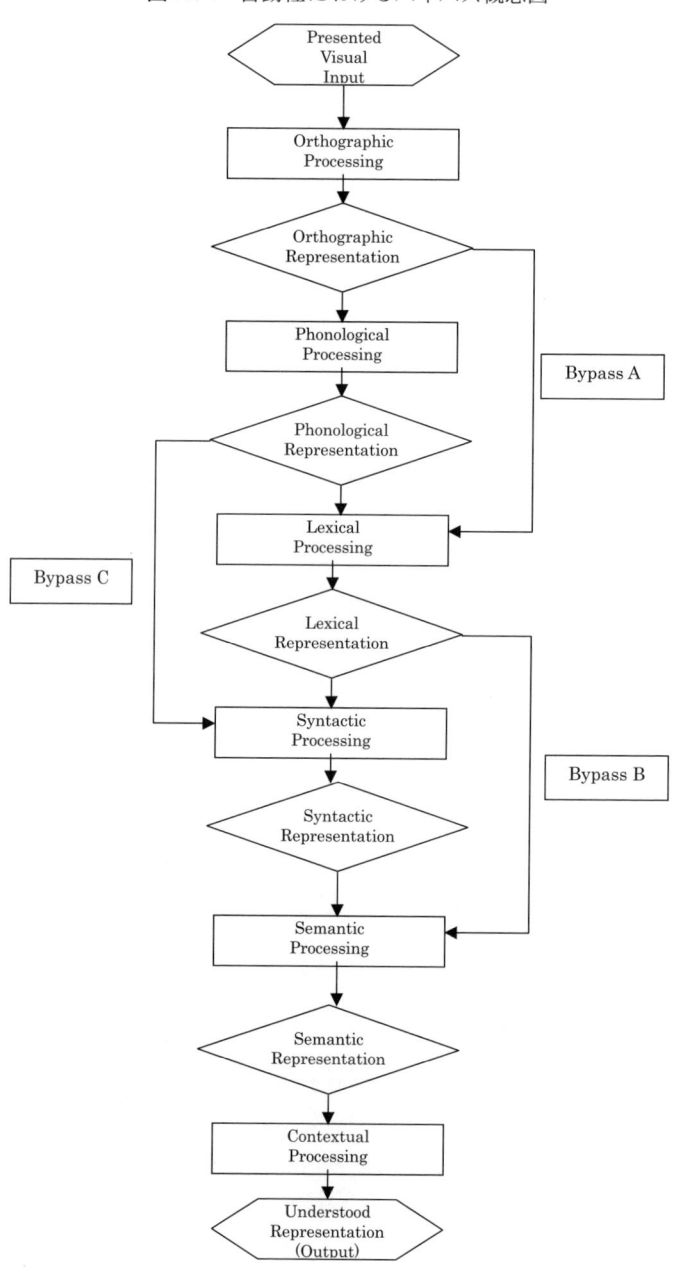

```
          Presented
           Visual
           Input
             │
             ▼
        Orthographic
         Processing
             │
             ▼
        Orthographic
       Representation ─────────────┐
             │                     │
             ▼                     │
         Phonological              │   Bypass A
          Processing               │
             │                     │
             ▼                     │
         Phonological              │
        Representation             │
             │                     │
             ▼                     │
    ┌──► Lexical ◄─────────────────┘
    │    Processing
    │       │
Bypass C    ▼
    │    Lexical
    │  Representation ──────────┐
    │       │                   │
    │       ▼                   │
    └──► Syntactic              │   Bypass B
         Processing             │
            │                   │
            ▼                   │
         Syntactic              │
       Representation           │
            │                   │
            ▼                   │
         Semantic ◄─────────────┘
         Processing
            │
            ▼
         Semantic
       Representation
            │
            ▼
        Contextual
         Processing
            │
            ▼
        Understood
       Representation
          (Output)
```

図14.5　長期ワーキングメモリ（long-term working memory）の概念図：
　　　　Kintsch（1998）にもとづく

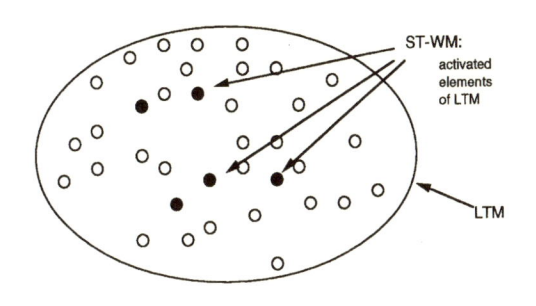

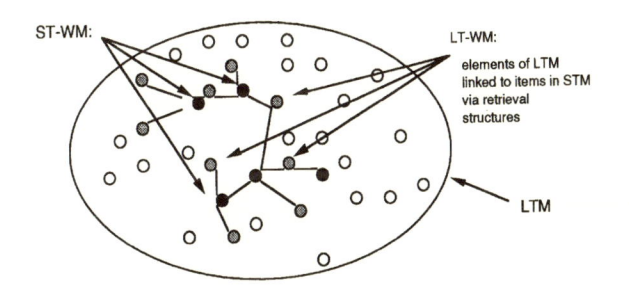

ST-WM: activated elements of LTM

LTM

ST-WM:

LT-WM: elements of LTM linked to items in STM via retrieval structures

LTM

憶内の関連情報をいつでも操作できるように特別な準備状態（＝活性化された状態）においておくというのである。このおかげで言語処理におけるワーキングメモリの記憶保持は、コンテキスト（脈絡）のない数字列などの記憶と比べてその記憶範囲（memory span）が大幅に大きいのではないかという（Kintsch, 1998）。ただ、図14.5にも表示されているように、Kintschのいう短期・長期のワーキングメモリは、人の長期記憶庫（＝知識システム）全体の中で、活性化の程度によって区別された2種類の情報を指すものであり、それらのための特別の記憶庫を仮定しているわけではないことに留意する必要がある。

　もう一つ、長期記憶中の準備状態としては、上記のように一部の情報を活性化するのみならず、ワーキングメモリとそれらの情報との間により強固なリンクや太いパイプを形成し、さらには情報の配置換えや再構造化を

して、身近なすぐにアクセスできる場所に移動させることである。私たちの長期記憶内の情報や知識構造そのものが、新たな学習や体験を通じて、日々ダイナミックに再編され、再構造化が繰り返されるのではないかとも考えられる。また、母語でも外国語でも、与えられた文章のタイトルをさっと一瞥(いちべつ)するだけでも、そのような事前情報がない場合と比べて、その文章中の特定のキーワードの認知率が高まると予想される。さらに、勤務先のオフィス内やその近辺では、会えばすぐに気がつく仕事仲間の同僚なども、例えば繁華街など仕事場から離れた場所で見かけてもなかなか気がつかないこともよくある。このような現象が自然にかつ効率よく生じるためには、人はそれぞれの課題や場面に入ったらすぐに、その場で可能性の高い事態を想定するという一種の準備操作として、必要な情報を活性化してハイライトをあてるのみならず、それらをすぐに操作可能なようにリンクを強くする、再配置するなど、情報(知識)の再構造化の操作をしているのではないかとも考えられる。この長期記憶中の動的な知識の組み替えを前提としないで、知識そのものはしっかりと元の場所にそのまま保持されており、処理に必要な関連情報のみをいつもの保管番地とは別のところに、例えば、長期的ワーキングメモリ貯蔵庫などを仮定して、一時的に移動させているという考え方が、二重貯蔵(double storage)仮説である(Aitchison, 2003)。

　以上述べた全体的→分析的→自動的という3つの段階を、外国語としての英語の学習に組み込むことが肝要ではないかと思われる。第12章で紹介した、英語のシンタグマティックな結びつきを土台に、語彙チャンクやコロケーションフレーズを教え込むというレキシカルアプローチが、(1)の全体的チャンク処理段階ではまさに有効である。近年コンピュータの急速な発展を背景に、着実に成果をだしているコーパス研究をもとに、英語習得の中核となる語彙チャンクとして、どのようなものが抽出・設定できるか検討することが必須である。そのような語彙チャンクのうち、どの部分が、他の語彙項目と入れ替えが可能か、入れ替える際の原則はどのようなものかといった分析的なルールを仮定し、それをみずから検証するような発見学習的な機構が発現しやすいような教材の配列にする必要がある。

そうして、第2段階のパラディグマティックなネットワークの確立に自然に移行できる工夫が必要である。さらに、このような学習項目が、自動的に利用できるものにするためには、習慣形成的な過剰学習(overlearning)が実は不可欠である。ただし、単純な機械的繰り返しを防ぎ、内容主体(content-oriented)や発信内容主体(message-oriented)の活動を経て、学習させる工夫が必要であろう。外国語としての英語の習得には、以上のような3段階を考えて、教材なりタスクなりが決定されることが望ましいのではないかと考える。今後の展開に期待したい。

本章のまとめ

(1) 行動主義的言語習得理論は、刺激－反応－強化の枠組みで、幼児の言語獲得を説明しようとした。すなわち、養育者の発話(＝刺激)を子供が模倣し(＝反応)、うまく言えれば誉めてあげ(＝報酬)、間違えれば承認しない(＝罰)という具合に、一般学習理論の枠組みが、作動すると考えた。
(2) 子供が生得的に、①文法の可能な成立範囲を規定した普遍文法と、②個別言語の文法を生み出すためのパラメータなど、経験との相互作用のあり方を規定した言語獲得関数の両方から成る言語獲得装置を持っていると仮定したのが、普遍文法にもとづく生得論的アプローチであった。
(3) 上記の2つの考え方にこだわらず、生得的要因と環境的要因とは相互作用関係にあり、他にも社会的、生物学的、認知的要因など様々な変数が関与するという考え方をもとに、言語発達を捉えようとする流れがある。コンピュータシュミレーションモデルや、子供が聞く発話は実はかなり「構造化された」ものではないかという立場から、子供の言語インプットを分析するアプローチなどがある。
(4) 筆者自身は、①全体的チャンク処理、②分析的な規則にもとづく処理、③習慣的自動化処理の3段階を経て外国語習得が行われるのが自然、かつ効率的であると仮定している。

(5) 自動化された言語知識の運用レベルにおける「自動性」の前提として、「処理段階のバイパス」および「情報の活性化・配置換え」という少なくとも2種類の内的機構が関係していると想定できる。

さらに研究する人のために

● 関連文献紹介 ●

① 秦野悦子 2001.『ことばの発達入門』東京：大修館書店

特定の理論的立場にこだわらず、幅広い枠組みと実証的なデータとにもとづいた第一言語獲得の入門書である。とはいえ、かなり最新の研究成果まで基礎知識として取り込んでいる。編者および執筆者の意気込みが伝わってくる最適のいざないの書であるといえよう。

② 大津由紀雄編 1995.『認知心理学3：言語』東京：東京大学出版

言語知識、言語の獲得と喪失、言語の使用、言語と認知・思考など心理言語学（言語心理学ともいう）の主要な領域をカバーした概説書。とりわけ、生成文法的な言語観や言語習得観の解説も含まれており、人の言語知識およびその運用に関する心的仕組みへの導入としては最適の書物である。

③ Pinker, S. 1994. *The language instinct: The new science of language and mind.* London: Penguin Books（ピンカー・スティーブン 1995『言語を生み出す本能：上・下』（椋田直子訳）東京：日本放送出版協会）

変形生成文法的な言語観、習得観に立脚しつつ、言語を生み出す本能とは何かについて、非常に広範囲にわたる研究領域およびその成果をもとに徹底的に議論した話題の本である。アメリカでも原著刊行当時から大きな反響があったという。邦訳（上下2巻）も非常に読みやすく、日頃ことばの不思議さに関心のある人には絶好の啓蒙書である。

● 卒論・修論のための研究テーマ ●

① 語彙フレーズやコロケーションチャンクとして、どのようなものが多いかについて、代表的なコーパスをもとに検索し、日本人英語学習者用にそれらを教材としていかに配列すればよいか検討するのも面白い。その際、同時に各語彙フレーズに対しどの程度の親密度(familiarity)を持っているか、質問紙形式の調査をする必要もある。

② 自然言語の獲得研究もさることながら、統制がとれた第二言語習得理論の検証のためには、あらかじめシンプルな文法、語彙、発音等を持った人工語を構築しておき、あくまでも被験者からの了解を得て手当を支払う形で、コンピュータを使った CALL 学習を一定期間課し、学習ログ(記録)をとるといった人工語習得のシュミレーション研究が必要である。

③ また、②と同様のコンピュータシュミレーションにおいて、本章で仮定した３段階学習法と、学習理論にもとづく帰納的学習法や生成文法的な演繹的学習法とを比較するという実験研究も可能であろう。ただ、これらは個人で行うのは困難で、数名以上のプロジェクトを組んで、組織的に行う必要がある。

引用文献

欧文文献

Aichison, J. 1996. *The seeds of speech: Language origin and evolution.* Cambridge: Cambridge University Press. (今井邦彦(訳) 1999. 『ことばの始まりと進化の謎を解く』東京:新曜社)

Aitchison, J. 2003. *Words in the mind: An introduction to the mental lexicon* (3rd ed.). London: Blackwell.

Aizawa, K. 1998. Developing a vocabulary size test for Japanese EFL Learners. *ARELE* 9: 75–85.

Andrews, S. 1989. Frequency and neighborhood effects on lexical access: Activation or search? *Journal of Experimental Psychology: Learning, Memory and Cognition* 15: 802–814.

Anderson, R. and P. Freebody. 1981. Vocabulary knowledge. In J. T. Guthrie (ed.), *Comprehension and Teaching: Research Reviews.* Newark, DE: International Reading Association.

Astika, Dusti Gede. 1993. Analytical assessment of foreign students' writing. *RELC Journal* 24: 61–72.

Atkinson, R. C. 1975. Mnemotechnics in second language. *American Psychologist* 30: 821–828.

Atkinson, R. C. and R. M. Shiffrin. 1968. Human memory: A proposed system and its control processes. In K. W. Spence and J. T. Spence (eds.) *The Psychology of Learning and Motivation: Advances in Research Theory* (Vol.2), pp. 89–195. New York: Academic Press.

Atkinson, R. C. and R. M. Shiffrin. 1971. The control of short–term memory. *Scientific Americana* 225: 82–90.

Avila, E. and M. Sadoski. 1996. Exploring new applications of the keyword method to acquire English vocabulary. *Language Learning* 46: 379 395.

Baddeley, A. D. 1982. *Your memory: A user's guide.* London: Book Club

Assorciates.（川幡政道（訳）1988.『記憶力―そのしくみとはたらき』東京：誠信書房）

Baddeley, A. D. 1986. *Working memory*. New York: Oxford Universssity Press.

Baddeley, A. D. 1990. *Human memory: Theory and practice*. New York: Allyn and Bacon.

Baddeley, A. D. 1998. *Human memory: Theory and practice* (Revised edition). New York: Allyn and Bacon.

Baddeley, A. D. 1999. *Essentials of human memory*. Hove: Psychology Press.

Baddeley, A. D. 2000. The episodic buffer: a new component of working memory? *Trends in Cognitive Sciences*. 4: 417–423.

Barns, J. and M. Eldaw. 1993. Should we teach EFL students collocations? *System* 21: 101–114.

Barrow, J., Y. Nakanishi and H. Ishino. 1999. Assessing Japanese college students' vocabulary knowledge with a self-checking familiarity survey. *System* 27: 223–247

Bauer, L. and I. S. P. Nation. 1993. Word families. *International Journal of Lexicography* 6: 253–279.

Bensoussan, M. and B. Laufer. 1984. Lexical guessing in context in EFL reading comprehension. *Journal of Research in Reading* 7: 15–32.

Bever, T. G. 1970. The cognitive basis for linguistic structures. In S. R. Hayes (ed.). *Cognition and Development of Language*, pp.277–360. John Wiley: New York, NY.

Bird, N. 1987. Words, lemmas and frequency lists: Old problems and new challenges (Parts 1 and 2). *Al-manakh* 6: 42–50.

Bird, N. 1990. *A first handbook of the roots of English*. Hong Kong: Lapine Education and Language Services Ltd.

Bonk, W. J. 2000. Second language lexical knowledge and listening comprehension. *International Journal of Listening* 14: 14–31.

Brett, A., L. Rothlein and M. Hurley. 1996. Vocabulary acquisition from listening to stories and explanations of target words. *The Elementary School Journal* 96: 415–422.

Broadbent, D.E. 1958. *Perception and communication*. New York: Pergamon Press.

Brown, C. and P. Hagoot (eds.). 2000. *The neurocognition of language*. Oxford: Oxford University Press.

Brown, R. 1986. *Social psychology* (2nd ed.). New York: The Free Press.

Brown, R. and F. L. Perry. 1991. A comparison of three learning strategies for ESL vocabulary acquisition. *TESOL Quarterly* 25: 655–670.

Carter, R. 1998. *Vocabulary: Applied linguistic perspectives* (2nd ed). London: Longman.

Chamot, A. U. 1987. The learning strategies of ESL students. In A. Wenden and J. Rubin (eds.), *Learner Strategies in Language Learning*, pp. 71–83. New York: Prentice Hall.

Chomsky, N. 1986. *Knowledge of language: Its nature, origin and use*. New York: Praeger.

Clark, J. M. and A. Paivio. 1991. Dual coding theory and education. *Educational Psychology Review* 3: 149–210.

Clark, R. 1974. Performing without competence. *Journal of Child Language* 1: 1–10.

Coady, J. 1997. L2 vocabulary acquisition through extensive reading. In J. Coady and T. Huckin (eds.), *Second Language Vocabulary Acquisition*, pp. 225–237. Cambridge: Cambridge University Press

Cohen, A. D. 1989. Attrition in the productive lexicon of two Portuguese third language speakers. *Studies in Second Language Acquisition* 11: 135–149.

Collins, A. M. and E. F. Loftus. 1975. A spreading activation theory of semantic processing. *Psychological Review* 82: 407–428.

Collins, A. M. and M. R. Quillian. 1969. Retrieval time from semantic memory. *Journal of Verbal Learning and Verbal Behavior* 8: 240–248.

Coltheart, M., E. Javelaar, J. T. Jonasson, and D. Besner. 1977. Access to the internal lexicon. In S. Dornic (ed.), *Attention and Performance* VI, pp. 535–555. Hillsdale, N. J.: Lawrence Erlbaum Associates.

Coltheart, M. 1978. Lexical access in simple reading tasks. In Underwood, G. (ed.). *Strategies of information processing*, pp.151–216. New York: Academic Press.

Coltheart, M., Rastle, K., Perry, C., Langdon, R. & Ziegler, J. 2001. DRC: A Dual route cascaded model of visual word recognition and reading aloud. *Psychological Review* 108: 204–256

Connine, C. M. 1994. Vertical and horizontal similarity in spoken-word recognition. In C. Clifton, Jr., L. Frazier, & K. Rayner (eds.). *Perspectives on sentence processing*, pp.107–120. Hillsdale, N. J.: Laurence Erlbaum

Associates.

Corson, D. J. 1995. *Using English words.* Dordecht: Kluwer Academic Publishers.

Coxhead, A. 2000. A new academic word list. *TESOL Quarterly* 34: 213–238.

Craik, F. I. M. and E. Tulving. 1975. Depth of processing and the retention of words in episodic memory. *Journal of Experimental Psychology* 104: 268–294.

Craik, F. I. M. and R. S. Lockhart. 1972. Levels of processing: A framework for memory research. *Journal of Verbal Learning and Verbal Behavior* 11: 671–684.

Crain, S. and M. Nakayama. 1986. Structure dependence in children's language. *Language* 62: 522–543.

Cronbach, L. J. 1942. An analysis of techniques for diagnostic vocabulary testing. *Journal of Educational Research* 36: 206–217.

Crothers, E. and P. Suppes. 1967. *Experiments in second-language learning.* New York: Academic Press.

Cummins, J. 1979. Cognitive / academic language proficiency, linguistic interdependence, the optimum age question and some other matters. *Working Papers on Bilingualism* 19: 121–129.

Dale, E. 1965. Vocabulary measurement: techniques and major findings. *Elementary English* 42: 895–901.

Damasio, A. R. and H. Damasio. 1992. Brain and language. *Scientific American* 267: 63–71.

Day, R., C. Omura and M. Hiramatsu. 1991. Incidental EFL vocabulary learning and reading. *Reading in a Foreign Language* 7: 541–551.

De la Fuente, M. 2002. Negotiation and oral acquisition of L2 vocabulary. *Studies In Second Language Acquisition* 24: 81–112.

Dempster, F. N. 1987. Effects of variable encoding and spaced presentation on vocabulary learning. *Journal of Educational Psychology* 79: 162–170.

Duffy, S. A., R. K. Morris, and K. Rayner. 1988. Lexical ambiguity and fixation times in reading. *Journal of Memory and Language* 27: 429–446.

Duskova, L. 1969. On sources of error in foreign language teaching. *International Review of Applied Linguistics* 7: 11–36.

Ebbinghaus, K. 1885. *Uber das Gedachtnis.* Leipzig: Dunker. (Translation by H. Ruyer and C. E. Bussenius. 1913. Memory. New York: Teachers College,

Columbia University.)（宇津木　保（訳）1978.『記憶について』東京：誠信書房）
Elley, W. B. 1989. Vocabulary acquisition from listening to stories. *Reading Research Quarterly* 24: 174–187.
Ellis, N. C. 1997. Vocabulary acquisition, word structure, collocation, word-class, and meaning. In N. Schmitt, and M. McCarthy (eds.), *Vocabulary, Description, Acquisition and Pedagogy*, pp. 122–139. Cambridge: Cambridge University Press.
Ellis, N. C. 2001. Memory for language. In P. Robinson (ed.), *Cognition and Second Language Instruction*, pp. 33–68. Cambridge University Press.
Ellis, N. C. and A. Beaton. 1993. Factors affecting foreign language vocabulary: Imagery keyword mediators and phonological short-term memory. *Quarterly Journal of Experimental Psychology* 46A: 533–558.
Ellis, R. 1985. *Understanding second language acquisition*. Oxford: Oxford University Press.
Ellis, R. 1994a. Factors in the incidental acquisition of second language vocabulary from oral input: A review essay. *Applied Language Learning* 5: 1–32.
Ellis, R. 1994b. *The study of second language acquisition*. Oxford: Oxford University Press.
Ellis, R. 1995. Modified oral input and the acquisition of word meanings. *Applied Linguistics* 16: 409–441.
Ellis, R. and R. Heimbach. 1997. Bugs and birds: Children's acquisition of secondary vocabulary through interaction. *System* 25: 247–259.
Ellis, R. and X. He. 1999. The roles of modified input and output in the incidental acquisition of word meanings. *Studies in Second Language Acquisition* 21: 285–301.
Ellis, R., Y. Tanaka and A. Yamazaki. 1994. Classroom interaction, comprehension and the acquisition of L2 word meanings. *Language Learning* 44: 449–491.
Elman, J., E. A. Bates, M. H. Johnson, A. Karmiloff-Smith, D. Parisi, and K. Plunkett. 1996. *Rethinking innateness: A connectionist perspective on development*. Cambridge, Massachusetts: The MIT Press.（乾　敏郎、今井むつみ、山下博志（訳）1998.『認知発達と生得性：心はどこから来るのか』東京：共立出版）
Engber, C. A. 1995. The relationship of lexical proficiency to the quality of ESL

compositions. *Journal of Second Language Writing* 4: 139–155.

Ericsson, K. A. and W. Kintsch. 1995. Long-term working memory. *Psychological Review* 102: 211–245.

Faerch, C. and G. Kasper. 1983. *Strategies in interlanguage communication*. London: Longman.

Forster, K. I. & M. Taft. 1994. Bodies, antibodies and neighborhood density effects in masked form priming. *Journal of Experimental Psychology: Learning, Memory and Cognition* 22: 696–713.

Francis, W. N. and H. Kučera. 1982. *Frequency analysis of English usage*. Boston: Houghton Mifflin Company.

Gairns, R. and S. Redman. 1986. *Working with words*. Cambridge: Cambridge University Press.

Gansey, S. M, M. K. Tanenhaus, and R. M. Chapman. 1989. Evoked potentials and the study of sentence comprehension. *Journal of Psycholinguistic Research* 18: 51–59.

Gass, S. 1988. Integrating research areas: A framework for second language study. *Applied Linguistics* 9: 198–217.

Gass, S. 1999. Discussion: Incidental vocabulary learning. *Studies in Second Language Acquisition* 21: 319–333.

Gibbons, P. 1998. The century of talk: Challenge in challenge. *TESOL Occasional Papers* 2: 33–52.

Glanzer, M. and A. R Cunitz. 1966. Two storage mechanisms in free recall. *Journal of Verbal Learning and verbal Behavior.*5: 351–360

Glushko, R. J. 1979. The organization and activation of orthographic knowledge in reading aloud. *Journal of Experimental Psychology: Human Perception and Performance* 5: 674–691

Goodglass, H. 1993. *Understanding aphasia*. New York: Academic Press.

Goulden, R. and P. Nation and J. Read. 1990. How large can a receptive vocabulary be? *Applied Linguistics* 11: 341–363.

Grainger, J. 1990. Word frequency and neighborhood frequency effects in lexical decision and naming. *Journal of Memory and Language* 29: 228–244.

Greene, J. 1986. *Language understanding: A cognitive approach*. Milton Keynes: The Open University Press.

Gu, Y and R. K. Johnson. 1996. Vocabulary learning strategies and language learning outcomes. *Language Learning* 46: 643–679.

Hafiz, F. and I. Tudor. 1990. Graded readers as an input medium in L2 learning. *System* 18: 31–42.

Hakuta, K. 1994. Prefabricated patterns and the emergence of structure in second language acquisition. *Language Learning* 24: 287–297.

Harley, B. 1995. The lexicon in language research. In B. Harley (ed.), *Lexical Issues in Language Learning*, pp. 1–28. Amsterdam: Benjamins.

Harley, T. 2001. *The psychology of language: From data to theory* (2nd edition). New York: Pshychology Press.

Harrington, M. 2001. Sentence processing. In Robinson, P. (ed.), *Cognition and Second Language Instruction*, pp. 91–124. Cambridge: Cambridge University Press.

Hashida, K. 1995. A constraint-based view of language: A unified theory of competence and performance. In Mazuka, R. and N. Nagai (eds.) *Japanese Sentence Processing*, pp.135–152. Hillsdale, N. J.: Lawrence Earlbaum Associates.

Hatch, E. and C. Brown. 1995. *Vocabulary, semantics, and language education.* Cambridge: Cambridge University Press.

Haynes, M. 1998. Word-form matters! Paper presented at the Colloquium of Explicit and Incidental Learning of Vocabulary, AAAL Convention, Seattle, WA.

Haynes, M. and I. Baker. 1993. American and Chinese readers learning from lexical familiarization in English text. In T. Huckin, M. Haynes and J. Coady (eds.), *Second Language Reading and Vocabulary*, pp. 225–237. Norwood, N. J.: Ablex.

Hazenberg, S. and J. H. Hulstijn. 1996. Defining a minimal receptive second-language vocabulary for non-native university students: An empirical investigation. *Applied Linguistics* 17: 145–163.

Henriksen, B. 1999. Three dimensions of vocabulary development. *Studies in Second Language Acquisition* 21: 303–317.

Higa, M. 1963. Inference effects of intralist word relationships in verbal learning. *Journal of Verbal Learning and Verbal Behavior* 15: 170–175.

Hirsh, D. and P. Nation. 1992. What vocabulary size is needed to read unsimplified texts for pleasure? *Reading in a Foreign Language* 8: 689–696.

Holley, F. M. and J. K. King. 1971. Vocabulary glosses in foreign language reading materials. *Language Learning* 21: 213–219.

Hu, M. and I. S. P. Nation. 2000. Unknown vocabulary density and reading comprehension. *Reading in a Foreign Language* 13: 403–430.

Huckin, T. and J. Coady. 1999. Incidental vocabulary acquisition in a second language: A review. *Studies in Second Language Acquisition* 21: 181–193.

Huckin, T., M. Haynes, and J. Coady (eds.) 1993. *Second language reading* and vocabulary. Norwood, N. J.: Ablex.

Hughes, A. 1989. *Testing for language teachers*. Cambridge: Cambridge University Press.

Hulstijn, J. H. 1992. Retention of inferred and given word meanings: Experiments in incidental vocabulary learning. In P. J. L. Arnaud and H. Béjoint (eds.), *Vocabulary and Applied Linguistics*, pp. 113–125. London: Macmillan.

Hulstijn, J. H. 2001. Intentional and incidental second-language vocabulary learning: A reappraisal of elaboration, rehearsal and automaticity. In P. Robinson (ed.), *Cognition and Second Language Instruction*, pp. 258–286. Cambridge: Cambridge University Press.

Hulstijn, J. H., M. Hollander and T. Greidanus. 1996. Incidental vocabulary learning by advanced foreign students: The influence of marginal glosses, dictionary use, and reoccurrence of unknown words. *Modern Language Journal* 80: 327–339.

Ikemura, D. 2001. How Japanese learners recognize the English words they hear. 横川博一(編)『現代英語教育学の言語文化学的諸相：斎藤榮二教授退官記念論文集』pp. 262–280. 東京：三省堂

Ikemura, D. 2002a. Word recognition in listening: Exploring interaction between auditory input and context. *Language Education and Technology* 39: 57–91.

Ikemura, D. 2002b. How words are read: Phonology in reading English and Kanji characters. A paper presented at 13th AILA (Association Internationale de Linguistique Appliquee) World Congress. Singapore: Singapore International Convention and Exhibition Centre.

Ishihara, K. and T. Okada and S. Matsui. 1999. English vocabulary recognition and production: A preliminary survey report. 『言語文化』2: 143–175. 同志社大学言語文化学会

Jackson, A. and J. Morton. 1982. Facilitation of auditory word recognition. *Memory and Cognition* 12: 568–574.

Jacobs, G. M., P. Dufon and F. C. Hong. 1994. L1 and L2 vocabulary glosses in L2 reading passages: Their effectiveness for increasing comprehension and vocabulary knowledge. *Journal of Research in Reading* 17: 19–28.

Jacobs, H. L., S. A. Zingraf, D. R. Wormuth, V. F. Hartfiel and J. B. Hughey. 1981. *Testing EFL compositions: A practical approach*. Rowley, Massachusetts: Newbury House.

Jared, D. 1997. Spelling-sound consistency affects the naming of high frequency words. Journal of Memory and Language 36: 505–529.

Jared, D., K. McRae, and S. Seidenberg. 1990. The basis of consistency effects in word naming. *Journal of Memory and Language* 29: 687–715.

Jenkins, J. J. 1970. The 1952 Minnesota word association norms. In L. Postman and G. Keppel (eds.), *Norms of word associations*, pp.248–261. New York: Academic Press.

Joe, A. 1995. Task-based tasks and incidental vocabulary learning. *Second Language Research* 11: 149–158.

Joe, A. 1998. What effects do text-based tasks promoting generation have on incidental vocabulary acquisition? *Applied Linguistics* 19: 357–377.

Joe, A., P. Nation and J. Newton. 1996. Vocabulary learning and speaking activities. *English Teaching Forum* 34: 2–7.

Johansson, S. 1978. *Some aspects of the vocabulary of learned and scientific English*. Gothenburg: Acta Universitatis Gothoburgensis.

Just, M. A., and P. A. Carpenter. 1992. A capacity theory of comprehension: Individual differences in working memory. *Psychological Review* 99: 122–149

Kachroo, J. N. 1962. Report on an investigation into the teaching of vocabulary in the first year of English. *Bulletin of the Central Institute of English* 2: 67–72.

Kadota, S., and K. Ishikawa. 1999. On the use of phonology in accessing the meaning of printed words. Paper Presented at the 2nd International Conference on Cognitive Science and the 16th Annual Meeting of the Japanese Cognitive Science Society Joint Conference. Tokyo: Waseda University.

Katz, A. N. 1987. Self-reference in the encoding of creative-relevant traits. *Journal of Personality* 55: 97–120.

Katz, J. and J. A. Fodor. 1963. The structure of a semantic theory. *Language*

39: 170–210.
Kern, R. G. 1989. Second language reading instruction: Its effects on comprehension and word inference ability. *Modern Language Journal* 73: 135–149.
Kess, J. F. and T. Miyamoto. 1999. *The Japanese mental lexicon: Psycholinguistic studies of kana and kanji processing.* Philadelphia: John Benjamins.
Kikuchi, M., M. Yamamoto, M. Yoshimura, S. Yabuuchi, and M. Tanimura. 2001. Assessing the hierarchical structure of L2 mental lexicon: An analysis of categorical and non-categorical word association. *JACET Bulletin* 34: 27–35.
Kintsch, W. 1998. *Comprehension: A paradigm for cognition.* Cambridge: Cambridge University Press.
Klatzky, R. L. 1975. *Human memory: Structure and process.* San Fransisco: W. H. Freeman and Company. (箱田裕司（訳）『記憶のしくみⅠ・Ⅱ』東京：サイエンス社)
Knight, S. M. 1994. Dictionary use while reading: The effects on comprehension and vocabulary acquisition for students of different verbal abilities. *Modern Language Journal* 78: 285–299.
Kolb, B. and Whishaw, I. Q. 1996. *Fundamentals of human neuropsychology* (4th ed.). New York:W. H. Freeman.
Krashen, S. 1989. We acquire vocabulary and spelling by reading: Additional evidence for the input hypothesis. *Modern Language Journal* 73: 440–464.
Krashen, S. D. and R. Scarcella. 1978. On routines and patterns in language acquisition and performance. *Language Learning Journal* 73: 135–49.
Kroll, J. F. 1993. Accessing conceptual representations for words in a second language. In R. Schreuder and B. Weltens (eds.), *The Bilingual Lexicon*, pp. 53–81. Amsterdam: John Benjamins.
Kroll, J. F. and A. Sholl. 1991. Lexical and conceptual determinants of translation performance. Paper presented at the 16th Annual Boston University Conference on Language Development. Boston, Massachusetts.
Kroll, J. F. and E. Stewart. 1989. Translating from one language to another: The role of words and concepts in making the connection. Paper Presented at the Meeting of the Dutch Psychonomic Society. Noordwijkerhout, The Netherlands.
Kroll, J. F. and E. Stewart. 1990. Concept mediation in bilingual translation. Paper Presented at the 31st Annual Meeting of the Psychonomic Society.

New Orleans, USA.

Kroll, J. F. and E. Stewart. 1994. Category interference in translation and picture naming: Evidence for asymmetric connections between bilingual memory representations. *Journal of Memory and Language* 33: 149–174.

Kroll, J. F., and J. Curley. 1988. Lexical memory in novice bilinguals: The role of concepts in retrieving second language words. In M. Gruneberg, P. Morris, and R. Sykes (eds.), *Practical Aspects of Memory* (Vol. 2), pp. 389–395. London: John Wiley & Sons.

Kroll, J. F., and N. Tokowicz. 2001. The development of conceptual representation for words in a second language. In J. L. Nicol (ed.), *One mind, two languages: Bilingual language processing*, pp. 49–71. Malden, Massachusetts: Blackwell.

Kutus, M. and S. A. Hillyard. 1983. Event-related potentials to grammarical errors and semantic anomalies. *Memory and Cognition* 11: 539–590.

Kutus, M. and S. A. Hillyard. 1984. Brain potentials during reading reflect word expectancy and semantic association. *Nature* 307: 161–163.

Kutus, M. and C. Can Petten. 1988. Event-related brain potential studies of language. In P. K. Ackles, J. R. Jennings, and M. G. H. Cokes (eds.). *Advances in psychophysiology, Vol. 3*, pp. 138–187. Greenwich, CT: JAI Press.

Kutus, M. M., A. Martinez, A., and M. I. Sereno. 1999. Semantic integration in reading: engagement of the right hemisphere during discourse processing. *Brain*, 122: 1317–1325.

Landauer, T. K. and R. A. Bjork. 1978. Optimum rehearsal patterns and name learning. In M. M. Gruneberg, P. E. Morris and R. N. Sykes (eds.), *Practical Aspects of Memory*, pp. 625–632. London: Academic Press.

Laufer, B. 1989. What percentage of text-lexis is essential for comprehension? In C. Lauren and M. Nordman (eds.), *Special Language: From Humans Thinking to Thinking Machines*, pp.316–323. Clevedon: Multilingual Matters.

Laufer, B. 1992. How much lexis is necessary for reading comprehension? In P. J. L. Arnaud and H. Béjoint (eds.), *Vocabulary and Applied Linguistics*, pp. 126–132. London: Macmillan.

Laufer, B. 1994. The lexical profile of second language writing: Does it change over time? *RELC Journal* 25: 21–33.

Laufer, B. 1995. Beyond 2000: a measure of productive lexicon in a second language. In L. Eubank, L. Selinker and M. Sharwood-Smith (ed.), *The Current State of Interlanguage*, pp.265–272. Amsterdam: John Benjamins.

Laufer, B. 1997. What's in a word that makes it hard or easy: some intralexical factors that affect the learning of words. In N. Schmitt and M. McCarthy (ed.), *Vocabulary: Description, Acquisition and Pedagogy*, pp.140–155. Cambridge: Cambridge University Press.

Laufer, B. 1998. The development of passive and active vocabulary: Same or different? *Applied Linguistics* 19: 255–271.

Laufer, B and I. S. P. Nation. 1995. Vocabulary size and use: lexical richness in L2 written production. *Applied Linguistics* 16: 307–322.

Laufer, B and I. S. P. Nation. 1999. A vocabulary size test of controlled productive ability. *Language Testing* 16: 36–55.

Laufer, B. and D. D. Sim. 1985. Taking the easy way out: Non-use and misuse of clues in EFL reading. *Foreign Language Annals* 23: 7–10.

Laufer, B. and J. Hulstijn. 2001. Incidental vocabulary acquisition in a second language: The construct of task-induced involvement. *Applied Linguistics* 22: 1–26.

Laufer, B. and T. S. Paribakht. 1998. The relationship between passive and active vocabularies: effects of language learning context. *Language Learning* 48: 365–391.

Lesch, M. F. and A. Pollatsek. 1993. Automatic access of semantic information by phonological codes in visual word recognition. *Journal of Experimental Psychology: Learning, Memory, and Cognition* 19: 285–294.

Lesch, M. F. and A. Pollatsek. 1998. Evidence for the use of assembled phonology in accessing the meaning of printed words. *Journal of Experimental Psychology: Learning, Memory, and Cognition* 24: 573–592.

Levelt, W. J. M. 1989. *Speaking from intention to articulation*. Cambridge, MA: MIT Press.

Levelt, W. J. M. 1993. The architecture of normal spoken language use. In G. Blanken, E. Dittman, H. Grimm, J. Marshall and C. Wallesch (eds.), *Linguistic Disorders and Pathologies: An International Handbook*, pp. 1–1 5. Berlin: de Gruyter.

Lewis, M. 1993. *The Lexical Approach: The State of ELT and a Way Forward*. Hove, England: Language Teaching Publications.

Lewis, M. 1997a. Pedagogical implications of the lexical approach. In J. Coady and T. Huckin (ed.), *Second Language Vocabulary Acquisition*, pp.255–270. Cambridge: Cambridge University Press.

Lewis, M. 1997b. *Implementing The Lexical Approach: Putting Theory into Practice*. Hove, England: Language Teaching Publications.

Lipka, S. 2002. Reading sentences with a late closure ambiguity: Does semantic information help? *Language and Cognitive Processes* 17: 271–298.

Liu, N and I. S. P. Nation. 1985. Factors affecting guessing vocabulary in context. *RELC Journal* 16: 33–42.

Loftus, G. R. and E. F. Loftus. 1976. *Human memory: The processing of information*. Hillsdale, NJ: Lawrence Erlbaum Associates.

Lukatela, G. and M. T. Turvey. 1994. Visual lexical access is initially phonological: Evidence from phonological priming by homophones and pseudohomophones. *Journal of Experimental Psychology, General* 123: 331–353.

Markman, E. 1989. *Categorization and naming in children: Problems of induction*. Cambridge, Mass.: The MIT Press.

Marslen-Wilson, W. D. 1975. Sentence perception as an interactive parallel process. *Science* 189: 226–228.

Marslen-Wilson, W. D. and L. K. Tyler. 1981. Central processes in speech understanding. *Philosophical Transactions of the Royal Society Series B* 295: 317–332.

Marslen-Wilson, W. D. 1987. Functional parallelism in spoken word-recognition. In L. K. Tyler & U. H. Frauenfelder (eds.), *Spoken word recognition*, pp.71–102. Cambridge, Mass.: MIT Press.

McCarthy, M. and R. Carter. 1997. Written and spoken vocabulary. In N. Schmitt and M. McCarthy (ed.), *Vocabulary: Description, Acquisition and Pedagogy*. Cambridge: Cambridge University Press.

McClelland, J. L. and D. E. Rumelhart. 1981. An interactive activation model of context effects in letter perception: Part 1: An account of basic findings. *Psychological Review* 88, 375–407.

McDaniel, M. A. and M. Pressley. 1984. Putting the keyword method in context *Journal of Educational Psychology* 76: 598–609.

McDonough, S. H. 1995. *Strategy and skill in learning a foreign language*. London: Edward Arnold.

McNeill, D. 1966. Developmental psycholinguistics. In F. Smith and G. A.

Miller (eds.), *The Genesis of Language: A Psycholinguistic Approach*, pp. 15–84. Cambridge, Mass.: MIT Press.

Meara, P. 1984. The study of lexis in interlanguage. In A. Davies, C. Criper and A. P. R. Howatt (eds.), *Interlanguage*, pp.225–235. Edinburgh: Edinburgh University Press.

Meara, P. 1990. A note on passive vocabulary. *Second Language Research* 6: 151–154.

Meara, P. 1992. *EFL vocabulary tests*. University of Wales, Swansea: Centre for Applied Language Studies.

Meara, P. 1996. The dimensions of lexical competence. In G. Brown, K. Malmkjaer and J. Williams (eds.), *Performance and Competence in Second Language Acquisition*, pp. 35–53. Cambridge: Cambridge University Press.

Meara, P. and B. Buxton. 1987. An alternative to multiple choice vocabulary tests. *Language Testing* 4: 142–151

Meara, P. and G. Jones. 1990. *Eurocentres vocabulary size test, Ver. E1.1 / K10*. Zurich: Eurocentres Learning Service.

Melka, F. 1997. Receptive vs. productive aspects of vocabulary. In N. Schmitt and M. McCarthy (eds.), *Vocabulary: Description, Acquisition and Pedagogy*, pp. 99–102. Cambridge: Cambridge University Press.

Miller, G. A. 1956. The magical number, seven plus minus two: Some limits on our capacity for processing information. *Psychological Review* 63: 81–97.

Mochizuki, M. 2002. Exploration of two aspects of vocabulary knowledge: paradigmatic and collocational. *ARELE* 13: 121–129.

Mochizuki, M. and K. Aizawa. 2000. An affix acquisition order for EFL learners: An exploratory study. *System* 28: 291–304.

Mochizuki, M. and K. Aizawa. 2000. A validity study of the vocabulary size test of controlled productive ability. *Reitaku University Journal* 73: 85–102.

Moir, J. 1996. *Task awareness and learning effectiveness: A case study of ten learners' perceptions of a vocabulary learning task*. Unpublished MA Paper, LALS, Victoria University of Wellington.

Moon, R. 1997. Vocabulary connections: multi-word items in English. In N. Schmitt and M. McCarthy (ed.), *Vocabulary: Description, Acquisition and Pedagogy*, pp.40–63. Cambridge: Cambridge University Press.

Moore, J. C. and J. R. Surber. 1992. Effects of contexts and keyword methods on second language vocabulary acquisition. *Contemporary Educational*

Psychology 17: 286–292.

Morton, J. 1969. Interaction of information in word recognition. *Psychological Review* 76: 165–178.

Morton, J. 1982. Disintegrating the lexicon: An information processing approach, In J. Mehler, E. C. T. Walker and M. Garrett (eds.), *Perspectives on mental representation*, pp. 89–110. Hillsdale, N. J.: Laurence Erlbaum Associates.

Morton, J. and S. Sasanuma. 1984. Lexical access in Japanese. In L. Henderson (ed.), *Orthographies and reading: Perspectives from cognitive psychology, neuropsychology, and linguistics*, pp. 25–42. Hillsdale: Lawrence Erlbaum Associates.

Murao, R. 2003. L1 influence on verb-noun collocation. Unpublished master's thesis submitted to Aichi University of Education.

Murdock, B. B., Jr. 1962. The serial position effect of free recall. *Journal of Experimental Psychology* 64: 482–488.

Myong, H. K. 1995. Glossing in incidental and intentional learning of foreign language vocabulary and reading. *University of Hawaii Working Papers in ESL* 13: 49–94.

Nagy, W. E. and P. A. Herman. 1985. Incidental vs. instructional approaches to increasing reading vocabulary. *Educational Perspectives* 23: 16–21.

Nagy, W. E. and P. A. Herman. 1987. Breadth and depth of vocabulary knowledge: Implications for acquisition and instruction. In M. G. McKeown and M. Curtis (eds.), *The nature of vocabulary acquisition*, pp. 19–35. Hillsdale, NJ: Erlbaum.

Nagy, W. E., P. A. Herman, and R. C. Anderson. 1985. Learning words from context. *Reading Research Quarterly* 20: 233–253.

Nagy, W. E., R. C. Anderson and P. A. Herman. 1987. Learning word meanings from context during normal reading. *American Educational Research Journal* 24: 237–270.

Nassaji, H. and E. Geva. 1999. The contribution of phonological and orthographic processing skills to adult ESL reading: Evidence from native speakers of Farsi. *Applied Psycholinguistics* 20: 241–267.

Nation, I. S. P. 1990. *Teaching and learning vocabulary.* Boston: Heinle & Hinle Publishers.

Nation, I. S. P. 1993a. Measuring readiness for simplified material: A test of the

first 1,000 words of English. In Tickoo, M. L. (ed.), *Simplification:Theory and Application*. Anthology Series 31.
Nation, I. S. P. 1993b. Vocabulary size, growth, and use. In R. Schreuder and B. Wetens (eds.), *The Billingual Lexicon*, pp.115–134. Philadelphia, PA: John Benjamins.
Nation, I. S. P. 2000. Learning vocabulary in lexical sets: Dangers and guidelines. *TESOL Journal* 9: 6–10.
Nation, I. S. P. 2001. *Learning vocabulary in another language*. Cambridge: Cambridge University Press.
Nation, P. and D. Crabbe. 1991. A survival language learning syllabus for foreign travel. *System* 19: 191–201.
Nation, I. S. P. and K. Hwang. 1995. Where would general service vocabulary stop and special purposes vocabulary begin? *System* 23: 35–41.
Nation, P. and R. Waring. 1997. Vocabulary size, text coverage and word lists. In N. Schmitt and M. McCarthy (eds.), *Vocabulary: Description, Acquisition and Pedagogy*, pp. 6–9. Cambridge: Cambridge University Press.
Nattinger, J. R. and J. S. DeCarrico. 1992. *Lexical Phrases and Language Teaching*. Oxford: Oxford University Press.
Nevil, H., I. J. Nicol, A. Barss, K. I. Foster, and M. F. Garrett. 1991. Syntactically based sentence processing classes: Evidence from event-related brain potentials. *Journal of Cognitive Neuroscience* 3: 151–165.
Newton, J. 1995. Task-based interaction and incidental vocabulary learning: A case study. *Second Language Research* 11: 159–177.
Noro, T. 2002. The role of depth and breadth of vocabulary knowledge in reading comprehension in EFL. *ARELE* 13: 71–80.
Nurweni, A. and J. Read. 1999. The English vocabulary knowledge of Indonesian University Students. *English for Specific Purposes* 18: 161–175.
Obler, L. K. and Gjerlow. K. 1999. *Language and the Brain*. Cambridge University Press. (若林茂則監訳・割田杏子共訳 2002.『言語と脳―神経言語学入門』東京：新曜社)
Olshtain, E. 1989. Is second language attrition the reversal of second language acquisition? *Studies in Second Language Acquisition* 11: 151–165.
Paivio, A. 1986. *Mental representations: A dual coding approach*. New York: Oxford University Press.
Palmberg, R. 1986. Vocabulary teaching in the foreign language classroom.

English Language Forum 24:15–20.

Paribakht, T. S. and M. B. Wesche. 1993. Reading comprehension and second language development in a comprehension-based ESL program. *TESL Canada Journal* 11: 9–29.

Paribakht, T. S. and M. Wesche. 1996. Enhancing vocabulary acquisition through reading: A hierarchy of text-related exercise types. *The Canadian Modern Language Review* 52: 155–178

Paribakht, T. S. and M. B. Wesche. 1997. Vocabulary enhancement activities and reading for meaning in second language vocabulary acquisition. In Coady, J. and T. Huckin (ed.), *Second Language Vocabulary Acquisition*, pp.174–200. Cambridge: Cambridge University Press.

Parry, K. 1991. Building a vocabulary through academic reading. *TESOL Quarterly* 25: 629–653.

Patterson, K. 1994. *Proceedings of 1994 International Conference on Spoken language Processing. Vol. 2*, pp. 755–758. The Acoustic Society of Japan.

Pawley, A. and F. Syder. 1983. Two puzzles for linguistic theory; nativelike selection and nativelike fluency. In J. Richards and R. Schmidt (ed.), *Language and Communication*, pp. 191–226. London and New York: Longman.

Perfetti, C. A. 1999. The cognitive science of word reading: What has been learned from comparisons across weiting systems? A Lecture Delivered at the 2nd International Conference on Cognitive Science and the 16th Annual Meeting of the Japanese Cognitive Science Society Joint Conference. Tokyo: Waseda University.

Petersen, S. E., Fox, P. T. Posner, M. I., Mintun, M., and Raichle, M. E. 1989. Positoron emission tomographic studies of the processing of single words. *Journal of Cognitive Neuroscience* 1: 153–170.

Peterson, L. R. and M. J. Peterson. 1959. Short-term retention of individual verbal item. *Journal of Experimental Psychology* 58: 193–198.

Pimsleur, P. 1967. A memory schedule. *The Modern Language Journal* 51: 73–75.

Pinker, S. 1994. *The language instinct: The new science of language and mind*. London: Penguin Books.（椋田直子（訳）1995.『言語を生み出す本能：上・下』東京：日本放送出版協会）

Pitts, M., H. White and S. Krashen. 1989. Acquiring second language vocabulary through reading: A replication of the Clockwork Orange study using second language acquirers. *Reading in a Foreign Language* 5: 271–275.

Pollard, C. and I. A. Sag. 1994. *Head-driven phrase structure grammar.* Chicago: Center for the Study of Language and Information.

Pollard, C. and I. A. Sag. 1987. *Information-based syntax and semantics: Vol. 1, Fundamentals.* Chicago: Center for the Study of Language and Information.

Posner, M. I. and M. E. Lainchle. 1994. *Images of mind.* Scientific American Library.

Postman, L and L. W. Phillips. 1965. Short-term temporal change in free recall. *Quarterly Journal of Experimental Psychology* 17: 132–138

Potter, M. C., K. F. So, B. von Eckardt, and L. B. Feldman. 1984. Lexical and conceptual representation in beginning and more proficient bilinguals. *Journal of Verbal Learning and Verbal* Behavior 23: 23–38.

Pritchett, B. L. 1994. Grammatical competence and parsing performance. Chicago: The University of Chicago Press.

Pustejovsky, J. 1995. The generative lexicon. Cambridge, Mass.: MIT Press.

Qian, D. D. 1999. Assessing the roles of depth and breadth vocabulary knowledge in reading comprehension. *Canadian Modern Language Review* 56: 282–307.

Quine, W. V. O. 1960. *Word and object.* Cambridge, Mass.: MIT Press.

Rayner, K. and D. A. Balota. 1989. Parafoveal preview and lexical access during eye fixations in reading. In W. D. Marslen-Wilson (ed.), *Lexical Representation and Process*, pp. 261–290. Cambridge: Cambridge University Press.

Read, J. 1993. The development of a new measure of L2 vocabulary knowledge. *Language Testing* 10: 355–371

Read, J. 1996. Validating a test of depth of vocabulary knowledge. In A. Kunna (ed.), *Issues in Language Testing Research: Conventional Validity and Beyond.* Mahwah, NJ: Lawrence Erlbaum Associates.

Read, J. 1997. Vocabulary and testing. In N. Schmitt and M. McCarthy (ed.), *Vocabulary: Description, Acquisition and Pedagogy.* Cambridge: Cambridge University Press.

Read, J. 1998. Validating a test to measure depth of vocabulary knowledge. In A. Kunnan (ed.), *Validation in Language Assessment*, pp. 41–60. Mahwah,

NJ: Lawrence Erlbaum.
Read, J. 2000. *Assessing vocabulary*. Cambridge: Cambridge University Press.
Reeves, L. M., K. Hirsh-Pasek, and R. Golinkoff. 1998. Words and meaning: From primitives to complex organization. In J. B. Gleason, and N. B. Ratner (eds.), *Pscysholinguistics* (2nd ed.), pp. 157–226. Orlando: Harcourt Brace.
Richards, J. C. 1976. The role of vocabulary teaching. *TESOL Quarterly* 10: 77–89.
Roufca, P. 1988. A longitudinal study of second language acquisition in French. Unpublished honors thesis. Mount Holyoke College, South Hadley, MA.
Royer, J. M. 1973. Memory effects for test-like events during acquisition of foreign language vocabulary. *Psychological Reports* 32: 195–198.
Rumelhart, D. E., J. L. McClelland and the PDP Research Group. 1986. *Parallel distributed processing: Explorations in the microstructure of cognition*. Cambridge, Mass.: MIT Press.
Sag, I. A. and Wasow, T. 1999. *Syntactic theory: A fomal introduction*. Chicago: Center for the Study of Language and Information.
Saito, H., M. Kawakami, H. Masuda, and G. B. Flores d'Arcais. 1997. Contributions of radical components in kanji character recognition and recall: Effects of number of radical companions. In H. C. Chen (ed.), *The cognitive process of Chinese and related Asian languages*, pp. 109–140. Hong Kong: Chinese University Press.
Sakuma, N., S. Sasanuma, I. Tatsumi and S. Masaki. 1998. Orthography and phonology in reading Japanese kanji words: Evidence from the semantic decision task with homophones. *Memory and Cognition* 26: 75–87.
Saragi, T., I. S. P. Nation and G. F. Meister. 1978. Vocabulary learning and reading. *System* 6: 72–78.
Sasaoui, R. 1995. Adult learners approaches to learning vocabulary in second languages. *Modern Language Journal* 79: 15–28.
Schmitt, N. 1997. Vocabulary learning strategies. In N. Schmitt, and M. McCarthy (eds.), *Vocabulary, Description, Acquisition and Pedagogy*, pp. 199–227. Cambridge: Cambridge University Press.
Schmitt, N. 1998. Tracking the incremental acquisition of second language vocabulary: A longitudinal study. *Language Learning* 48: 281–312.
Schmitt, N. 1999. The relationship between TOEFL Vocabulary items and meaning, association, collocation, and word class knowledge. *Language*

Testing 16: 189–216.

Schmitt, N. 2000. *Vocabulary in language teaching*. Cambridge: Cambridge University Press.

Schmitt, N. and C. B. Zimmerman. 2002. Derivative word forms: What do learners know? *TESOL Quarterly* 36: 145–171.

Schmitt, N. and P. Meara. 1997. Researching vocabulary through a word knowledge framework: Word associations and verbal suffixes. *Studies in Second Language Acquisition* 19: 17–36.

Schmitt, N., D. Schmitt and C. Clapham. 2001. Developing and exploring the behaviour of two new versions of the Vocabulary Levels Test. *Language Testing* 18: 55–88.

Schmitt, N., R. Bird, A. C. Tseng, and Y. C. Tang. 1997. Vocabulary learning strategies: Student perspectives and cultural considerations. *Independence* (Spring): 4–6.

Schonell, F. J., I. Meddleton and B. Shaw. M. Routh, D. Popham, G. Gill, G. Mackrell, and C. Stephens. 1956. *A study of the oral vocabulary of adults*. Brisbane: University of Queensland Press.

Sears, C., Y. Hino, and S. Lupker. 1995. Neighborhood size and neighborhood frequency effects in word recognition. *Journal of Experimental Psychology: Human Perception and Performance* 21: 876–900.

Seibert, L. C. 1945. A study of the practice of guessing word meanings from a context. *Modern Language Journal* 29: 296–323.

Shimamoto, T. 2000. An analysis of receptive vocabulary knowledge: depth versus breadth. *JABAET Journal* 4: 69–80.

Shonell, F. I., I. Meddleton, B. Shaw, M. Routh, D. Popham, G. Gill, G. Mackrell and C. Stephens. 1956. *A study of the oral vocabulary of adults*. Brisbane: University of Queensland Press.

Sinclair, J. 1991. *Corpus, concordance, collocation*. Oxford: Oxford University Press.

Singleton, D. 1999. *Exploring the second language mental lexicon*. Cambridge: Cambridge University Press.

Singleton, D. 2000. *Language and the lexicon: An introduction*. Oxford: Oxford University Press.

Smith, E. E. and D. L. Medin. 1981. *Categories and concepts*. Boston: Harvard University Press.

Smith, E. E., E. J. Shoben and L. J. Rips. 1974. Structure and process in semantic memory: A featural model for semantic decision. *Psychologival Review* 81: 214–241.

Sökmen, A. J. 1992. Students as vocabulary generators. *TESOL Journal* 1: 16–18.

Sökmen, A. J. 1997. Current trends in teaching second language vocabulary. In N. Schmitt, and M. McCarthy (eds.), *Vocabulary, Description, Acquisition and Pedagogy*, pp. 237–257. Cambridge: Cambridge University Press.

Sperry, R. W. 1968. Hemisphere deconnection and unity in concious awareness. *American Psychologist* 23: 723–733.

Sperry, R. W. 1982. Some effects of disconnecting the cereebral hemispheres. *Science* 217: 1223–1226.

Springer, S. P. and G. Deutsch. 1993. *Left Brain, Right Brain* (4th ed.) San Francisco: W. H. Freeman and Company.（福井圀彦・河内十郎監（訳）1997.『左の脳と右の脳』東京：医学書院）

Stahl, S. A. and S. J. Vancil. 1986. Discussion is what makes semantic maps work in vocabulary instruction. *The Reading Teacher* 40: 62–67.

Steinberg, D. D. 1993. An introduction to psycholinguistics. London: Longman.

Stenstrom, A. B. 1990. Lexical items peculiar to spoken discourse. In J. Svartvik (ed.) *The London-Lund corpus of spoken English*, pp. 137–75. Lund: Lund University Press.

Stoddard, D. 1929. An experiment in verbal learning. *Journal of Educational Psychology* 20: 452–457.

Stoller, F. L. and W. Grabe. 1993. Implications for L2 vocabulary acquisition and instruction from L1 vocabulary research. In T. Huckin, M. Haynes and J. Coady (eds.), *Second Language Reading and Vocabulary Learning*, pp. 24–45. Norwood, N. J.: Ablex Publishing Corporation.

Stubbs, M. 1995. Collocations and semantic profiles: On the cause of the trouble with quantitative studies. *Functions of Language* 2: 1–33.

Taft, M. 1991. *Reading and the mental lexicon*. Hillsdale, N. J.: Laurence Erlbaum Associates.（八田武志ほか（訳）1993.『リーディングの認知心理学』京都：信山社出版

Takala, S. 1984. *Evaluation of students' knowledge of English vocabulary in Finnish comprehensive school* (Rep. No. 350). Jyvaskyla, Finland: Institute of Educational Research.

Temple, C. 1993. *The Brain: An Introduction to the Psychology of the Human Brain and Behabiour.* London: Penguin Books.（朝倉哲彦（訳）1997.『脳のしくみとたはらき』講談社）

Thorndike, E. L. and I. Lorge. 1944. *The teacher's word book of 30,000 words*. New York:Teachers College, Columbia University.

Tinkham, T. 1993. The effects of semantic and thematic clustering on the learning of second language vocabulary. *System* 21: 371–380.

Trueswell, J. C., and M. K. Tanenhaus, 1994. Semantic influence on parsing: Use of thematic role information in syntactic ambiguity resolution. *Journal of Memory and Language* 35: 285–318.

Tudor, I and F. Hafiz. 1989. Extensive reading as a means of input to L2 learning. *Journal of Research in Reading* 12: 164–178.

Ure, J. 1971. Lexical density and register differentiation. In G. Perren and J. Trim (ed.), *Applications of linguistics: Selected papers of the second international congress of applied linguistics 1969*, pp.443–52. Cambridge: Cambridge University Press.

van Orden, G. C. 1987. A Rows is a Rose: Spelling, sound, and reading. *Memory and Cognitioni* 15: 181–198.

Vermeer, A. 1992. Exploring the second language learner lexicon. In L. Verhoeven and J. H. A. L. de Jong (eds.) *The Construct of Language Proficiency*, pp. 147–62. Amsterdam: John Benjamins.

Visser, A. 1990. Learning vocabulary through underlying meanings: An investigation of an interactive technique. *RELC Journal* 21: 11–28.

Vives Boix, G. 1995. The development of a measure of lexical organization: The association vocabulary test. Unpublished dissertation, University of Wales, Swansea.

Wang, A. Y. and M. H. Thomas. 1992. The effect of imagery-based mnemonics on the long-term retention of Chinese characters. *Language Learning* 42: 359–376.

Wang, A. Y. and M. H. Thomas. 1995. Effects of keywords on long-term retention under conditions of intentional learning and the keyword mnemonic. *Bulletin of the Psychonomic Society* 31: 545–547.

Waring, R. 1997a. A comparison of the receptive and productive vocabulary sizes of some second language learners. *Immaculata (Notre Dame Seishin University, Okayama)* 1: 53–68.

Waring, R. 1997b. The negative effects of learning words in semantic sets: A replication. *System* 25: 261–274.

Watanabe, Y. 1997a. Input, intake, and retention: Effects of increased processing on incidental learning of foreign language vocabulary. *Studies in Second Language Acquisition* 19: 287–307.

Watanabe, Y. 1997b. Effects of single and multiple-choice glosses on incidental vocabulary learning. *JACET Bulletin* 28: 177–191.

Waugh, N. C. and D. A. Norman. 1965. Primary memory. *Psychological Review* 72: 89–104.

Weltens, B. and M. Grendel. 1993. Attrition of vocabulary knowledge. In R. Schreuder and B. Weltens (eds.), *The Bilingual Lexicon*, pp. 135–156. Amsterdam: John Benjamins.

Weltens, B., T. J. M. Van Els and E. Schils. 1989. The long-term retention of French by Dutch students. *Studies in Second Language Acquisition* 11: 205–216.

West, M. 1953. *A general service list of English words*. London: Longman.

Willis, D. 1990. *The lexical syllabus: A new approach to language teaching*. London: Collins ELT.

Wong-Fillmore, L. 1976. The second time around: Cognitive and social strategies in second language acquisition. Unpublished Doctoral Dissertation, Stanford University.

Xue, G. and P. Nation. 1984. A university word list. *Language Learning and Communication* 3: 215–229.

Yamauchi, Y. 1995. *Inferencing strategies of unknown words in EFL reading comprehension*. Unpublished M.Ed.Dessertation, Graduate School of Tokyo Gakugei University.

Yokokawa, H. 2000. *Studies on information-based Parsing: A syntax-driven discourse processing*. Doctoral Dissertation Submitted to the Graduate School of Language and Culture, Osaka University.

Yokokawa, H., S. Yabuuchi, S. Kadota, Y. Nakanishi, and T. Noro. 2002. Lexical networks in L2 mental lexicon: Evidence from a word-association task for Japanese EFL learners. *Language Education and Technology* 39: 21–39.

Zimmerman, C. B. 1997. Do reading and interactive vocabulary instruction make a difference? An empirical study. *TESOL Quarterly* 31: 121–140.

和文文献

阿部純一、桃内佳雄、金子康朗、李光五 1994.『人間の言語情報処理：言語の認知科学』東京：サイエンス社
相澤一美 1997. 語彙習得について、どのようにして知るか 投野由起夫（編）『英語語彙習得論』, pp. 137–146.
相澤一美、落合夏恵、大崎さつき 2002. 語彙指導法が語彙学習に及ぼす影響：発表語彙と受容語彙の観点から『第28回全国英語教育学会神戸研究大会発表論文集』, pp. 455–458.
赤松信彦 1999. 日本人大学生の英語読解メカニズム：英語読解力と語学学習スタイルの関係について 平成9年度～平成10年度科学研究費補助（奨励研究（A））研究成果報告書
赤野一郎 2003. 理想的な学習英和辞典を求めて：『ウイズダム英和辞典』の場合『京都外国語大学 SELL』19: 3–17.
大学英語教育学会教材研究委員会 1993.『JACET 基本語 4000』東京：大学英語教育学会
船橋新太郎 2000. ワーキングメモリの神経機構と前頭連合野の役割 苧阪直行（編）『脳とワーキングメモリ』, pp. 21–49. 京都：京都大学学術出版会
二谷廣二 1999.『教え方が「かわる・わかる」―認知心理学の動向から』東京：学芸図書株式会社
御領 謙、菊地 正、江草浩幸 1993.『新心理学ライブラリ7 最新認知心理学への招待：心の働きとしくみを探る』東京：サイエンス社
郡司隆男 1994. 理論言語学の向かっている方向『認知科学』1：31–42.
萩原裕子 1998.『脳にいどむ言語学』東京：岩波書店
萩原裕子 2002 脳におけるレキシコンと統語の接点 伊藤たかね（編）『文法理論：レキシコンと統語』東京：東京大学出版会
秦野悦子 2001.『ことばの発達入門』東京：大修館書店
林 洋和 2002.『英語の語彙指導―理論と実践の統合をめざして』広島：溪水社
平井明代 2001. リスニングとの関係：視覚・聴覚入力の統合 門田修平、野呂忠司（編著）『英語リーディングの認知メカニズム』, pp. 197–208. 東京：くろしお出版
平野絹枝、姉崎達夫 2001. 語彙学習の効果―文脈学習・機械的学習・キーワード法の比較 高梨康雄、卯城祐司（編）『英語リーディング事典』,

pp. 158-178. 東京：研究社
井狩幸男 1998. PDPモデルと言語獲得研究『ことばとコミュニケーション』2: 77-79. 東京：英潮社
今井むつみ 2000.『心の生得性：言語・概念獲得に生得的制約は必要か』東京：共立出版
伊藤たかね・杉岡洋子 2002.『語の仕組みと語形成』東京：研究社出版
伊藤たかね（編）2002.『文法理論：レキシコンと統語』東京：東京大学出版会
岩田誠 1994. 読み書きと脳『認知科学』1：19-30. 東京：共立出版
岩田誠 1996.『脳とことば：言語の神経機構』東京：共立出版
岩田誠 2001. Homo loquence の神経機構『失語症研究』21：1-8
門田修平 1987. 日本語の読解と心理的音声化現象『被昇天女子短期大学紀要』13・14 合併号: 83-102.
門田修平 1998a. 英単語の視覚認知における音韻の役割：心理言語学的分析『現代英語の語法と文法：小西友七先生傘寿記念論文集』, pp. 317-325. 東京: 大修館書店
門田修平 1998b. 視覚提示された英単語ペアの関係判断：正答率・反応時間による検討『外国語外国文化研究』11: 205-220. 西宮：関西学院大学
門田修平 2001. 第二言語メンタルレキシコンにおける音韻および意味ネットワーク：日本人英語学習者に対する語の自由連想研究『言語と文化』4: 238-250. 西宮：関西学院大学言語教育研究センター
門田修平 2002.『英語の書きことばと話しことばはいかに関係しているか：第二言語理解の認知メカニズム』東京：くろしお出版
門田修平、野呂忠司 2001.『英語リーディングの認知メカニズム』東京：くろしお出版
海保博之、柏崎秀子 2002『日本語教育のための心理学』東京：新曜社
川島隆太 2002.『高次機能のブレインイメージング』東京：医学書院
河村満・溝渕淳 1998. 読みの脳内機構 苧阪直行（編）『読み：脳と心の情報処理』東京：朝倉書店
小林春美 1997. 語彙の獲得：ことばの意味をいかに知るのか 小林春美、佐々木正人（共編）、『子どもたちの言語獲得』, pp. 86-109. 東京：大修館書店
小林春美 2001. 語意味の発達 秦野悦子（編）『ことばの発達と障害1：ことばの発達入門』, pp. 56-81. 東京：大修館書店

小林春美、佐々木正人（編）1997.『子どもたちの言語獲得』東京：大修館書店

河野守夫 2001.『音声言語の認識と生成のメカニズム：ことばの時間制御機構とその役割』東京：金星堂

小谷津孝明、大村賢悟 1985. 注意と記憶　小谷津孝明（編）『認知心理学講座2　記憶と知識』, pp. 87-121. 東京：東京大学出版会

正高信男 2001.『子供はことばをからだで覚える』東京：中央公論社

松見法男 2001.　第二言語の習得：第二言語の認知過程をのぞいてみよう　森　敏昭（編著）『おもしろ言語のラボラトリー』京都：北大路書房

松見法男 2002.　第二言語の語彙を習得する　海保　博、柏崎秀子（編）『日本語教育のための心理学』, pp. 97-110. 東京：新曜社

三浦宏昭 2002. より効果的な語彙学習方略に関する研究：入門期の学習者に焦点を当てて ARELE 13：131-140

水野りか 1997. 漢字表記語の音韻処理自動化仮説の検証『心理学研究』68: 1-8.

望月正道 1998a. 日本人英語学習者の接辞理解調査『麗澤レビュー』4: 100-120.

望月正道 1998b. 日本人英語学習者のための語彙サイズテスト『財団法人語学教育研究所紀要』12: 27-53.

守　一雄 1996.『やさしい PDP モデルの話：文系読者のためのニューラルネットワーク理論入門』東京：新曜社

森　敏昭、井上　毅、松井孝雄 1995.『グラフィック認知心理学』東京：サイエンス社

森　敏昭（編著）2001.『おもしろ言語のラボラトリー』京都：北大路書房

中込和幸 1994. 脳における言語処理過程『言語』23: 76-82. 東京：大修館書店

中村奈良江 2000. 記憶　行場次朗・箱田裕司（編）『知性と感性の心理』, pp. 109-123. 東京：福村出版

永山幸一、森千鶴 2002. 付随的 L2 語彙学習のための gloss のあり方について『第 28 回全国英語教育学会神戸研究大会発表論文集』, pp. 257-260.

中西義子 2002. 日本人英語学習者に対する実証的研究：英単語の自由再生にみられる系列位置効果『第 28 回全国英語教育学会神戸研究大会発表論文集』, pp. 121-124.

野呂忠司 2001.「聞きながら読む」訓練と付随的語彙習得『中部地区英語教育学会紀要』, 30: 133-140.

苧阪満里子 1997. 言語とワーキングメモリ『失語症研究』17：134-139

苧阪満里子 1998. 読みとワーキングメモリ　苧阪直行（編）『読み－脳と心の情報処理』, pp. 139-262. 東京：朝倉書店

苧阪満里子 2002.『脳のメモ帳：ワーキングメモリ』東京：新曜社

苧阪直行（編）2000.『脳とワーキングメモリ』京都：京都大学学術出版会

大津由紀雄 2002. 言語研究の現状と今後の展望　大津由起雄、池内正幸、今西典子、水光雅則（編）『言語研究入門―生成文法を学ぶ人のために』東京：研究社

斉藤俊雄・中村純作・赤野一郎（編）. 1998.『英語コーパス言語学：基礎と実践』東京：研究社出版

齋藤洋典 1997.「心内辞書」松本裕治、影山太郎、永田昌明、斎藤洋典、徳永健伸『言語の科学3：単語と辞書』, pp.93-153．東京：岩波書店.

齋藤洋典、川上正浩、Flores d'Arcais 1993. Radical migration in kanji recognition.『日本認知科学会第10回大会論文集』, pp. 88-89.

齋藤洋典、川上正浩、増田尚史 1995. Phonological effect in radical migration with kanji characters.『日本認知科学会第12回大会論文集』, pp. 186-187.

酒井邦嘉 2002.『言語の脳科学―脳はどのようにことばを生み出すか』東京：中央公論社

坂本勉 1998. 人間の言語情報処理　大津由起雄・郡司隆男ほか編『岩波講座言語の科学第11巻　言語科学と関連領域』東京：岩波書店.

里井久輝・籔内智・横川博一 2002. EFLリーディングにおける言語処理ストラテジー―ガーデンパス文の処理による検討　第28回全国英語教育学会神戸研究大会口頭発表. 神戸大学.

島本たい子 1998．読解における語彙サイズと語彙方略について. *The JASEC Bulletin* 7: 71-79.

篠原彰一 1998.『学習心理学への招待―学習・記憶のしくみを探る』東京：サイエンス社

園田勝英（編）1996. 大学生用英語語彙表のための基礎的研究『言語文化部研究報告叢書』, 7. 北海道大学

杉浦千早 2002. 高校英語教科書語彙リストの作成と使用語彙の検討

Language Education and Technology 39: 117-136.

杉下守弘 1995. 言語の脳内メカニズム 伊藤正男ほか編『岩波講座認知科学第7巻：言語』東京：岩波書店

高橋順子、森田和子、北本洋子、佐藤寛之 1999. 意味・音声・綴り字の3要素相互の変換能力から観た日本人英語学習者の語彙力について『関東甲信越英語教育学会研究紀要』13: 15-23.

高橋雅延 1996.『記憶における符号化方略の研究』京都:北大路書房

高橋朋子、田中茂範 1994.『わかる覚える使える英単語ネットワーク：名詞編』東京：アルク

高野陽太郎 1995. 言語と思考 大津由起雄（編）『認知心理学3：記憶』, pp. 245-259. 東京：東京大学出版会

高野陽太郎 2002. 外国語を使うとき：思考力の一時的な低下 海保 博、柏崎秀子（編）『日本語教育のための心理学』, pp. 15-28. 東京：新曜社

田辺博史 1997. L2語彙教授の効果 投野由紀夫（編著）『英語語彙習得論』, pp. 62-82. 東京：河源社

梅本堯夫 1969.『連想基準表』東京：東京大学出版会

籔内智、横川博一、里井久輝 2001. 日本人英語学習者のFiller-Gap文処理に関する一考察 第27回全国英語教育学会広島研究大会口頭発表. 広島：広島国際会議場

山鳥 重 1997. 失語からみたことばの脳内機構『失語症からみたことばの神経科学』26-37. 東京：メジカルビュー社

横川博一 2001. 文理解プロセスからみたメンタル・レキシコンの構造 横川博一（編）『現代英語教育の言語文化学的諸相：斎藤榮二教授退官記念論文集』, pp. 248-261. 東京：三省堂

横川博一、籔内智、里井久輝 2002. 語彙主義に基づく文理解モデルに関する一考察：ガーデンパス文による検討『関西言語学会紀要KLS』22：7-17.

Index

Academic Word List	137	lemma	4, 23
Association Vocabulary Test	52	lexeme	4, 24
Brown corpus	248, 267	memory strategies	298
		metacognitive strategies	298
Cambridge and Nottingham Corpus of Discourse in English	145	multiple memory model	225
		multi-word lexical item	259
Cambridge International Corpus	145	multiword unit/item	247
CHILDES (child language data exchange system)	314	paradigmatic systematic knowledge	316
COBUILD Bank of English Corpus	248	PET	210
cognitive strategies	298	prefabricated chunks	257
common memory model	225		
		social strategies	298
determination strategies	298	syntagmatic sequential knowledge	315
enemy	92	The Bank of English Corpus (BEC)	248
		The British National Corpus (BNC)	248
formulaic speech	257	The Cambridge International Corpus (CIC)	248
friend	92	The Depth-of-Vocabulary-Knowledge Test (DVK)	43
General Service List	139, 267	token	286
KWIC (key word in context)	248	WordSmith Tool	248
Lancaster-Oslo / Bergen corpus	248, 267		

索　引

ア　行

アイコニックメモリ (iconic memory) 178
曖昧性解消 (disambiguation) 167
アウトプット (output) 294
アクセスファイル 68

浅い正書法 (shallow orthography) 85
アルファベット文字 (alphabets) 85
異語 (types) 36, 139, 286
維持リハーサル 278
一次運動野 210
一次記憶 177
一貫性効果 (consistency effect) 89, 92

偽りの同音異義語 (false homophone) 108
イディオム (idioms) 253
意図的学習 (intentional learning) 269
意味アクセス 119
意味カテゴリー判断 105
意味記憶 (semantic memory) 3, 179
意味交渉 (negotiation) 296
意味情報 166
意味処理 115, 154, 161, 179, 212, 277
意味素性 (semantic features) 155
意味的関連性 108, 222
意味的真偽性判断 (semantic verification) 219
意味特徴モデル (semantic feature model) 218
意味ネットワーク (semantic networks) 220, 232
意味プライミング効果 (semantic priming effect) 68, 224
意味の創造 (creation) 259
意味表象 (semantic representation) 100, 103
意味ユニット 72
陰性波 (negative wave) 155, 203
韻律構造 (prosodic structure) 24
ウィリアム症候群 311
ウェルニッケ失語 (感覚性失語) 206
ウェルニッケ領域 211
エコイックメモリ (echoic memory) 178
N400 成分 209
エピソード・バッファー (episodic buffer) 181, 182
エピソード記憶 (episodic memory) 179
応用言語学 2
オペラント条件付け (operant conditioning) 306
音韻コード化 (phonological encoding) 23
音韻出力辞書 (phonological output lexicon) 101
音韻処理自動化仮説 115

音韻性失読症 88
音韻認識 (phonological awareness) 85, 89
音韻ネットワーク 4
音韻表象 103, 104, 106, 108, 109, 111, 113, 115
音韻符号化 (phonological coding) 87, 111, 113
音韻読み 211
音韻ループ (phonological loop) 146, 181
音響・音声処理装置 (acoustic-phonetic processor) 24
音声情報 166
音声的処理 277
音声的プライミング 107
音声表象 (phonetic representation) 24
オンセット (onset) 85, 89
音節文字 (syllabaries) 85
音素システム (phoneme system) 101

カ 行

ガーデンパス文 (garden-path sentence) 152, 162
外国語副作用 (foreign language side effect) 26, 183, 316
外国人向け発話 (foreigner talk) 314
下位水準語 220
解析 (parsing) 24
階層構造 (hierarchical structure) 220
階層的ネットワークモデル (hierarchical network model) 218, 220
外側溝 (lateral sulcus) 199
概念化装置 (conceptualizer) 23
概念項 (conceptual arguments) 24
概念的媒介モデル (concept mediation model) 227
概念と指示物 (concept and referents) 48
概念リンク (conceptual links) 226
かかわり度 (involvement) 278
学習行動 (learning behavior) 306
学習指導要領 44, 268
学習理論 (learning theory) 306

獲得性失読症 88
確率的境界 (probabilistic boundary) 137
過剰学習 (overlearning) 321
過小適用 (underextension) 16
活性化拡散モデル (spreading activation model) 218, 222
活性伝播 (spreading activation) 72
過大適用 (overextension) 16
カテゴリー水準効果 (category-level effect) 219
カテゴリー制約 (taxonomic constraint) 18
カテゴリー名詞 (categorical nouns) 232, 238
間隔拡大型の反復 (expanding rehearsal) 274
感覚記憶 (sensory memory) 177, 178
間隔の反復 (spaced repetition) 274
感覚登録器 (sensory register) 177
眼球運動 (eye-movement) 157
観察-仮定-検証 (observe-hypothesis-experiment) 260
緩徐進行性失語症 207
間接学習 (indirect learning) 269
慣例化 (institutionalization) 252
キーワード法 (keyword method) 278, 280
記憶範囲 (memory span) 319
記憶保持率 283
機械的学習 283
擬似単語 (pseudo-word) 65, 69
疑似同音語 107
規則語 (regular word) 86, 88
規則性 (regularity) 285
基礎水準語 220
基底の規則体系システム (underlying system of rules) 254
機能語 (function words) 111
機能的磁気共鳴画像法 (fMRI) 202
機能的脳画像 (functional brain imaging) 103
基本周波数 (fundamental frequency) 313
基本的対人伝達能力 (Basic Interpersonal Communicative Skill) 140
教師発話 (teacher talk) 314
教授による学習 (instructional learning) 269
強制的アウトプット (pushed output) 147
局在主義 200
虚再認 115
均等間隔型の反復 274
近傍語 95
近傍語サイズ効果 (neighborhood size effect) 67, 75
屈折形接辞 (inflectional affixes) 284
句動詞 (phrasal verbs) 253
形式化装置 (formulator) 23
形状バイアス (shape bias) 19
形態処理 119, 179, 277
形態素 154
形態知識テスト (morphological knowledge Test: MK) 43
形態表象 104
形態的類似語 118
形態プライミング効果 94
系列再生 (serial recall) 176
系列位置 188
系列位置効果 (serial position effect) 183, 192
言語運用 (linguistic performance) 2
言語獲得関数 (language acquisition function) 308
言語獲得装置 (language acquisition device) 308
言語間プライミング 226
言語記号による表象 (verbal representations) 280
言語使用 (generative use) 296
言語処理機構 212
言語能力 (linguistic competence) 2, 308
言語理解 (linguistic comprehension) 138
検索 (retrieval) 175, 250

語彙アクセス後 (post-lexical) 26, 106
語彙アクセス前 (pre-lexical) 26, 106
語彙・韻律表象 (lexical/prosodic representation) 25
語彙化された文法 (lexicalised grammar) 259
語彙仮説モデル (lexicalist hypothesis model) 23
語彙サイズ 239
語彙サイズテスト 35, 39, 287
語彙主義 (lexicalism) 167
語彙処理 (lexical processing) 64, 104
語彙性判断 (lexical decision) 65, 223
語彙選択 (lexical selection) 25
語彙知識測定法 (Vocabulary Knowledge Scale) 46, 50
語彙知識の広さ (breadth) 3, 32, 126
語彙知識の深さ (depth) 32, 45, 124
語彙知識の枠組み (knowing a word) 33
語彙チャンク (lexical chunk) 3, 240, 254, 255, 260, 315
語彙的関連づけモデル (word association model) 227
語彙能力 (lexical competence) 48
語彙の閾 (threshold) 44
語彙の組織化 (lexical organization) 49
語彙のネットワーキング化 (network building) 224
語彙の密度 (lexical density) 142, 146
語彙の豊かさ (lexical richness) 142
語彙範疇 110
語彙評価尺度 296
語彙頻度プロフィール (Lexical Frequency Profile) 130, 142
語彙フレーズ (lexical phrase) 146, 255, 257
語彙方略 (lexical strategy) 147, 298
語彙リスト 35
語彙リンク 231
語彙ルート 87, 90
語彙レベルテスト (Vocabulary Levels Test) 126, 136, 141

項 (argument) 167
交換 (exchange) 259
項構造情報 157
交叉支配の原則 200
構成要素的アプローチ (dimensional approach) 46
構造的アプローチ 257
構造の共有 (structure sharing) 168
行動主義 (behaviorism) 306
後頭葉 (occipital lobe) 199, 211
高頻度語 92
項目知識 (item knowledge) 33, 47
コーパス (copus) 246
語義失語 207
語想起障害 207
固定フレーズ (fixed phrases) 253, 256
古典的条件付け (classical conditioning) 306
子供向け発話 (child-directed speech) 313
コネクショニストモデル 311
コホートモデル (cohort model) 25, 76
コミュニカティブアプローチ 257
コミュニケーション能力 (communicative competence) 2
語用論的機能 (pragmatic function) 255
語用論的能力 (pragmatic competence) 2
語連想テスト (Word Associates Test) 51
コロケーショナルネットワーク 17
コロケーション (collocation) 239, 246, 250, 255
コロケーションチャンク (colocational chunks) 240
混合性超皮質性失語 206
コンコーダンサー (concordancer) 248
コンパニオン漢字 94, 115

サ 行

再生 (recall) 128, 176
再生法 175
再認 (recognition) 176
再認法 175

再符号化 (recoding)	250	主要部文字列 (orthographic body)	90, 92, 93, 95
左角回	211	主要部文字列近傍語 (body neighbors)	94
錯乱肢 (distractor)	65	順位付け (ranking)	297
産出 (production)	293	準備状態 (readiness)	317
産出力 (productivity)	285	上位カテゴリー名詞 (Categorical Nouns)	233
GPCルート	87, 90	上位水準	220
GPCルール (grapheme-phoneme rule system)	101	照会モデル (verification model)	70
視覚空間的スケッチパッド (visuo-spatial sketchpad)	181	状況的運用 (use)	128
視覚特徴ユニット	72	状況的理解 (comprehension)	128
閾値 (threshold)	71, 136	象形文字 (pictograph)	111
刺激の貧困 (poverty of stimulus)	308	条件刺激 (conditioned stimulus)	307
事象関連電位 (event related potentials)	155, 203	条件付け (conditioning)	306
失語 (aphasia)	205	使用範囲 (range)	266
失読症 (alexia)	88	使用頻度 (frequency)	26, 266
失名辞失語	207	情報転移活動 (information transfer activities)	297
自動性 (automaticity)	251, 316	情報の活性化と配置換え (activation and rearrangement of information)	317
事物全体制約 (whole object constraint)	18, 20	書記素－音素対応	87, 271
社会言語学的能力 (sociolinguistic competence)	2, 260	初頭効果	186, 188
社会的相互作用 (social interactions)	256	処理 (processing)	26, 182
習慣的自動化処理 (automatic manipulation)	314	処理資源	292
自由語彙連想	232	処理水準 (level of processing) 仮説	276
自由再生 (free recall)	175, 176, 180, 183	処理水準 (levels of processing)	179
自由再生課題 (free recall task)	187	処理単位 (processing units)	250
集積型音韻 (assembled phonology)	109	処理段階のバイパス (bypassing the processing stages)	316
自由選択原理 (open-choice principle)	254	処理と保持のトレードオフ	316
自由発表 (free active)	131	処理の効率性 (processing efficiency)	251
自由連想	224	処理容量理論 (capacity theory)	26
縮約関係節 (reduced relative clause)	162	新近性効果 (recency effect)	183, 186, 188, 190
主語名詞句 (subject NP)	157	神経回路モデル	311
主辞駆動型句構造文法 (head-driven phrase structure grammar)	167	心象表象 (imagery representations)	280
受容語彙 (receptive vocabulary)	42, 124, 127, 131, 133	シンタグマティック	51, 239, 315
		心的モジュール	310
		親密度 (familiarity)	26
		心理的実在性 (psychological reality)	251
		衰退 (attrition)	274

索引 357

性格的特徴(characteristic features) 218
制限付き発表(controlled active) 131
正書法準拠効果 75
正書法処理 134
正書法深度(orthographic depth) 85, 105
正書法入力辞書(orthographic input lexicon) 102
正書法表象 103
精緻化(elaboration) 179, 278
制約に基づく設計(constraint-based architecture) 166
接辞(affixes) 284
セマンティック・マッピング(semantic mapping) 272
宣言的記憶(declarative memory) 3, 179
先行知識と関係するインプット(apperceived input) 294
全失語 206
全体主義 200
全体的処理(holistic processing) 88
全体的チャンク処理(holistic chunk processing) 314
選択的アクセス説(selective access) 26
選択的注意(selective attention) 293
前頭葉(frontal lobe) 199
占有率(coverage) 134, 266
相互活性化モデル(interactive activation model) 72, 80
相互排他性(mutual exclusivity) 19
捜査モデル(search model) 68
操作(manipulation) 293
創造的文生成のプロセス(creative construction process) 257
ソース漢字 115
側頭葉(temporal lobe) 199
素性構造(feature structure) 167

タ行

ターゲット語 66, 107, 108, 113, 117
体系知識(system knowledge) 33, 47
対人的標識(interpersonal markers) 145
体制化(organization) 175, 272
体性感覚領域 212
大脳皮質(cereberum) 198
多肢選択 135, 290
多層水準モデル(multi-levels model) 90, 92, 104
段階別教材 295
段階別読み物(graded readers) 292
短期貯蔵庫(short-term storage) 177, 183
短期的ワーキングメモリ(short-term working memory) 317
単語カード 284
単語認知実験 74
単語・文章生成系 209
単語ユニット 72
単語力診断テスト 41
探索度(search) 278
探索モデル 68
談話項目(discourse items) 145
談話処理(discourse processing) 25
談話方策(discourse devices) 256
遅延再生 188
遅延照合課題(delayed matching task) 115
知覚意味単位(perceptual sense unit) 25
逐次処理 74
知識習得機構 308, 310, 312
チャンキング(chunking) 250, 251, 257
チャンク 252
注意 175
注意を向けた学習(attended learning) 270
中央実行系(central executive) 181, 182
注釈(gloss) 289
抽象具象名詞(Abstract-Concrete Nouns) 233, 238
中心溝(central sulcus) 199
調音バッファ(aruticulatory buffer) 24
聴解(listening comprehension) 138
聴覚フィードバック(auditory feedback)

	24
長期記憶(long-term memory)	3,179, 218,317
長期貯蔵庫(long-term storage)	177, 179,183
長期的ワーキングメモリ(long-term working memory)	317,320
超皮質性運動失語	206
超皮質性感覚失語	206
直後再生	188,190
直接学習(direct learning)	269
貯蔵(storage)	175,250
定義的特徴(defining features)	218
低頻度語	92
手がかり再生(cued recall)	176
手続き記憶(procedural memory)	179
手続き的設計(procedure-based architecture)	166
てんかん症(epilepsy)	198
典型性効果(typicality effect)	219,222
伝導失語	206
同音異義語	105,107,110,116
統合(integration)	294
統語情報	166
統語処理	154,161,212
統語的多義文(syntactic ambiguity)	27
統語的連鎖(syntactic strings)	255
統語範疇	24
統語ユニット	72
統語論(syntax)	198
同時構音	114
投射(projection)	198
頭頂葉(parietal lobe)	199
特徴比較モデル(feature comparison model)	220
トップダウン処理(top-down processing)	3,74
トレードオフ(trade-off)	183

ナ 行

内在化(intake)	294
内容語(content words)	111
内容主体(content-oriented)	321
二次記憶	177
二重アクセスモデル	102,119
二重課題	111
二重経路モデル(dual route model)	87,90,101,119
二重処理	112,114
二重神経回路仮説	103,211
二重貯蔵モデル(dual storage model)	177
二重符号化	280
二重目的語曖昧文(double object ambiguity)	162
二重貯蔵(double storage)	320
ニューロイメージング	201
認知(recognition)	128,293
認知資源(cognitive resource)	26
ネーミング(naming)	15
ネットワーク構築(network building)	14
脳科学(brain science)	198
脳磁計(magnetoencephalogram)	202
脳卒中(stroke)	200
脳損傷部位	207
能動語彙(active vocabulary)	128
脳波(electro-encephalogram)	155,202
脳梁(corpus callosum)	198
延べ語数(tokens)	35,139

ハ 行

バークベック語彙プロジェクト連想テスト(the Birkbeck Vocabulary Project word-association test)	225
背景知識(background information)	3
バイパスルート	317
バイリンガルレキシコン(bilingual lexicon)	225
派生形接辞(derivational affixes)	284
罰(punishment)	307
発音容易性(pronounceability)	146
パッケージング(packaging)	14
発信内容主体(message-oriented)	321
発達段階的アプローチ(developmental approach)	46

発表語彙(productive vocabulary)　42, 124,127,131,133
発表語彙レベルテスト(Productive Levels Test)　129,141
話しことば(spoken language)　144
母親語(motherese)　313
パラディグマティックなネットワーク　17,239
パラディグマティックな知識(paradigmatic knowledge)　51
パラメータ(parameter)　308
半球(hemisphere)　198
半固定的フレーズ(semi-preconstructed phrases)　254
反応潜時(reaction latency)　219
非語彙ルート　87
非構成性(noncompositionality)　252
非侵襲的脳機能画像(non-invasive brain functional imaging)　202
非選択原理(idiom principle)　254
左側頭葉後下部　211
非単語(non-word)　40,65,67,88
筆記再生法(written recall)　135
非分析的(unanalysed)　252
非明示的学習(implicit learning)　47,269
表意文字(ideograph)　84,111
表音文字(phonographs)　85
表語文字(logographs)　84
評価(evaluation)　278
標準失語症検査　213
表層性失読症　88
表面構造(surface structure)　23
頻度(frequency)　285
頻度効果(frequency effect)　66
深い正書法(deep orthography)　85
不規則語(irregular word)　86
複合語(compounds)　253
袋小路文　152
符号化(coding)　175,250
不思議な数7±2(magical number 7±2)　178,250
付随的学習(incidental learning)　269

付随的語彙学習　287,295
普遍的音韻原理(universal phonological principle)　105
普遍的直接アクセス仮説(universal direct access hypothesis)　105
普遍文法(universal grammar)　308
プライミング課題(priming task)　66
プライム語　66,107
ブレインイメージング　212
フレーズ化(phrasing)　250
プレハブ(prefabs)　253,256
ブローカ失語(運動性失語)　206
プローブ漢字　115
分析的処理(analytic processing)　88
分析的な規則にもとづく処理(analytic rule-governed processing)　314
分節音(segmental sounds)　24
文法化された語彙(grammaticalised lexis)　259
文法コード化(grammatical encoding)　23
文脈学習　282
文脈処理　154
並行処理モデル　74
並列分散処理モデル(parallel distributed processing model)　311
包括的アクセス説(exhaustive access)　26
報酬(reward)　307
方略指導　300
方略的能力(strategic competence)　2
保持(storage)　26,182
補助運動野　210
ボトムアップ処理(bottom-up processing)　3,74,292
翻訳課題(translation task)　228

マ　行

マスターファイル　68
見出し語方式(lemmas)　36
無意味音節綴り　174
無条件刺激(unconditioned stimulus)　306
無条件反応(unconditioned response)

	306
明示的学習 (explicit learning)	47, 269
命名 (naming)	128
命名課題 (naming task)	228
メモリスパン (memory span)	250
メンタルモデル (mental model)	25
メンタルレキシコン (mental lexicon)	4, 86, 100, 152, 198, 204, 208, 218
目的語－主語曖昧文 (object-subject ambiguity)	162
モジュール (module)	26, 310
モジュール性 (modularity)	25, 311
文字ユニット (letter units)	72, 102
問題解決機構	308, 310, 312

ヤ 行

有生性 (animacy)	157
ユーロセンター語彙テスト (Eurocentres Vocabulary Test)	136
幼児言語 (baby talk)	313
陽性波 (positive wave)	203
様相間プライミング課題 (cross modal priming task)	66
陽電子放射断層撮影法	202
予測可能性 (predictability)	285
読み上げ課題 (naming task)	65

ラ 行

ライム (rime)	85, 89
ラテラリティ (laterality)	200
ラベリング (labeling)	14
リーディングスパンテスト (reading span test)	183
理解可能なインプット (comprehensible input)	291, 313
理解されたインプット (comprehended input)	292, 294
リコール・プロトコル	139
離散型モデル (discrete model)	104
リテリング (retelling)	297
リハーサル (rehearsal)	175, 178
流暢性 (fluency)	251
理論上の構築物 (artifact)	9
類似同音語効果 (psuedo homophone effect)	87, 101
ルートA	103, 111, 119
ルートB	103, 111, 119
例示化 (instantiation)	296
レキシカルアプローチ	320
レクシス	259
連合 (association)	306
連語項目 (multi-word item)	252, 259, 262
連想 (associations)	48
ロールプレイ (role play)	297
ロゴジェンモデル (logogen model)	71

ワ 行

ワーキングメモリ (working memory)	3, 146, 180, 292, 295, 317, 319
ワードファミリー (word family)	36, 39, 266, 269, 271
割り当て式音韻 (addressed phonology)	109

編著者紹介：

門田修平(かどたしゅうへい・関西学院大学法学部および大学院言語コミュニケーション文化研究科・教授)：第1章、第2章、第6章、第11章、第14章を分担執筆。
聖母被昇天学院女子短期大学専任講師、龍谷大学専任講師、関西学院大学法学部助教授、同教授を経て、2001年4月より現職。専門は、心理言語学、応用言語学。1985年度日本カトリック短期大学学術研究奨励賞、2002年度大学英語教育学会賞学術賞、受賞。主な著書等に、『英語リーディングの認知メカニズム』(くろしお出版：共編著)、『第二言語理解の認知メカニズム』(くろしお出版)、『シャドーイングと音読の科学』(コスモピア)、『SLA研究入門』(くろしお出版)、『シャドーイング・音読と英語習得の科学』(コスモピア)、『英単語運用力判定ソフトを使った語彙指導』(大修館書店：共編著)などがある。

共著者紹介：

池村大一郎(いけむらだいいちろう・京都府立朱雀高等学校教諭)：第4章、第5章、第6章(1~2節、4節、5節(1)、6節(3))を分担執筆。
京都教育大学教育学部英文学科(英語学専攻)卒業。1989年京都府立朱雀高等学校教諭、現在にいたる。2000年姫路獨協大学大学院言語教育研究科修士課程(英語教育学専攻)修了。2001年名古屋大学大学院人間情報学研究科博士後期課程入学。専門は、英語教育学、心理言語学。リーディング、リスニング、語彙指導、音声呈示語の認知などに関する論文がある。主な論文に、Word Recognition in Listening: Exploring Interaction between Auditory Input and Context (*Language Education and Technology* 39)、「語彙力を伸ばす授業の工夫：高校の授業で」(英語教育、2002年2月号)などがある。

中西義子(なかにしよしこ・大阪国際大学教授)：第3章(1~2節)、第9章を分担執筆。
米国ワシントン州立大学言語学科卒業。米国カリフォルニア州立大学ロスアンジェルス校(UCLA)大学院修士課程(TESL) Teaching Certificate 取得。米国テンプル大学大学院修士課程修了、M. A. in TESL 取得。大阪国際女子短期大学専任講師、助教授を経て、2000年4月より現職。専門は英語教育学、英語音声学、応用言語学。第二言語における語彙知識などに関する論文がある。主な著書・論文に、『音声英語の理論と実践』(英宝

社：共著）、『応用言語学事典』（研究社：共著）、Assessing Japanese College Students' Vocabulary Knowledge with a Self-checking Familiarity Survey. *System* 27 などがある。

野呂忠司(のろただし・愛知学院大学教授)：第7章(1～2節)、第13章を分担執筆。
三重県の高校教諭、鈴鹿工業高等専門学校、相愛大学、愛知教育大学を経て現職。専門は英語教育学と応用言語学。リーディング処理理論と指導(特に多読指導)、語彙習得と指導に関心がある。主な著書に『英語リーディングの認知メカニズム』(くろしお出版：共編著)、『これからの英語学力評価のあり方－英語教師支援のために』(教育出版：共編著)、『英語リーディング指導ハンドブック』(大修館書店：共編著)、『英単語運用力判定ソフトを使った語彙指導』(大修館書店：共編著)などがある。

島本たい子(しまもとたいこ・関西外国語大学准教授)：第3章(3節)、第7章(3節)、第12章(3～5節)を分担執筆。
横浜国立大学大学院教育学研究科(英語教育専攻)修了。ウィスコンシン大学大学院英語学部応用言語学科留学(TESOL Certificate 取得)。関西外国語大学短期大学部専任講師を経て、2008年4月より現職。専門は英語教育学。リーディングと語彙、語彙習得に関する論文がある。主な論文にExploring Lexical Network Systems of Japanese EFL Learners through Depth and Breadth of Word Knowledge, *ARELE* 16、An Analysis of Receptive Vocabulary Knowledge: Depth Versus Breadth (*JABAET Journal*, 4.)などがある。

横川博一(よこかわひろかず・神戸大学教授)：第8章、第10章、第12章(1～2節)を分担執筆。
京都教育大学大学院教育学研究科修士課程、大阪大学大学院言語文化研究科博士前期課程、同大学院博士後期課程修了(Ph.D.)。2011年4月より現職。専門は、心理言語学、英語教育学。第一言語および第二言語学習者の言語理解・産出、語彙の獲得・処理・学習の認知メカニズム、言語情報処理の自動化プロセスの解明などに関心がある。主な著書・論文に、『研究・教育のための第二言語言語データベース　日本人英語学習者の英単語親密度〈文字編〉、〈音声編〉』(くろしお出版：編著)、New Crown English Series(中学校検定教科書、三省堂：共著)、My Way English Series(高

等学校検定教科書、三省堂：共著)、Determinant processing factors of recall performance in reading span tests: An empirical study of Japanese EFL learners (JACET BULLETIN, 53, 2011, 93-108：中西弘氏との共著)などがある。

英語のメンタルレキシコン
語彙の獲得・処理・学習

2003年6月20日　初版発行
2014年11月10日　第3版第1刷発行

編著者　門田修平
著　者　池村大一郎／中西義子／野呂忠司
　　　　島本たい子／横川博一
発行者　森　信久
発行所　株式会社　松柏社
　　　　〒102-0072　東京都千代田区飯田橋1-6-1
　　　　TEL 03 (3230) 4813〔代表〕
　　　　FAX 03 (3230) 4857
　　　　e-mail: info@shohakusha.com

装幀　小島トシノブ
印刷・製本　倉敷印刷株式会社
ISBN4-7754-0049-5
略号＝4034

Ⓒ S. Kadota and Others 2003　Printed in Japan

本書を無断で複写・複製することを禁じます。
落丁・乱丁は送料小社負担にてお取り替え致します。